それでもなぜ、トランプは支持されるのか

アメリカ地殻変動の思想史

会田弘継

東洋経済新報社

Contents

序論 それでもなぜ、トランプは支持されるのか 005

第I部 トランプ政権誕生の思想史

第1章 忘れ去られた異端者らの復権
――トランプ政権誕生の思想史 030

第2章 ジェームズ・バーナム思想とトランプ現象 063

第3章 よみがえる「美しき敗者たち」 091

第II部 現代アメリカの思想潮流

第4章 保守思想とアメリカ政治の現在
――ポピュリズムとの相克 116

第5章 トランプ政権の外交思想を考える 144

第6章 トランプ政権を取り囲む思想潮流 162

第III部 地殻変動の後景

第7章 福音派はなぜ政治を動かせるのか
——アメリカの「政教分離」が意味するもの 186

第8章 アメリカ白人社会の格差と病
——アン・ケース、アンガス・ディートン著
『絶望死のアメリカ——資本主義がめざすべきもの』など 194

第9章 ハイデガー「技術論」でアメリカ公共宗教を読み直す
——藤本龍児著『「ポスト・アメリカニズム」の世紀』 204

第10章 トランプ現象は終わらない
——建国にさかのぼる孤立主義 220

第IV部 文化戦争と「キャンセル・カルチャー」

第11章 アメリカに吹きすさぶポリコレの嵐 230

第V部 思想の地政学

第12章 『ニューヨーク・タイムズ』が突き進んだ歴史歪曲 238

第13章 国民を分断する歴史教育と左翼意識の「目覚め」 252

第14章 バイデン政権が抱えた課題 264

第15章 ウクライナ侵攻の「思想地政学」 271

第VI部 思想家ラッセル・カーク再考

第16章 『保守主義の精神』出版七〇年とアメリカの分断 292

第17章 保守思想家ラッセル・カークと「死者たち」 300

第18章 近代に見失われた共時性が貫く共同体 320

第19章 E・マクレランと江藤淳の『こころ』 332

あとがき 361

序論　それでもなぜ、トランプは支持されるのか

ゴジラはなぜ、何度も何度も、日本に戻ってくるのか――そう問いかけた文芸評論家がいた。その問いから、繰り返し繰り返しつくられるゴジラ映画の持つ、深い意味を探っていった。

同じように問いかけてみるべきだろう。ドナルド・トランプはなぜ、またアメリカ大統領選に戻ってくるのか。そして、なぜ選ばれて、二大政党の一方の大統領候補になってしまうのか。そこから、現象としてのトランプの持つ意味を深く考えてみなければならないだろう。

ゴジラが繰り返し日本を襲うことの意味を探ろうとした文芸評論家は、次のことに目を向けた。ゴジラが南太平洋での核実験で放射能を浴び突然変異を起こした古代恐竜の一種であると気付いた古生物学者・山根博士は、怪獣の脅威を力で物理的に消滅させようとする方針に反対した。

「なぜゴジラのような存在が出現したのか。その「生命力」の不思議をわれわれは「研究」すべきだ、というのが彼の主張である[1]」（傍点著者）。

第一作当時の映画の制作者らの発言を引けば、ゴジラは南太平洋での水爆実験に対する抗議の意味が込められた存在だ。だが、多くの観客を動員し次々とつくられたゴジラ映画を作品本位でみていくと、それほど単純な話ではないことに文芸評論家は気付いた。戦後を通してゴジラが何度も繰り返し（すでに三〇回？）日本に戻ってくるのは、ゴジラが南太平洋をはじめ南方で無念の死を遂げた兵士たち

の「亡霊(revenant＝再来する者)」だからだ。ゴジラは、「戦争の死者」を表象している。戦死者の慰霊を含め、戦後の問題は何も解決できていない。だから、ゴジラは何度でも戻って、日本の観客の心に訴えかけるのだ、と。

　とすれば、繰り返し戻ってきて、多くのアメリカ人の心情のどこかに訴え、熱狂的なまでに支持される、あるいは恐れられるトランプは、何の「亡霊(revenant)」なのか。

　トランプは病因ではない、病状なのだ。原因ではない、結果なのだ、というのはアメリカを観察する者にとっては、いまではほぼ常識となっているはずだ。少なくともアメリカの学識者の間では共通認識であろう。ところが、どうも日本ではそのことがよく理解されていない。

　「トランプが民主主義を破壊している」と、よく聞く。「民主主義」が「アメリカ社会・政治」、あるいは「国際秩序」といった言葉にも置き換えられる。メディアに登場する専門家や識者らの説明だ。だが、どこかズレていないか。逆に、民主主義が壊れたから、あるいはアメリカ社会や政治、そのアメリカ主導でつくられた、自由で開かれたとされる国際秩序が行き詰まったから、トランプが登場したのではないか。そのトランプだけを力で押しのけようとしても、ムダかもしれない。

　なぜトランプのような破壊的存在が出現したのか、その「生命力」の不思議をわれわれは「研究」すべきだ。山根博士の主張に即していえば、そういうことになる。あるいは、対症療法だけしてもムダだ。病因を絶たなければならないということになる。

　「トランプが民主主義を破壊している」というような単純な話ではなく、トランプを生み出したアメリカの病とその原因を探らなければ始まらない。トランプという怪物は繰り返し戻ってくる。それはどんな無念を抱く、数多くの戦死者の「亡霊」（再来）なのか。

「絶望の国」の大統領

一昨年急死した、優れたアメリカ研究者であった中山俊宏・慶應義塾大学教授は、トランプの奇矯な行動ばかりに気をとられると「その底流で起きている現象を見逃してしまいがちだ」と自戒を込めて、警鐘を鳴らしたことがあった。「現象の深度」に目が届かないかもしれない、と。そして、トランプは「忘れられた人々」の間にとぐろを巻いて存在していた不満に言葉を与え、誰もが思ってもみなかった共振現象を起こしているとみた[2]。

「幸福な国はトランプを大統領に選んだりしない。絶望している国だから選んだのだ」。トランプ派として、主流派（すなわち進歩派）メディアから袋叩きにされている元ＦＯＸニュースの政治コメンテーター、タッカー・カールソンが著書『愚者の船』（二〇一八年、*Ship of Fools*：未邦訳）に記した言葉だ。

「人々はトランプを選ぶことで、政治家やエリートたちに向かって『クソ食らえ』といっているのだ。それは軽蔑の所作であり、怒りの叫びであり、何十年にもわたった身勝手で英知もない指導者らの、身勝手で英知もない決定の帰結なのだ」。カールソンはこう述べたうえで、断固たるトランプ支持者となった[3]。

このカールソンによるトランプ支持の、一種のねじれた論理からも、いまアメリカが抱える困難な状況が浮かび上がってくる。

では、トランプが映し出す「底流で起きている現象」あるいは忘れられた人々の「絶望」とは、どのようなものなのか。それはカールソンがいうように、この何十年かアメリカが歩んで来た道にかかわる。トランプ（元来は民主党である）が乗っ取ってしまった共和党叩きをしても、何も始まらない。なぜ、トランプ支持者らがクリントン夫妻やバラク・オバマ元大統領を蛇蝎のごとく嫌うのか。今日の人々の「絶望」は二大政党が「共犯」となってもたらした結果であるからだろう。

トランプが繰り返し戻ってくるアメリカの、人々のいまのありさまをみてみよう。

今日のアメリカの民主主義が抱える諸課題の根本的な背景は、経済格差である。これがアメリカ知識社会が達した結論である（アメリカ芸術科学アカデミー報告書）[4]。格差は学歴（大卒以上と高卒以下）、地域（大都市・近郊とそれ以外、沿岸部と内陸）……で広がる一方だ。また、かつては親の収入を超えていった子の世代が、それを超えることができなくなっている問題も起きている。機会の平等や持続的成長といった、アメリカンドリームを支える基本的要素を享受できる人が限られて、「階級社会」が生まれだしている。それを「封建社会」とまで呼ぶ学識者もいる。過去数十年のプロセスを経て、アメリカはアメリカではなくなりつつあるのだ。

格差の実態を至近のデータでみてみよう。

二〇二三年第3四半期のアメリカの世帯資産をみると、上位一〇%が全世帯資産の総計の六六・六%を占めている。このグループの平均世帯資産は六五〇万ドルだから円換算すると一〇億円近い。これに対し下位五〇%の世帯資産は全体の二・六%を占めるだけだ。このグループの平均世帯資産は五万ドルだから、七五〇万円程度だ。アメリカが人口一〇人の国家だと仮定すると、一〇人の資産合計の七割を一人が握っており、下位の五人の資産は全員分合わせても一人の金持ちの二五分の一程度ということになる。やる気を失わせるような格差ではないか。さらに学歴での資産格差をみると、高卒が世帯主の家族は大卒の家族の五分の一ほど、さらに高校中退以下となると一〇分の一である。[5]

統計数字を並べてもピンとこないだろう。ジェフ・ベゾス、ビル・ゲイツ、ウォーレン・バフェットという三人の富豪の資産を合計すると、アメリカ国民の下位五〇%の資産合計額に並ぶといったら、これがまともな国かと思うだろう。[6] こうしたすさまじい格差の底辺で、資産のみならず学歴も世襲されて固定化した階層社会ができあがった。そこをはい上がることのできない低学歴の白人労働者階級の間では、死亡率が上がっている。自殺、薬物中毒、過剰な飲酒に起因する肝疾患を原因とする彼らの死は「絶望死」と名付けられるようになった。他の先進国にはみられない異様な事態だ。「封建社会」どころか、死者まで生み出すのだから、今日のアメリカの資本主義は暴虐な圧政に似た状況を生んでいるともいえる。そうして「絶望している国(人々)」がトランプを生んだのである。トランプが格差を生んだのではない、格差がトランプを生んだのだ。

左右の闘争ではなく上下の分断

それは二大政党の「共犯」による結果だというのは、以下のような二つの長いサイクル(①一九三〇年代〜七〇年代、②一九八〇年代〜二〇一〇年代)の中で考えてみる必要がある。①はニューディール期であり②はネオリベラル期と大きく括れる。現在は再び転換期となっている。

今日、民主党が高学歴で金持ちのエリートたちが支持する政党で、共和党が労働者や農村部に暮らす人々が支持する政党になっていることは、さまざまな指標が示しており、広く知られている。ジョー・バイデン政権に入って、ますますその傾向は強まっている。二〇一六年大統領選でヒラリー・クリントンが勝利した全米の四七二郡がアメリカの国内総生産（ＧＤＰ）に占めた割合は六四％、トランプが勝利した二五八四に及んだ郡は、その半分ほどの三六％。これが二〇二〇年になるとバイデンが勝利した五二〇郡はＧＤＰの七一％を占め、トランプが勝った二五六四郡は二九％しか占めていない。バイデンに多くの票が入る地域はいかに繁栄し豊かな人々が住み、トランプに票が入る地域はいかにさびれて停滞しているかが示されている。ベゾスら三人の資産が、下位五〇％の資産合計と並ぶというのは、こうした格差の象徴でもある。

　この集計を行ったシンクタンク、ブルッキングス研究所は、トランプ支持者らはこの格差がもたらす「経済的疎外」を映し出していると分析している。多くのトランプ支持地域の人々が、躍動するアメリカ経済から疎外され、ないがしろにされている。人種的に多様で、専門職やＩＴ関連の仕事を持つ高学歴者が多いのが民主党支持地域、低学歴の白人が多く、古くからの製造業などに依存しているのが共和党支持地域という色分けになる。トランプ支持地域では「絶望死」も多い。この経済的分断が米政治で起きる衝突の主因だという[7]。

　つまり、米政治は左右の分断の激化で混迷を深めているといわれるが、むしろ上下の分断が深刻なのである。階級闘争が起きつつあるのだが、それを左右の闘争に見せかけようとする言説がはびこるのは、一種の偽装とみるべきだろう。妊娠中絶や人種問題、歴史認識などを前面に出す「文化戦争」が偽装の道具に使われている。アイデンティティ政治である。アメリカのグローバル企業の中核はＩＴ・金融系だが、そこには世界中の高度な人材が集まるから多文化主義や多様な性的指向への寛容は自然であり必要だろうが、取り残された地域の人々には古くからの価値観を捨てる理由が分からない。前者が後者を見下せば激しい摩擦が起きよう。「文化戦争」も経済格差、階級問題として考えてみる必要がある。現在は共和党がそうした階級闘争の中下層階級側の受け皿になっているのだ。大統領選の選挙資金でも、ＩＴ系や金融業界の大口献金は民主党バイデン側に集中し始めており、共和党トランプ側はむしろ庶民の小口献金を掻き集めて、それに対抗する構図になっている[8]。

かつては共和党こそが金持ちエリートの政党であった。製造業全盛の時代である。アイビーリーグと呼ばれる東部名門大学を出て大企業に勤め、経営陣に加わり、ロータリー・クラブに入る。あるいは地方の資産家で企業経営者として地元カントリークラブの常連である。そうした人々は共和党支持者であり、その中から政治家となるものも出た。いわゆる「東部エスタブリッシュメント」や「メインストリート・リパブリカン」だ。一九三〇～七〇年代には「ロックフェラー・リパブリカン」という呼び方も盛んに使われた。東部エスタブリッシュメント主導の共和党は二〇世紀初頭に「改革の時代」を率いたセオドア・ルーズベルト大統領の伝統を引き継いでいた。だから大恐慌を受け一九三〇年代に民主党が始めたニューディールの革新的政策にも理解を持っていた[9]。

他方の民主党は農業地帯である南部を大きな基盤とし奴隷制を許容する政党だったが、大恐慌を経て都市部の進歩的な労働者層、知識人、マイノリティ、そして伝統的な地盤である南部の保守層を抱える政党となって、フランクリン・ルーズベルト大統領の下で革新的な政治を推し進めた（ニューディール連合）。この連合によるリベラル政治の優位は、一九七〇年代まで続く。しかし、ジョン・F・ケネディ、リンドン・ジョンソン両大統領が失策を重ねたベトナム戦争への介入と敗北、戦争財政と福祉拡大が相まって生んだ政府債務、石油危機による物価高騰などが重なり、アメリカ経済は景気停滞とインフレが同時に襲うスタグフレーションでにっちもさっちもいかなくなる。

ベトナムからの撤退に悪戦苦闘した共和党リチャード・ニクソンには最後のニューディール政治家の一面もあり、物価賃金統制や飢餓対策など「大きな政府」による対策を打つが、スキャンダルにまみれて失脚。その共和党側では一九五〇年代からニューディールに親和的な東部エスタブリッシュメントに対抗する動きが起きていた。民間活力を重んじ「小さな政府」を主張する一方で伝統的価値観の復活や強い反共産主義に力点を置く「フュージョニズム（融合主義）」の保守主義勢力が、着々と党内で地歩を固めていたのだ。一九八〇年大統領選におけるロナルド・レーガンの当選は、三〇年の準備期間を経て達成された保守勢力の勝利であり、「ニューディール連合」の崩壊といわれた。経済政策的には「小さな政府」と規制緩和のネオリベラリズムの時代に入ったというのが、一般的理解である。

民主党のネオリベラル化

ただ、実際の歴史はそれほど図式的な転換が起きたわけではない。ニューディール的な政策を打ちながら挫折していった共和党ニクソンの後、短期間の共和党フォード時代を経て大統領となった民主党ジミー・カーターは、どん詰まりの経済を打破するために次々と規制緩和策を打ち出し、ネオリベラリズムの時代のさきがけとなった。政治に強い宗教色を持ち込んだり、外交に人権を持ち込んだりもし、保守政治への転換はカーター時代に始まる。

また、ニューディール連合の崩壊は、レーガンの登場を待たずにニクソン時代（一九六九～七四年）から始まったといえよう。まずはニクソンの「南部戦略」である。ジョンソン政権による一九六四年公民権法、六五年投票権法の達成による黒人の法的平等化は保守的な南部白人の反発をかった。当時の南部は民主党一党支配のような状態だったが、この好機を利用してニクソンは共和党の南部進出を図り、党の全国政党化を達成する。黒人の法的平等化が南北戦争後の「再建期」以来の課題の達成ならば、共和党の南部進出も「再建期」以来の課題の克服であった。ともにアメリカ政治・社会の大転換である。民主党はニューディール連合の一角を占め大きな票田であった南部を失っていく。

それだけではない。ニクソンによる労働者票の取り込みも、民主党の重要な支持基盤を侵食した。労働者票がニクソンに流れていった典型例として語られるのは、ニューヨークでの学生らを中心としたベトナム反戦デモに対する、ニクソン支持の建設労働者らの殴り込みだ。労働者層が左傾化を強める民主党から離反していったことを象徴した出来事であった（一九七二年）[10]。ニクソンは賃金・物価や労働安全基準などでも積極的な手を打って労働者を取り込み、これが数年後にはさらに大挙して労働者が共和党のレーガン支持に流れる動きにつながる（彼らは元来は民主党支持者だったからレーガン・デモクラッツと呼ばれた）。

こうした動きの背景には、先進社会における歴史的な産業構造変化があった。一九七〇年代から加速したアメリカ経済のサービス産業化により、労働者は浮遊し出す。製造業最盛期時代には何代にもわたり大工場で労働組合に守られ働く「高級ブルーカラー」が数多くいた。彼らは自身が受けられなかった大学教育を何人もの子どもに受けさせ、次世代がより豊かになっていくことを柱とするアメリカンドリームを支えた。その製造業がサービス産業に置き換わる。大規模工場が新興国に移るなどして製造業雇用が数百万単位で失われ、労働組合は崩壊していった。職場と労組を通じてコミュニティの絆を確かめることができた人々が、職場を失い疎外され浮遊するような状態に置かれると、ナショナリズムにすがりつくようになることは、予想されていた。ニクソンやレーガンは疎外された労働者たちの「強いアメリカ」を求める声に応えた。

　そうした一種の産業構造の端境期に、ベトナム戦争や石油危機といった外的な要因も重なって、アメリカは戦後最悪の経済危機に直面し、新たな時代の危機を打開するにはニューディール型政策では間に合わなくなった。英国ではマーガレット・サッチャー政権が、アメリカではレーガン政権が試みた、市場の力に頼るネオリベラリズム政策が、危機を打開するうえで有効だったことは、いまでは一般的に認められている。問題は、やがてネオリベラリズムが原理主義化して極端となり、次の世界経済の不安定化を招く大きな危機を引き起こすまでに至ったことである。[11] アメリカの場合は、民主党までがネオリベラル化し、本来労働者の側に立つべき政治勢力であったはずなのに、企業のための政党から、ついには金持ちエリートの政党となるまでに変貌した。民主党のネオリベラル化はクリントン政権に始まりオバマ政権まで続き、民主主義の根底を切り崩すような格差の拡大をもたらしたというのが、今日の理解だ。[12]

エリートと結託する企業政党へ

労働者と南部を共和党に侵食され存亡の危機に至った民主党がネオリベラル化で再起を図る大き

な転機は、一九八五年の「民主党指導者評議会（ＤＬＣ：Democratic Leadership Council）」の結成であった。ここに集結した「ニューデモクラット」と呼ばれた民主党政治家と政策立案者集団は、①労働組合でなく企業と金融業界の支持を仰ぎ、②勤労機会の増大を図り、犯罪対策を強化する「効率的」政府を強調し、③市場機能、投資、個人責任を重視――といった政策へと方針転換を図る。所得再配分や福祉といったニューディール的なテーマは放棄し、それらの見直しを求めていくようになる。[13] 党内左派からは労働者を見捨て、大企業にすり寄るミニ共和党だと批判された。このＤＬＣの議長を務め「ニューデモクラット」の若い旗手として初の大統領（一九九三～二〇〇一年）になったのがビル・クリントンである。その次の民主党大統領となったオバマも「ニューデモクラット」を自任し、ネオリベラル路線を踏襲、急激な経済格差拡大を放置して、左右ポピュリズムの噴出を招くことになった。[14]

「ニューデモクラット」が出現する過程で注目するべきことは、「ハイテク・デモクラット」と呼ばれる民主党政治家らが、情報技術（ＩＴ）など当時の先端技術の将来を見越して、そこへの集中投資を産業政策として提唱したことだ。[15] 製造業やエネルギー産業など旧来の産業界は一九世紀後半以来、資本家の政党としての共和党と結びついていた。そのため、労働組合依存から脱し民主党の改造を図るニューデモクラッツが新たな産業界と結んで支援を仰ぐのは必然だった。ＩＴを軸としたハイテク業界を通し金融・軍需とのつながりも強めていった。また一九九〇年代から全地球的な議題となってきた温暖化対策で急速に伸びた新産業も、民主党との結びつきが強い。ＩＴ、環境産業ともに民主党の政治資金源となっていった背景は、「ニューデモクラット」という政治運動にある。両新産業の育成にクリントン政権のゴア副大統領が貢献し、のちに個人的にも巨万の富を築いたことは広く知られている。

民主党はやがて、飛躍的に発展する二一世紀の新産業界とそこで高収入を得るエリートらと結託する企業政党となる。他方、共和党は衰退産業（製造業・エネルギー産業）と、そこでの職を失ってサービス産業に入り込むなど、不安定な雇用環境に置かれる労働者らの支持をナショナリズムで引きつける政党となっていく。

トランプとサンダースの登場

ニューディール連合とそのリベラリズム優位の時代は、ドワイト・D・アイゼンハワー、ニクソンという共和党政権時代をも覆って約四〇年続いたが、産業構造転換という先進国資本主義の歴史的な変化の中で崩壊していった。その崩壊を劇的なものにしたのは、ベトナム戦争でのアメリカの敗北と政府債務の増大、アメリカ自身の中東政策の過ちも背景に起きた石油危機による激しいインフレなどである。歴代政権の安全保障政策と財政経済政策での失政があやをなすようにして米政治・経済・社会を行き詰まらせ、ニューディール型リベラリズム優位の時代は崩壊した。

代わってカーター・レーガン大統領時代から登場したネオリベラリズムは、民主党大統領でありながら「大きな政府の時代は終わった」と宣言し福祉改革を進めた一九九〇年代クリントン大統領時代に一層の展開をみる。冷戦終結による経済グローバル化の本格的進展がそれを後押しした。そのグローバル化への反動のようにして起きた九・一一テロ後、アメリカはアフガン・イラク戦争をはじめとする無謀な対テロ戦争へと突っ込んでいった。対テロ戦争は約二〇年間で八兆ドル（約一二〇〇兆円）

図―オバマ政権下での中間層崩壊

① 所得パーセンタイル別の総個人資産の増減率（2007～16年）

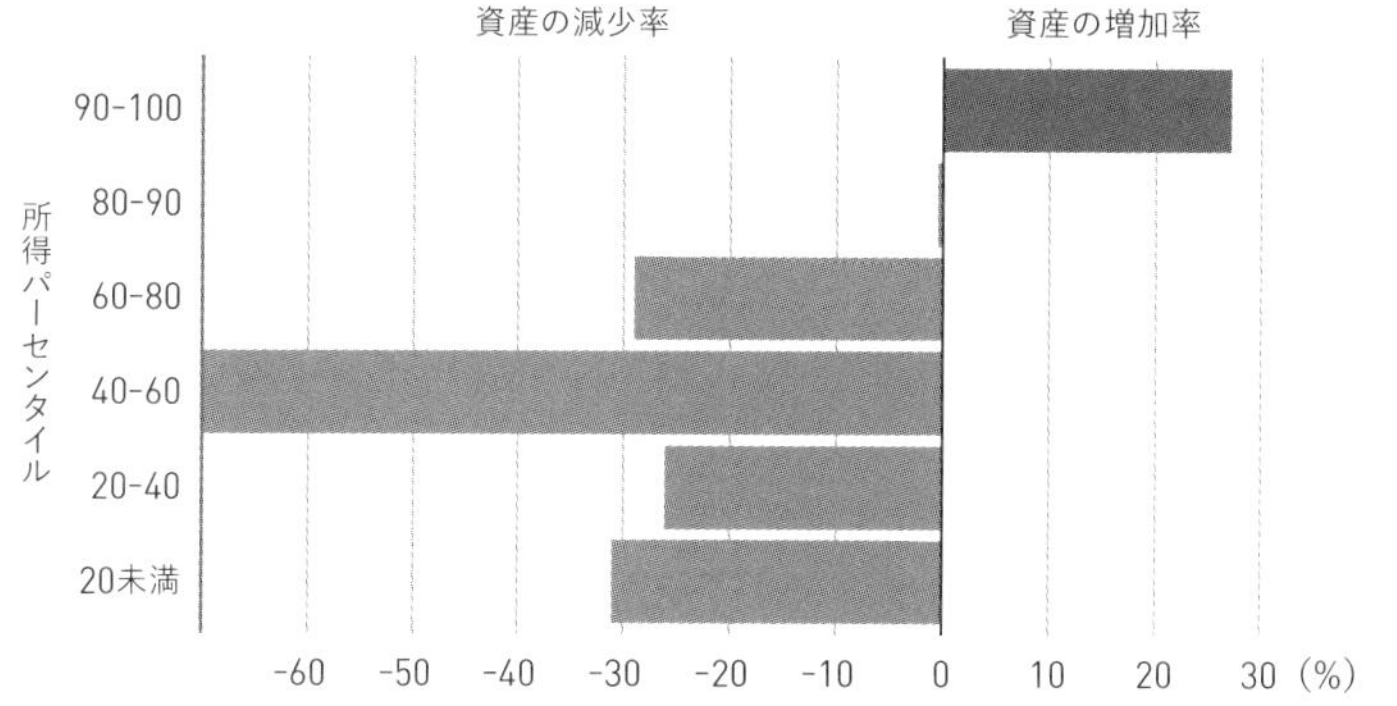

（出所）Federal Reserve Board資料に基づきPOLITIFACT作成

を費やし、米軍・軍属一万五〇〇〇人だけでなく世界各地で九〇万人が死亡したと試算されている（米ブラウン大学）。

そうした戦争の損失のまっただ中に、アメリカ経済はサブプライム住宅ローン焦げ付きから大手投資銀行リーマン・ブラザーズ破綻（二〇〇八年）へと至り、世界的金融危機と大不況を招くことになる。ブッシュ共和党政権からオバマ民主党政権への交代期に当たったが、両政権を通じて金融界・財界重視のネオリベラル的対処方針は変わらずに続いた。オバマ政権下で膨大な数の市民が適切な救済策を得られぬまま住宅を失い、劇的なまでの中産階級崩壊が起きてしまった（図－①）。こうした事態に対し国民の怒りや不満は鬱積し、二〇一六年大統領選ではついに左右のポピュリズムが噴出した。その受け皿となったのが右にトランプ、左にバーニー・サンダースという、ともに二大政党の本流とは無縁な異端の政治家だった。

トランプとサンダースの登場は、一九七〇年代末以降二大政党が二人三脚で推し進めて格差を拡大させたネオリベラル経済政策と無益な戦争に中間層がノーを突きつけた現象だと解釈するのが順当だ。ヒラリー・クリントン、バイデンをはじめ多くの民主党議員もイラク戦争には議会で賛成票を投じているし、ビル・クリントン、オバマ両政権のネオリベラル経済政策を支えてきた。共和党ではそれは「レーガニズム」と呼ばれる政策体系の中核となっていた。九・一一以降の対テロ戦争を思想的に主導してきたのは、ネオコンサーヴァティヴと呼ばれる知識人集団で、民主党系だったのが共和党系に鞍替えした者が多かった。トランプによる共和党「乗っ取り」により、保守側では経済ネオリベラリズムとネオコン型安全保障政策を核とするレーガニズムを否定する新しい思想運動が巻き起こっている。他方、民主社会主義者を自認するサンダースの民主党内での躍進は、ネオリベラル化したミニ共和党になった一九八〇年代以降の民主党に対する否定であり、ニューディール型への回帰を促している。

一九三〇年代から四十数年間二大政党を覆って続いたニューディール型優位の政治が対外戦争の失敗と経済運営の行き詰まりで崩壊した後は、一九七〇年代末からやはり二大政党を覆ってネオリベラリズム優位の政治が続いた。だがそれも、四十数年を経て、対外戦争の失敗と経済運営の行き詰まりで、オバマ政権で終わったことになる。

これが二大政党が「共犯」となって、トランプそしてサンダースという異端の政治家を人々が正面舞台に押し出さざるを得ない絶望的状況をつくりだした背景である。

オバマ政権の失政

図―オバマ政権下での中間層崩壊

② 戦後アメリカの労働分配率(非農業部門)の推移

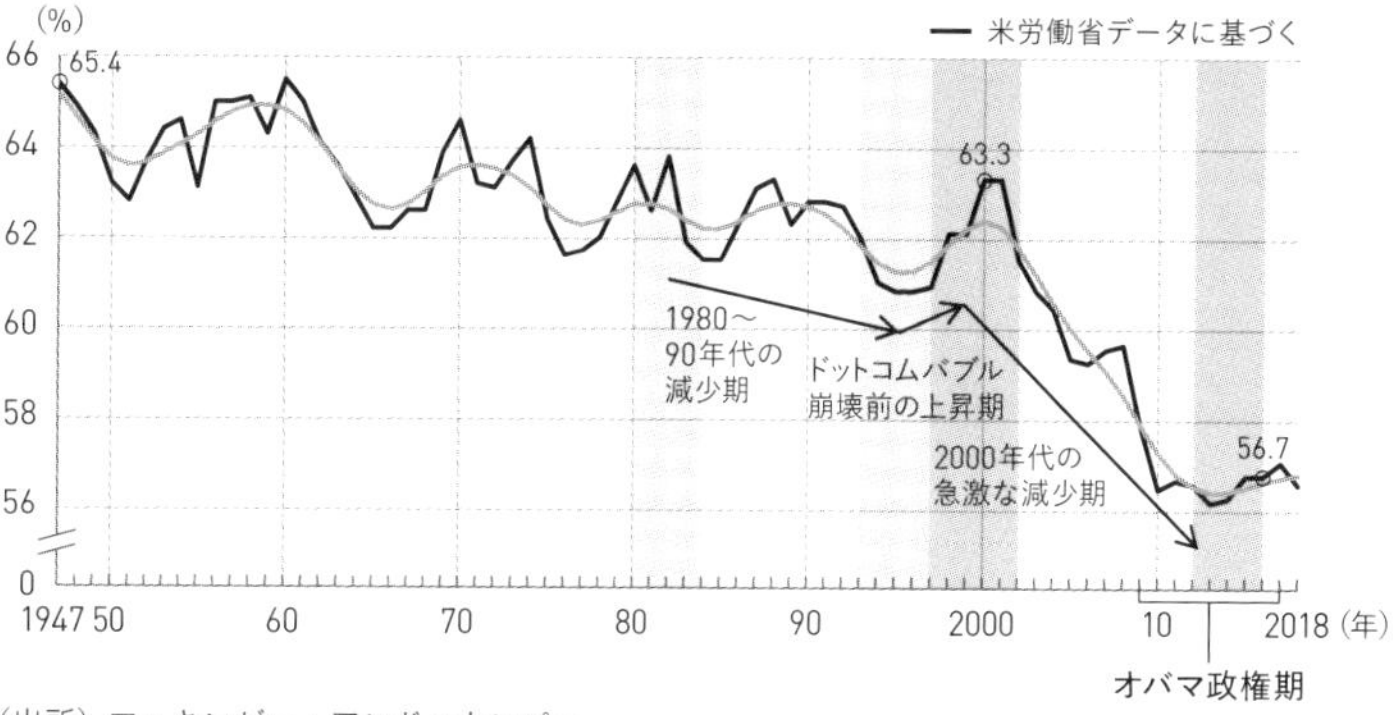

(出所) マッキンゼー・アンド・カンパニー

トランプ・サンダース現象を考えるときに、日本ではオバマ政権時代の問題がよく理解されないままになっている。さまざまな統計をみれば、オバマ時代に格差が大きく広がり、中間層が崩壊し、労働分配率も著しく低下し……といったネオリベラル政策の悪い影響が一挙に噴出したのは明らかだ(図―②)。二〇一六年のポピュリズムの噴出のきっかけは、直前の時代の失政にあったことは疑いようもない。その失政のルーツをジョージ・W・ブッシュ時代最後に起きたリーマン危機、その危機のルーツをレーガン・クリントン時代に金融市場の規制を大幅に緩めたネオリベラルな政策に求めるのは、一般的な解釈だ。ただ、こうした実体経済と政策の因果関係は実際は相当複雑であろう。

しかし、オバマ政権時代の失政は、ある意味で単純だ。政権発足(二〇〇九年一月)直前に起きたリーマン危機(二〇〇八年九月)で、それ以前から起きていた住宅ローン破綻が一挙に深刻化して中間層が崩壊するのが歴然としていた。それなのに、オバマ政権は民主党と癒着する金融資本の意向にとらわれて、救済措置を怠った。大失政であった。この問題は早くから有力誌『ニューリパブリック』記者の政権内議論を暴く調査報道で明らかにされた。さらにオバマ政権の人材配置と初期政策立案にかかわった「政権移行チーム」の幹部が内実を明らかにする本も書いており、アメリカの知識社会では常識化している。ごく最近では、民主党リベラル系のトップ・ジャーナリストの一人で多くの優れた著作を持つジョン・ジュディス（一九四一〜）と、民主党系で人口動態による政治分析で知られるルイ・テシェイラによる共著『民主党はどこに行った』（二〇二三年、*Where Have All the Democrats Gone?*：未邦訳）があらためて詳細を明らかにしている。[16]

うち、最も新しいジュディスらの著作に従って、オバマ政権のネオリベラルな失政を整理しておく。同書の第四章「オバマと失われた機会」はこの問題を詳述している。オバマは投資銀行リーマン・ブラザーズ破綻直後に政権を獲得した。大恐慌時代のフランクリン・ルーズベルトのように大危機の中で景気と雇用の回復を図って、民主党が金融業界の言いなりの政党でなく「普通の市民」の側にあることを示す絶好の機会を得たはずだった。しかし、それを実行せずに大きな機会を逃した。選挙に勝利すると、オバマはそれまでの金融業界批判をやめて、クリントン政権でおなじみのウォール街人脈を経済担当閣僚や高官に任命する。当時シティバンク会長になっていた元財務長官ロバート・ルービンの子飼いのような人物ばかりだ。明らかに、一連の金融危機に関して刑事事件になるような厳しい捜査などさせないという業界へのシグナルだった。

その後、実際に大手保険会社ＡＩＧに一七三〇億ドル（二六兆円）もの救済資金を投入しながら、同社役員らがそこから一億六五〇〇万ドル（二五〇億円）のボーナスをせしめたことが露見し、大きなスキャンダルとなってもおとがめなし。製造業の大手自動車ゼネラルモーターズ（ＧＭ）に対しては政府救済資金投入にあたって最高経営責任者の辞任を条件としたのに対し、シティグループやバンク・オブ・アメリカなど金融業界への救済資金は、そうした条件もなしに投入された。明らかに顧客を欺したようなケースがあっても、司法省はまったく手をつけていない（最終的に民事で決着が図られた）。

リーマン破綻を受けて、オバマ政権発足時には、カリフォルニア大バークリー校教授から招いたクリスティーナ・ローマー大統領経済諮問委員会委員長が深刻な不況と失業を回避するため少なくとも一兆二〇〇〇億～一兆八〇〇〇億ドルの景気刺激策が必要だと主張していたのに、金融業界の意向を受けたローレンス・サマーズ国家経済会議委員長は財政赤字が投資家や市場に悪影響を及ぼすと強く主張。オバマも同調して、刺激策は八〇〇〇億ドル規模に縮小された。結果、刺激効果は出ず、失業率は一〇％まで上昇し、ローマーは再度大型刺激策を提案したが、今度は金融業界に配慮するティモシー・フランツ・ガイトナー財務長官らによって阻まれた。オバマも連邦予算の赤字削減ばかりにこだわった。景気は回復せず失業が増える中で、住宅ローン破産は急増し、その数は一〇〇〇万件を超え、ローン返済中の全世帯の四分の一に及んだが、オバマ政権はローン破産救済策をまったくとらないままだった。破産宣告前の返済者についてとられた救済策も銀行側の消極姿勢でほとんど実行されなかった。

当時の民主党は連邦議会でも上院で六〇議席と議事妨害を阻止できる多数を占め、下院でも圧倒的多数だったから、いくらでも景気刺激策や破産救済策を通すことができたのに、機会を逸した。そのためアメリカの中間層の崩壊を招き入れてしまう。

日本では一般にオバマ政権の進歩派的な成果のようにみられている医療保険制度改革（通称オバマケア）も、実態は財政赤字問題や保険・医療・製薬各業界への配慮に縛られ、できあがった複雑な制度は必ずしも中間層に歓迎されなかった。無保険者が減る効果はあったが、中間層では保険料が上がるケースが多く出た。また新制度により老人医療保険予算が削減された。世論調査では市民の過半数がオバマケアについて「好ましくない」と答える状態が続いた。オバマケアは（富裕層でなく）中間層からむしり取って、貧困層に与える再分配だという印象が強まるだけであった。景気回復で失敗した穴を、医療保険制度改革で埋めようとしたが、これも保険会社などの利権に気を遣って達成できず、逆効果になったという構図だ。

　こうして中間層の崩壊が起きる一方で、ＡＩＧの事例のように税金で救済された大手金融機関の幹部らは莫大なボーナスをむさぼり、ＩＴ産業は規制のないまま稼ぎまくって、巨大な利益を得続けた。ＩＴ産業と民主党の強い結びつきがそうした野放図を許したとみられた。オバマ時代は格差が著しく広がり、沿岸部と内陸部の分断も顕著になっていった。二〇一〇年中間選挙で民主党が下院で六三、上院で六と大量に議席を失ったのは、当然であった。白人労働者票や農村部票は前回選挙に比べ二三～二五ポイントも減らしている。二〇〇八年大統領選当時のオバマ熱は、二〇一〇年にはすっかり冷めた。二〇一一年には『ニューリパブリック』記者の調査報道に基づく本で、金融業界優先のオバマ政権の体質が暴かれることになった。

　二〇一一年秋にニューヨークで起きた「オキュパイ・ウォールストリート（ウォール街を占拠せよ）」運動は、まさにこうした状況（特に格差）への激しい市民（特に若者）の怒りの噴出であった。他方、主として共和党支持者の多い地域では、税金による大企業救済へのリバタリアン（自由至上主義）的な反発からティーパーティー運動が起きた。この運動は共和党の政治活動家らに取り込まれ、オバマ政権の縮小された景気刺激策に対しても「小さな政府」を求めて反対し、中間層としての自らの利益を損なうような倒錯した行動をとった。これらの運動が、二〇一六年の左右の激しいポピュリズム噴出につながっていく。トランプが「オバマは外国生まれだ（大統領になれる資格がない）」という主張（バーサリズム）を激しく唱え出すのも二〇一一年ごろからだ。それが市民の間に広がる素地は、中間層の崩壊を招いたオバマへの市民の怒りにあったと考えられる。バーサリズムは元来、二〇〇八年大統領選の民主党大統領候補選びで、オバマと激しく争ったヒラリー・クリントンの支持者から始まった。それが、トランプによって復活させられ、共和党陣営に利用された。これも民主党・共和党の合作なのだということは忘れない方がいい。[17]

「陰謀論」の底流にある「疎外」

「オバマは外国生まれだ」というバーサリズムの前には、九・一一テロはブッシュ政権が仕掛けたという陰謀論が広まる現象もあった。前者がオバマの中間層切り捨てに対する怒りの反映だとすれば、民主党支持者らが始めたとされる後者は無益な戦争に駆りだされる庶民の反発の投射だと考えていいだろう。とすれば、こうした陰謀論につらなってトランプ支持者の間ではびこるようになったQアノン現象や、そこで議論されるディープ・ステート（DS：闇の国家、国家内国家）も、ただバカげた話だと切り捨てるのでなく、それが何を反映しているのか考えてみるべきであろう。

かつてニクソン大統領を支持した人々は「サイレント・マジョリティ」すなわち「物言わぬ多数派」と呼ばれた。ミシガン大学などで教えた社会学者の故ドナルド・ウォレン（Donald I. Warren［一九三五〜九七］）は一九七〇年代に「ものいわぬ多数派」にフィールドワークで分け入り、実態を知ろうと努めた。その結果、彼らは妊娠中絶など社会問題では保守的立場をとる一方で、社会保障や医療保険ではリベラル（進歩的）な政策を求め、単純に左右に分類できない存在であると分かった。彼らは七〇年代の混迷する経済や社会の価値観に翻弄されながら、生活を守ってほしいと願う人々だった。エリートに支配された政治に自分たちの声は届かず、政治から疎外されているとも感じていた。ウォレンは彼らが動員されれば、大きな政治変動が起きるとみて、ミドル・アメリカン・ラディカルズ（米国中産階級過激派）と名付けた。頭文字をとってＭＡＲｓという。ほとんど忘れ去られたウォレンのＭＡＲｓの概念は、トランプ登場であらためて注目を浴びることになった。

　エリートに支配された政治に自分たちの声は届かず、政治から疎外されているというこのＭＡＲｓの絶望こそ、裏返せば実際の権力はどこか隠されたところにあるというＱアノンやＤＳのような陰謀論を生み出す温床であろう。実際アメリカでは、すでに一九四〇年代、五〇年代から人民の意向とはかけ離れてエリートだけが政治を意のままにしているという問題提起はなされてきた。本書第二章で論じる戦前の代表的トロツキスト、ジェームズ・バーナム（James Burnham［一九〇五〜一九八七］）の『経営者革命』（*The Managerial Revolution*［一九四一年］）やＣ・Ｗ・ミルズの『パワー・エリート』（一九五六年）、少数の利権団体のみで政治が動かされていると論じたＥ・Ｅ・シャットシュナイダーの『半主権人民』による批判は、アメリカ民主主義の空洞化を鋭く突いたからこそ、大きな議論を巻き起こした。

とすれば、ディープ・ステートのような陰謀論はエリート支配批判の一形態、庶民版とみることもできよう。

アメリカの白人の中下層階級に起きている「絶望死」現象を見いだしたプリンストン大学のアン・ケース、アンガス・ディートン両教授は、政治力と財力が集中した政治環境の中で民主党も共和党も金持ちたちだけの政治しか行っていないと批判。白人労働者階級の大半は「選挙は富裕層や大企業によって操作されているので自分が投票しようがしまいが関係ない」と考えている実態を紹介し、二〇一六年にトランプが大統領選で勝利したのはそうした点を考慮すれば「理解可能だ」と述べている[18]。

まさに不平等の末に、下層の人々は民主主義から疎外されていると感じている。選挙も恒常的にエリートが勝手に操作しているのだから、「大統領選結果はフェイクだ」とトランプが声を挙げれば、むしろ「やっと本当のことをはっきりいってくれる政治家が現れた」と思っても不思議はない。実際、アメリカでは一部エリートによる支配が固定化して、民主主義は正常に機能しなくなっているということを示す優れた分析はバーナム、ミルズ……と先世紀後半からずっと続いてきたのだから、選挙はフェイクだというのは本質を突いたところさえあるのだ。

格差問題を富裕層への減税が理由だと単純化する向きが日本には多いが、貧困問題研究などでノーベル経済学賞を得ているアンガス・ディートン教授らは「富裕層への厳しい課税は、貧困層にとってたいした救済にはならない」と断言している。問題の根源は不平等をつくりだす利権癒着、ロビー政治、市場支配力の悪用……といった「不公平なプロセス」である、という。まさに、それがオバマ政権で起きたことであろう。つまり構造的問題なのである。

こうした不平等の構造は、場合によっては暴力を伴う革命的変革が起きなければ解決できないといわれる。トランプ・サンダース現象とは疑似革命といってよいのかもしれない。ただ、本当の革命ではないから、エリート支配構造は終わらない。異様な格差を生む不平等の構造が変わらない限り、支配される側の怒りと怨嗟の「ゴジラ」であるトランプは、いくどでもアメリカの政治に登場することになるのだ。

（書き下ろし）

注

（1）加藤典洋『さようなら、ゴジラたち――戦後から遠く離れて』岩波書店、二〇一〇年、一五二頁。

（2）中山俊宏『理念の国がきしむとき――オバマ・トランプ・バイデンとアメリカ』千倉書房、二〇二三年、一〇八－一〇九頁。

（3）Tucker Carlson, *Ship of Fools*, Free Press, 2018, p. 3.

（4）アメリカ芸術科学アカデミーが建国二五〇年（二〇二六年）に向けて行っている民主主義再構築のための作業が生んだ二報告書“Our Common Purpose”(2020), “Advancing a People-First Economy”(2023)参照。経済格差がアメリカの諸問題の背景をなす大きな課題であると論じている。前者pp. 12-13, 後者V. 参照。

（5）The State of U.S. Wealth Inequality, Feb. 05, 2024, Institute for Economic Equity, Federal Reserve Bank of St. Louis.

（6）ニコラス・D・クリストル、シェリル・ウーダン『絶望死――労働者階級の命を奪う「病」』村田綾子訳、朝日新聞出版、二〇二一年、三二頁。

（7）Mark Muro Eli Byerly-Duke, Headshot Eli Byerly-Duke, Yang You, and Robert Maxim, “Commentary: Bidenvoting counties equal 70% of America's Economy. What Does this Mean for the Nation's Political-Economic Debate?," *Brookings Institute*, Nov. 10, 2020.

（8）Nick Reynolds, "Democrats Being Party of the Rich Could Cost Them 2024 Elections," *Newsweek*, Jun. 14, 2023.

（9）Mary C. Brennan, *Turning Right in the Sixties*, The University of North Carolina Press, 1995, Chapter One.

（10）Phillip Shabecoff, "Hard Hats Spurred Nixon Labor Bids," *The New York Times*, Oct. 12, 1972, p. 40.

（11）ネオリベラリズムの評価についてはフランシス・フクヤマ『リベラリズムへの不満』会田弘継訳、新潮社、二〇二三年、第二章参照。

（12）フクヤマ『リベラリズムへの不満』一六三頁の以下の記述参照。「一九八〇年代のレーガン－サッチャー革命の後、ビル・クリントン、トニー・ブレアに始まりバラク・オバマまで左派の政治家の多くは、右傾化し、市場による問題解決、緊縮財政、漸進主義の必要についてネオリベラルな主張を取り入れた」。なお、欧米の中道左派政党の歴史的変遷を包括的に研究したStephanie L. Mudge, *Leftism Reinvented* (Harvard University Press, 2018) は英労働党、米民主党の一九九〇年代以降の「第三の道」をneoliberalized leftismと定義している。

（13）Mudge 2018, pp. 260–262.

（14）"Obama: 'I am a New Democrat'" *Politico*, Mar. 10, 2009.

（15）佐々木毅『アメリカの保守とリベラル』講談社学術文庫、一九九三年、第二章「ネオリベラリズム」、特に一〇六頁以降参照。

（16）オバマ政権の金融業界との関係とリーマン危機後の中間層救済放棄に関する初期の告発としては*The New Republic*記者Noam Scheiber *The Escape Artists: How Obama's Team Fumbled the Recovery*, Simon & Shuster, 2011が、最近公刊された内部告発書としてはオバマ政権移行チームの幹部で元連邦通信委員会（ＦＣＣ）委員長Reed Huntによる*A Crisis Wasted: Barack Obama's Defining Decisions*, Rosetta Books, 2019がある。

本章のオバマ政権のリーマン危機失政についての記述は主として近刊John B. Judis and Ruy Teixeira, *Where Have All the Democrats Gone?*, Henry Holt & Co., 2023, Chapter Fourの記述に基づく。

(17) Ben Smith and Byron Tau "Birtherism: Where it All Begin," *Politico*, Apr. 22, 2011.

(18) アン・ケース、アンガス・ディートン『絶望死のアメリカ――資本主義がめざすべきもの』松本裕訳、みすず書房、二〇二一年、一五頁。

第 I 部

トランプ政権誕生の思想史

第1章

忘れ去られた異端者らの復権

——トランプ政権誕生の思想史

知識人によるトランプ肯定という「事件」

二〇一六年米大統領選での共和党候補ドナルド・トランプの勝利については、さまざまな角度から分析がなされた。単に奇矯なビジネスマン、あるいはテレビタレントが、選挙活動資金・運動員数で圧倒的な劣勢の中を巧みに勝ち抜いたという次元の政治的ハプニングとして見るだけでは済まない。この選挙過程を通じてアメリカ政治・社会・文化におけるいくつもの根源的な問題が噴出したのは明らかだ。本稿筆者は二〇一六年一月の大統領選予備選開始直前の段階で、すでに吹き荒れ始めていた「トランプ旋風」の意味について初期的な分析を行うため、試論を執筆した[1]。そこでは、主として経済的・社会的背景と二大政党の変質という観点から現象の意味を探ってみた。

振り返ってみると、そのころからトランプ現象の意味をより深く探ろうとするアメリカの知識人たちの動きも活発になっていった。典型的なのは、インターネット上に同年二月に忽然と現れ、それから約四カ月間、一二五編の小論を書き継いで、また六月下旬に忽然と消えてしまったサイト『ジャーナル・オブ・アメリカン・グレイトネス Journal of American Greatness（略称JAG）』である。[2] すべてラテン語のペンネームだけ、匿名で執筆されたこれらの小論は、それまで一種の馬鹿げた現象としか見なされていなかったトランプ候補の躍進に思想史的意味を与える試みであった。

JAGの立場は、トランプ個人を支持するというよりも、トランプ支持ということに肯定的な意味を見ようとするものだった。トランプ現象はアメリカ（思想）史の中でどう位置づけられ、どんな意味を持つのか。ポピュリズムとか「反知性主義」という概念に安易に寄りかかるだけでなく、アメリカの民主主義や自由がどのような隘路にさしかかっているかを考え、どう乗り越えていくべきか。そうした論争を巻き起こしたという意味で、JAGの出現は意味があった。ネオコンサーヴァティヴ（新保守主義者）と呼ばれる知識人を中心に、「知識人運動としての保守（conservative intellectual movement）」の主流派が反トランプで一致していた中で、突然、かなりの知識人と思われる集団が匿名とはいえ、トランプ現象（Trumpism）を肯定する論陣を張ったことは注目すべき〝事件〟であった。

確かにこれだけの政治現象を「馬鹿げた」と言って済ますわけにはいかない。現象の意味をどう捉えるかによって、トランプの位置づけも変わってくる。その位置づけ次第で、トランプ政権を（積極的でないまでも）支持するかしないか、アメリカの現在をどう見るか、知識人としての政治的立場も生まれる。つまり、トランプ現象の解釈をめぐって「思想闘争」が起きている。また論争の行方は、アメリカと世界の関係を激変させかねない、と考えてもよいだろう。

以下は、アメリカ戦後思想史におけるトランプ現象を考えた初期的な論考である。

フランシスとバーナム

ＪＡＧの問題も含めて、トランプ現象の思想史的位置づけの全体像を考えるため、二〇一六年八月一六日付の英紙『ガーディアン』に掲載された特集「トランプによる右翼反乱の暗い歴史」をまず紹介しておきたい。筆者は当時コロンビア大学に所属していた若手歴史学者ティモシー・シェンク。トランプ現象を生み出すに至る戦後アメリカ保守内部の思想的確執を描きだしている。[3]

新聞紙面まるまる三ページに及ぶ論考だ。核となっているのは「トランプ現象」を理解するうえでのジェームズ・バーナム（James Burnham［一九〇五〜一九八七］）とサミュエル・フランシス（Samuel Francis［一九四七〜二〇〇五］）という二人の思想家の重要性についての考察である。フランシスこそが、今日のトランプ現象を予言しただけでなく、その思想的な背景になったとシェンクは説いた。

フランシスは保守系紙『ワシントン・タイムズ』論説委員などを務めていたが、一九九〇年代半ば「白人文化」擁護を強く訴えたことからウィリアム・バックリー（William F. Buckley Jr.［一九二五〜二〇〇八］）を中心とする保守派知識人主流派から疎まれ、同紙から追われた。その前後、保守派論客パトリック・ブキャナン（一九三八〜）に接近、一九九二年、九六年の共和党大統領候補選びへのブキャナン出馬を支援した。その時、フランシスが助言した①貿易保護主義、②移民排撃、③「アメリカ第一（America First）」の孤立主義的外交――が、そっくりそのままトランプの選挙戦術に援用されている。[4]

シェンクはこの論考で、トランプに影響を及ぼしたと想定されるフランシスの思想について、二つの側面を探っている。一つは、元トロツキストで保守派論客として冷戦初期に重きをなした思想家バーナムが代表作『経営者革命』（*The Managerial Revolution*〔一九四一年〕）で提起したテクノクラート支配の問題だ。バーナムは、官僚支配の共産主義国家であれ、大企業支配の資本主義国家であれ、これからはエリート・テクノクラート[5]が権力を握って支配する世界となり、一般大衆は彼らに搾取されるだけである、と説いた（バーナムはのちの「パワー・エリート」論に大きな影響を与えた）。

戦後アメリカ保守論壇で初期に活躍したバーナムは、エリート支配下で搾取にあえぐ労働者一般大衆を取り込むために「ポピュリスト経済政策」を採るのがアメリカ保守政治の向かう道だと説いた。しかし「減税・小さな政府・福祉削減」を主唱し大企業（経営者エリート）の支持を得る保守思想本流からは異端とされ、本流からはずれていった。

バーナム論を著し、その衣鉢を継いでエリート・テクノクラート支配の打破を模索したのがフランシスである。彼の目から見れば、アメリカ保守主流派が大統領選に担ぎ出したリチャード・ニクソンやロナルド・レーガンは選挙で労働者らに狙いを定めて支持者に取り込んだものの、政権を握ると彼らを無視しエリート支配階級に取り入った。

フランシスがブキャナンに助言した貿易保護主義などの三つの政策こそが、バーナムから引き継がれ、ブキャナンを通じてトランプに援用される「ポピュリスト経済政策」ということになる。ただしシェンクの理解によれば、一連の動きの起点となった思想家バーナムは、一般大衆は結局のところエリートの支配に抑え込まれ、それに打ち勝つことはできないという悲観的な見方をしていた。

保守主義運動の異端

シェンクが探っているもう一つの問題は、フランシスの人種意識だ。リチャード・ニクソンもレーガンもテクノクラート支配階級に取り入っていったのに対し、フランシスが真の（白人労働者）一般大衆の味方とみなしたのは、アラバマ州知事を長く務めたジョージ・ウォレス（一九一九～九八）であった。ウォレスは一九六八年大統領選にアメリカ独立党という第三党の候補として出馬し、南部五州を制した。人種差別主義者とみなされたウォレスを担いだ白人労働者階級らに対して結束を呼びかけながら、フランシス自身も「人種政治(racial politics)」を追求、白人民族主義者(white nationalist)へと変貌していったとシェンクは見る。

いまトランプ支持者とつながりを持つのは、「オルト・ライト(Alt-Right)」と呼ばれる、白人民族主義的傾向も持つ集団だ。ウィリアム・バックリーらが率いた保守主義主流派からは排除されてきた。フランシスこそがこの潮流の原点にあったとシェンクは見る。Alt-Right は Alternative Right の略である。「もう一つの右派」といった意味だ。日本では「オルタナ右翼」という訳語が定着しつつある。その代表的な若手論客の一人は、マイロ・ヤノプルス（一九八四～）というギリシャ系の名前を持つイギリス生まれのジャーナリストで、米保守系ニュースサイト『ブライトバート・ニュース』を舞台に活躍していた[6]。同ニュースサイトはオルタナ右翼を代弁する代表的メディアだ。

大統領候補を指名する二大政党の党大会後、選挙戦で劣勢だったトランプが二〇一六年八月一七日に選対陣営を刷新して新たな最高責任者に選んだのが、ブライトバート・ニュースの会長スティーブン・バノン(Stephen Kevin Bannon［一九五三〜］)である。トランプとオルタナ右翼の関係が公然となったとも言える。選対の最高責任者になった直後、バノンは進歩派系の雑誌『マザー・ジョーンズ』とのインタビューで、ブライトバート・ニュースはオルタナ右翼の意見表明や議論の場(プラットフォーム)であると述べている。[7]

『ガーディアン』紙のシェンク論考の分析で興味深いのは、第二次世界大戦後にウィリアム・バックリーが創刊した保守系誌『ナショナル・レビュー』を核に知識人を糾合して進んできた戦後アメリカ保守思想運動が、これからは異端のトランプ＝オルタナ右翼に主導される大衆運動に取って代わられるのではないかという見方を示している点だ。

たしかに、トランプの政策にはもう戦後保守主義運動の核心的主張である「小さな政府」などはない。福祉政策は労働者階級のために維持される。オルタナ右翼の特徴は白人民族主義的傾向だけではない。テクノクラート・エリート(managerial elite)への徹底攻撃を主唱する。トランプがここまで大衆の支持を伸ばしてきたのは、まさにその「エリート攻撃」によってであった。[8]

バックリーによって打ち立てられた戦後アメリカ保守主義主流からともに排除されたジェームズ・バーナムとサミュエル・フランシス。すでに故人となったこの二人の特異な思想家の保守主義が、いまトランプ現象というかたちをとって、半世紀以上続いた主流に取って代わろうとしている。それがシェンクの論考の要点である。

バックリーが主導した戦後アメリカ保守思想運動の終焉の可能性については、同運動研究の第一人者であり、また自身も運動にかかわってきた思想史家ジョージ・ナッシュ(George H. Nash［一九四五〜］)

が『ナショナル・レビュー』のサイトに二〇一六年四月二六日付で寄稿した講演記録「アメリカにおける保守思想運動の今昔」でも論じている。ナッシュは、トランプ支持をめぐって起きた保守派内部の対立は、長年にわたり観察してきた戦後保守思想史で目にしたことがないほど激しいと見る。その中で、トランプ支持派のオルタナ右翼は公然と「白人民族主義（white nationalism）」を掲げ、「アメリカの保守主義を根底から組み替えようとしている」という。[9] シェンクの観察はリベラル側からのものだが、この講演録は保守思想運動内部の有力な知識人の見方として重要だ。つまり、既成の左右の知識人による保守主義の現状に対する見方がほぼ一致していることになる。

ＪＡＧの結論

シェンクの論考はさらにもう一つ興味深い指摘をしている。ウェブ上に二〇一六年前半、五カ月ほどだけ出現したオンライン保守派論壇『ジャーナル・オブ・アメリカン・グレイトネス（略称ＪＡＧ）』の問題だ。トランプの標語「アメリカを再び偉大に（Make America Great Again）」に模したタイトルである。本稿冒頭に記したように、（トランプ候補自体というよりは）「トランプ現象」を重要な政治的動きとして支持する知識人が匿名で論陣を張った。

シェンクの分析では、ＪＡＧに集結した匿名論客たちは「トランプ現象」を三つの要素――①経済ナショナリズム、②国境管理、③アメリカ（の国益）第一の外交――から成ると要約し、国境を越えたグローバル社会で自己利益のみを追求するエリート・テクノクラート支配層をこれら三つによって打破しようとする運動だと考えた。

トランプ現象が目指しているのは「魂のない経営者階級（managerial class）の打破である」というのがＪＡＧに集結した知識人らの結論である。そこには明らかにジェームズ・バーナムの思想の影響がうかがえるが、一部の匿名寄稿者はシュトラウス派を自任していた。シュトラウス派とは、第二次世界大戦中にアメリカに亡命したドイツ・ユダヤ人の政治哲学者レオ・シュトラウス（Leo Strauss［一八九九〜一九七三］）の系譜を引く思想家集団を指す言葉である。シュトラウスはネオコン系知識人（代表的な一人はアーヴィング・クリストル Irving Kristol［一九二〇〜二〇〇九］）らに大きな影響を及ぼしたことで知られる。いまはネオコン・グループと決別したが、『歴史の終わり』のフランシス・フクヤマ（一九五二〜）も、広い意味でシュトラウス派である。シュトラウス思想は、古典思想の立場から「近代合理主義（科学）」や「歴史（主義）」という思想を批判した点に特徴があると捉えられている。[10]

ＪＡＧのサイトは六月中旬に自主的に閉鎖され、現在は閉鎖のお知らせしか残っていないが、重要性が再認識されており、ほぼ全編がネット上で再録されている。サイト閉鎖の理由は不明だ。シェンクらによれば、保守主流派との確執が背景との観測がある。

のちにウェブ上で回復されたＪＡＧを検証してみた。「綱領声明」は、世界経済フォーラム（ダボス会議）やクラブ・フォー・グロース（成長クラブ）など経済グローバリズムを推進する組織に反対を表明し、外交面では民主主義拡大や人道介入を「アメリカの国益に反する」と明確に否定。国境を越えて活動する多国籍企業（特に金融）の「寡頭支配」によって推進されているのがグローバリズムと多文化主義であり、その寡頭支配の下で普通のアメリカ国民は経済的困窮に追い込まれ、「自由」さえも圧迫されている——という世界観を示している。左翼の反グローバリズムとほとんど区別できないような世界観だ。[11]

JAGに掲載された第一号論文は「トランピズムの起源と未来」。古代ローマの劇作家プラウトゥス(Plautus)をペンネームに使って書かれたこの論文は、トランプがこれだけの支持を得たのは単に彼の個性とか「メディアが持ち上げ過ぎ」という理由だけでは説明できない、そこには(本人は分かっていないが)トランプ主義というべき思想があるからだと見る。その起源はサミュエル・フランシスによる「エリート・テクノクラートがもたらした経済グローバリズム」批判にあると論じた。[12]

フランシスは、このエリート支配を打破しなければアメリカの建国理念そのものが危ういと見た。そこで、グローバリズムを推進するエリート集団の支配によって疎外され「アンダークラス(底辺層)」に追い込まれている「ミドル・アメリカ(アメリカ中産階級)」を動員して、その支配を打破するというのがフランシスの(反動)革命理論である。トランプが(それと知らずに)その革命を実行しているというのがJAG第一号論文の見立てだ。

プラウトゥスを名乗る論者は、フランシスの世界観を「階級権力闘争を軸とするネオマルクス主義」と位置づけている。古代ローマの劇作家の名前を使うところが、いかにもシュトラウス派らしいが、その一方でマルクス主義的思考が、フランシスを分析するプラウトゥス自身にも備わっており、突き詰めればそれはバーナム思想の影響に帰することができそうだ。

フランシスの思想はグローバリズムの時代の階級闘争を促すと同時に「南部への郷愁」への惑溺が見られるとプラウトゥスはいう。その郷愁をもって左翼多文化主義によるアメリカ文化破壊に対抗しようとしているのだという。これは高踏的な表現であるが、すなわち、フランシスは古い南部を称揚することで白人民族主義の再興を図っているということだ。

文化的反動現象

　トランプ現象の特異な点の一つは、文化的・社会的タブーを打ち壊す暴言が、これまでの通念を破って、トランプ氏への支持を固めている傾向が見られる点だ。これまでアメリカ政治ではそうした暴言は「一発退場」であったはずが、逆の効果を生み出しているのはなぜか。この疑問を一定程度解明する調査報告書が二〇一六年八月にハーバード大学の政治学大学院ケネディスクールから出された。政治意識論で著名なミシガン大教授ロナルド・イングルハートらによるもので、『トランプ、Brexit、ポピュリズムの興隆――経済的弱者と文化的反動』と題されている。

　この報告はトランプ現象を社会思想的なレベルで理解するのに重要である。報告はトランプ現象と英国の欧州連合（ＥＵ）脱退について、経済グローバル化で脱工業化を遂げた先進国社会において①労働者階級が直面する経済的困窮②同社会で発展した進歩的価値観に対する大衆の反発――という二つの側面からポピュリズム発生の原因を探っている。「文化的反動（cultural backlash）」がともに主たる原因というのが結論だ。[13]

　報告は次のように分析する。一九七六年前後から、教育レベルの高い若年層の間では環境保護、ジェンダー・人種間平等、ＬＧＢＴＱ（性的少数派）の権利などへの意識が高まった。宗教、文化、ライフスタイルで多様性と寛容度が増し、国際協力、自由、人権の幅が大きく広がっている。こうした進歩的価値観に対し、教育レベルの低い高年層、特に「それまで文化的多数派として特権を得ていた」白人は脅威を感じている。伝統的価値観を「政治的に正しくない(politically incorrect)」と否定され、住んでいるのがまるで自分の国ではない気持ちに襲われる。そこに「文化的反動」が起きている――。「文化の変容が進んで、ある転換点に達したと思われる」と報告は述べている。トランプが演説などで「政治的に正しい」物言いを拒否すると、高年齢層で信仰心の厚い白人の伝統的価値観信奉者には強く訴えるものがある。彼らは「同性婚、性転換の権利、男女平等、移民の権利」などの発展に違和感を覚えているからだ。

イングルハートらの調査は基本的にポピュリズム研究である。興味深いのは、ポピュリズムの興隆の原因をこれまでのように経済的要因や排外主義に見るのでなく、むしろ価値観の変容に伴う「文化的反動」が大きい要因であると見ている点だ。これはホーフスタッターがアメリカ・ポピュリズムの要素として挙げている、①中央に対する地方の反感、②エリートに対する民衆の反抗・懐疑、③外来のものに対する土着主義(ナティビズム)――の②に相当し、一部③の要素も組み込まれていよう。

この論文ではいくつかの統計が援用されている。アメリカと欧州先進一二カ国の政党綱領などが取り上げている争点を「経済」「経済外」で分類して統計をとると、一九五〇年代～六〇年代前半までは「経済」が圧倒的に多い。ところが六〇年代後半に転換期が来て、この二〇年は「経済外」が圧倒的に多くなっている。先進国政治の争点は経済よりも(価値観を含む)社会問題などに重点が移っていることがうかがわれる。そうした中で起きている「文化的反動」がトランプ現象なのだ。それがイングルハートらの主張である。

この報告でも言及されている「政治的正しさ(PC=Political Correctness)」は、二〇一六年大統領選の中核的問題だったと言えよう。トランプの登場により、選挙プロにも予想のつかない展開となってきた主たる原因は、このＰＣ問題にあると言ってよい。昨年（二〇一五年）六月の出馬宣言での「メキシコはレイピスト（強姦犯）を送り込んでいる」に始まって、人種差別・宗教差別・女性蔑視……トランプはどれをとっても、政治家として「一発退場」になってもおかしくない発言を繰り返した。そのたびに逆に支持を広げてきた。イングルハートが言うように、そこに「文化的変容」（＝価値観の変容）に耐えきれず限界を超えてしまったと感じるアメリカ人がたくさんいることがうかがわれる。「政治的正しさ（ＰＣ）」とは、その文化的変容が人々に迫る生活態度の修正だ。それは時に庶民の理解の限界を超えてしまう。

例えば、いま大学内で起きているＰＣをめぐる状況は庶民の理解を超える。二〇一六年五月三〇日付の『ニューヨーカー』誌が掲載したオハイオ州オーバリン大学の学生・教員らの姿のルポはそれを描き出す。人種やジェンダーをめぐって集団ごとに権利を主張し合う文化状況は高等教育の場に激しい混乱をもたらしている[14]。

学内で出されるちょっとした民族料理に対し「本式の調理ではなく文化への敬意に欠ける」と抗議デモが起きる。カリキュラムの古典文学教材に「問題ある表現があります」との警告文を付けるよう求める学生がいる。「九・一一はユダヤ人の陰謀」と公然と主張している教員が黒人学生らの権利擁護に熱心で大学当局は対応に苦慮する……など、アイデンティティ・ポリティクス（民族・性別集団ごとの権利主張）に翻弄される教育現場の様子が仔細に報告されている。

ジョージア州の名門エモリー大学では、歩道や階段に「Trump 2016（トランプ２０１６）」とチョークで落書きされただけで学内抗議デモが起き、学長も抗議を支持。カリフォルニアの女子大スクリプス大学では、メキシコ系アメリカ人が住む学生寮の部屋のドアにあるホワイトボードに「#Trump2016」と書き込まれた悪戯が、学生自治会と大学当局双方により「人種差別」であり「脅迫」と認定された。ともにアメリカの大学では「悪戯」ではなく、おそらく退学処分に値する行為だ。

これら二つの事件の「悪質性」については判断が割れるだろうが、トランプ現象とPCという二つの「社会・政治力」の衝突が、流血まで伴いかねないかたちで起きているのが現在のアメリカだ、と説くのは、保守系シンクタンク、クレアモント研究所の上級研究員チャールズ・ケスラーだ。PCの牙城は大学キャンパス（知識人・エリート）であり、それに対抗しているのが（白人）労働者階級という構造だという。ケスラーの主張は二〇一六年五月二三日付の保守系紙『ニューヨーク・ポスト』に掲載された[15]。

大学における警察国家まがいの「言論規制」とアイデンティティ・ポリティクスによる「利益と権利の配分」により、進歩派政治（リベラリズム）は「醜悪」ともいえる段階に入ったと批判する。これに対しトランプは進んで「政治的に正しくない」発言をして、庶民の支持を得るのに成功した。トランプがPCに反対しているのは明らかだ。ただ、彼が何を「政治的に、かつ道義的に正しい」と考えているのか、判然としない。トランプはそこを明らかにする責務があると、ケスラーは結んでいる。

「科学主義」と「歴史主義」への批判

このケスラーの論考も踏まえて、さらに独自の視点でトランプ現象をもたらした思想状況を分析しているのが、ネバダ大学政治学教授ジョン・マリーニの論文「ドナルド・トランプとアメリカの危機」だ。同年七月二二日付でクレアモント研究所が発行する『クレアモント・レビュー・オブ・ブックス（CRB）』オンライン版に掲載された。同研究所の上級研究員でもあるマリーニは、選挙に科学的手法が持ち込まれることで、選挙運動は有権者を特定の政策・争点でグループ分けして対応するようになったことに注意を喚起する。人種・階級・ジェンダー……を人口動態で分類して分析・予測し対処するのが選挙運動の中心的課題となった。政治と選挙において集団意識（グループ・アイデンティティ）が重要な位置を占めることになったのである。

　これと並行して、知識社会におけるポストモダニズムの展開により、アメリカの過去（歴史）に関して人種問題などにおいてアイデンティティ・ポリティクスの視点から否定的な側面ばかりが強調されるようになった。

　現代政治はこの「科学（実証主義：positivism）」と「歴史主義」（historicism）で動いている。この二つを信奉する者たちに敵対しているのがトランプ現象だと、マリーニは見立てる。いまアメリカはこの「科学」と「歴史主義」で失われた市民社会と、社会全体に「共通する善」の意識を取り戻さねばならない。その必要性がトランプ現象の背後から浮かび上がり、今回トランプが選挙で敗れても課題は消えない、というのがマリーニの主張である。[16] この「科学主義」と「歴史主義」への批判で分かるように、マリーニはシュトラウス派である。クレアモント研究所は西海岸におけるシュトラウス派の牙城とされている。忽然と現れて消えたオンライン保守派論壇『ジャーナル・オブ・アメリカン・グレイトネス（略称ＪＡＧ）』の掲載論文は、クレアモント系とみられる主張が多く、両者の関連は明らかだ。

主にシカゴ大学で教えた政治哲学者レオ・シュトラウスの弟子たちの系譜は、現在、クレアモント研などを中心とする西海岸派と、ワシントンで現実政治にかかわっている政策知識人らを軸とする東海岸派に分かれている。ワシントンで政策知識人として活躍するシュトラウス派はネオコンと呼ばれる知識人と重なっている。

アメリカ保守派知識人の主流派はトランプを「保守主義とは無縁だ」と否定している。ネオコンを含めた東海岸のシュトラウス派もトランプと全面対決している。これに対し、西海岸のシュトラウス派はクレアモント研のケスラーやマリーニの論考でも分かるように、トランプ（現象）を全面否定はしない。現在のアメリカ知識社会や政治が陥った陥穽から抜け出す契機になりうると見ている。パラダイムを変える触媒になるという考え方かもしれない。

一部の保守派知識人はなぜ「知性」とはまったく無縁のトランプの肩を持つのか。この問題を左派（リベラル）の視点から解明しようとしているのは米誌『アトランティック』二〇一六年九月号掲載の論文「なぜトランプに惹かれる保守思想家がいるのか？」である。筆者はジャーナリストで政治評論家のピーター・ベイナートだ。[17] ベイナートも指摘するように、代表的保守派論客であるジョージ・ウィル（『ワシントン・ポスト』のコラムニスト）、ディヴィッド・ブルックス（『ニューヨーク・タイムズ』のコラムニスト）、ウィリアム・クリストル（ネオコン論客、保守系誌『ウィークリー・スタンダード』編集長）らはこぞってトランプと全面対決の姿勢だ。しかし、一部の保守思想家はトランプを全面支援しないまでも肯定的に見ている。全体主義と戦ったポーランド詩人シェスラウ・ミロシュの著書『囚われの知性』に描かれる「スターリンに従った知識人ら」と同じ状況があるのではないかという。

彼らは単に「強制」されて、あるいは自身の「政治的野心」からスターリンに従ったのではない。「大衆とともにありたい強い希求を、疎外された知識人らが持っていた」ためではなかったか。それがミロシュの分析だ。果たしてそれがクレアモント系の知識人たちのトランプ現象への肯定的姿勢の理由かどうかは検証を要する。

ただ、ベイナートの論考によれば、クレアモント研究所の日系の上級研究員ケン・マスギは、「トランプは完璧」とは言えないまでも「憲法に定められた統治原則を長期にわたり無視してきたアメリカのエリートに対し立ち上がった国民の主権」を擁護していると主張する。同研究所の研究者をはじめ、「トランプ現象」を肯定的に評価している知識人の主張には、アメリカの政治が一般市民を無視したエリートだけのものになっている状況への強い批判が込められているのは確かに思われる。

南北戦争直前

レーガン大統領のスピーチライターを務め、現在は『ウォール・ストリート・ジャーナル』紙の人気コラムニストを務めるペギー・ヌーナンも、二〇一六年夏の二つのコラムで、このエリートと一般市民の断絶を批判し、トランプ現象への理解を示している。政治的な立ち回りでの「理解」というより、ヌーナン自身の「断絶」への怒りがのぞくコラムだ。一つはトランプが共和党大統領候補に確定した直後、二〇一六年六月二日付の「党の分裂、当然の時期だ」[18]。もう一つは、二大政党の全国大会が終わった後の八月一一日付の「グローバル・エリートはいかにして同胞国民を見捨てたか」[19]。

ヌーナンは言う。共和党エリートや保守派知識人はトランプを支持しない。トランプが大統領になったら「夜もおちおち眠れない」からだというが、長引くアフガン・イラク戦争、リーマン危機、不法移民流入放置の中で平然と夜ぐっすり寝ていたのは誰か。すべてそれらの苦難を引き受けたのは庶民ではないか。戦争批判の言論を封じ込めたのも保守派知識人であり、彼らの背後には巨大資本の力がのぞく。大量移民受け入れに伴うさまざまな摩擦を引き受けなければならないのは庶民だ。彼らが受け入れ反対の声を上げればエリートは「排外主義・人種差別」と非難する。そのエリートは移民との摩擦とは無縁の高級住宅街で安穏と暮らしている……。

　ヌーナンの主張には明らかにジェームズ・バーナムやサミュエル・フランシス、そして西海岸シュトラウス派の影響が見られる。実際六月のコラムでヌーナンはＪＡＧの主張に気付き、共鳴したことを打ち明けている。一種のネオマルクス主義がヌーナンを突き動かしているとも言える。

　クレアモント研、ＪＡＧ、ヌーナンを代表とする論客らの特徴は、トランプ候補には支持を留保しているが、トランプを押し上げているアメリカ社会の矛盾、そこに噴出している庶民の怒りを「トランプ現象（Trumpism）」と呼んで、現象の重要性を説いた点だ。

　トランプを厳しく批判しているリベラル側の米紙『ニューヨーク・タイムズ』は二〇一六年八月二〇日付の社説で、世論調査を見る限り一一月の投票ではトランプは大敗北を喫すると見られるが、アメリカはその後も「トランプ現象（Trumpism）」が残す「有害な影響」に対処し続けなければならないと警告した。トランプによって火がついた人種差別や排外主義といった偏狭な意識と、庶民の持つ経済的不満を切り分けて対処していくことがトランプ敗北後の共和党の課題だが、果たしてそれに挑む者がいるかどうか、と問いかけた。[20] まっとうな主張ではあるが、マンハッタンの繁栄の真ん中にある大新聞社のデスクで正論を吐いている知識人も、厳しい批判にさらされていることへの認識が浅かったともいえる。

思想集団、西海岸シュトラウス派によるオンライン保守論壇『ジャーナル・オブ・アメリカン・グレイトネス（略称ＪＡＧ）』で繰り広げられたトランプ現象肯定論を、もう少し見てみよう。回復された論説第四三番「奴隷制維持勢力（The Slave Power）」は、最も活発なＪＡＧ論客の一人だったデキウス（ペンネーム）による。デキウスは戦場で自分を犠牲にして共和国ローマを救った執政官の名である。「ごく少数の経済と政治を牛耳る勢力が言論界も支配し、一般市民の意思はお構いなしで、市民の犠牲の下に自分たちの利益を図っている」。現代のアメリカの姿は、南北戦争勃発以前の姿とそっくりだとデキウスは言う。奴隷所有の大農園主たちは財力を使って南部諸州ばかりか中央政界まで牛耳り、奴隷制を維持して利益をむさぼった[21]。

当時の奴隷所有者らは英国資本と結び、西半球一体に拡張を狙う自由貿易主義者であった。安い奴隷労働に太刀打ちできず苦しんでいたのは、アメリカ国内の奴隷制のない地域の庶民だ。これはちょうど不法移民の安い労働力を使って、人々の困惑もお構いなしに自己利益だけを図る今日の大企業経営者らと同じだ、とデキウスは批判する。有名なリンカーン対ダグラス論争やプラトンの『国家』に出てくるソクラテス対トラシュマコス論争を引いて、こうした事態を「（自然的）正義と権力政治」の問題として分析する。シュトラウス派的な論考だ[22]。

当時の奴隷所有者には良心の呵責があった。しかしいまのアメリカのグローバル企業経営者は自分たちが正しいと思っている。そう批判しながらデキウスは、あるヘッジファンド経営者の次のような台詞を引用する。「この世界経済の変容で、中国やインドで貧困から中産階級に四人が這い上がるたびに、アメリカ人一人が中産階級から脱落するというのなら、それほど悪い取引ではない」

　このグローバル経済エリートの発想こそ打倒すべきだというのが、デキウスをはじめＪＡＧの中心的主張の一つである。ジェームズ・バーナムのテクノクラート・エリート支配批判とも通底する。納得できる点があるが、ちょっと足を踏み外すとナショナリズム、しかも、いまアメリカで最もグローバリズムの圧力にさらされている白人労働者階級のナショナリズムを煽ることになる。実際ＪＡＧは、（人種差別主義との境が曖昧な）白人民族主義（white nationalism）集団のサイトによく引用される。例えば、移民規制を求めて論陣を張ってきたサイト『VDARE.com』[23]が、その一つだ。同サイトではかつてサミュエル・フランシスも論客として活躍した。

F・フクヤマの主張

　ではＪＡＧは人種差別主義（racist）なのかというと、これは再びＰＣ論争の問題に戻って、その文脈で考えるべきだ。シュトラウス派は西洋古典思想の原点に立ち返って論争を挑む。西洋文明（ウェスタン・シヴ）教育は、アメリカのアイデンティティ・ポリティクスの「主戦場」と言ってよい。ウェスタン・シヴはアメリカの高等教育でＰＣ（政治的正しさ）論争の焦点となっている。古典から始まる西洋文明中心教育は、マイノリティの政治運動から「白人（男性）優位の差別主義」の象徴として排撃される。これに対し保守派が反撃し、泥沼状態なのがいまのアメリカの教育現場の知的状況だ（章末注14参照）。

そうしたＰＣ論争の中での一種のレッテル貼り的な批判としての「人種差別主義」を脇にのけて、デキウスのトランピズム肯定論を読むと、重要な問題が提起されていることは否定できない。それは（デキウスが批判する）東部エスタブリッシュメントを代表する外交専門誌『フォーリン・アフェアーズ』二〇一六年七・八月号にフランシス・フクヤマが寄せた論文「アメリカ政治の衰退か再生か――二〇一六年選挙の意味」が、同様の問題提起をしていることからも知れる[24]。

フクヤマはまず、共和党がトランプに乗っ取られ、民主党がサンダース旋風に揺さぶられたのは、多数の有権者が「腐敗して自己利益しか考えない体制（Establishment）に対し立ち上がり、その浄化を求めて過激なアウトサイダーのもとに向かった」ためと見る。二〇一六年の選挙の本質は「大衆の大部分がいま直面している格差の拡大・経済停滞にアメリカ民主主義が数十年ぶりにやっと反応したことにある」。いま政治の争点の中心は「社会階層（class）」問題に移った。人種やジェンダーなど近年の争点は後景に退いた、とフクヤマは言う。

社会階層の問題の焦点は白人労働者階級にある。一九八〇年代には都市中心部での黒人の「底辺層（アンダークラス）」が大問題とされた。彼らは貧困の中でコカインに溺れた。いまは農村部の白人「底辺層」のヘロインや覚醒剤蔓延が深刻化している。ノーベル経済学賞のアンガス・ディートン教授が指摘したように、この一五年アメリカの白人中年層では死亡率が上がっている。他の先進国では見られない現象だ。アメリカの他の人種集団でも起きていない。主たる死亡原因は自殺と薬物中毒である。「絶望死」だ。フクヤマも重大視するこのディートンの指摘と白人労働者階級の問題は、拙稿「『トランプ現象』とラディカル・ポリティクス」や拙著『トランプ現象とアメリカ保守思想』などでも指摘してきた。[25]

白人労働者はそこまで追い込まれている。黒人底辺層のように重視されず、長く放置されてしまった。その大きな原因として、フクヤマは民主党の失政を挙げる。グローバル経済の深化と技術革新の中で労働者が困難に直面したときに、クリントン民主党政権は「第三の道」の保守寄り路線で自由貿易推進・移民活用を図った。労働組合の抵抗に対してもカネで片を付けるという姿勢だった。

さらに酷いのは、アイデンティティ・ポリティクスで黒人・女性・ゲイ・環境保護主義者……などを重視して選挙の時に動員する一方、ニューディール以来の民主党票田の中核だった白人労働者階級を無視したことだ。無視された彼らは、愛国心・銃所持の権利・中絶……など社会・文化争点で操られて「小さな政府」論の共和党支持へと鞍替えした(その仕掛けは後述)。自らの経済利益に反する行為だった。

こうした流れがもたらした矛盾の帰結が、今日の民主・共和両党で一挙に起きた白人労働者階級の反乱である。問題解決に向けフクヤマはいくつかの提案を行っている。焦点の移民問題では、不法移民を使って利益を得ている企業経営者を罰し、移民管理を強化するのはやむを得ないと言う。グローバル化に対応する労働政策として、ドイツのシュレーダー政権が採った労働者再教育への大規模投資も評価する(ただ、アメリカの同様の施策は失敗してきた)。自由貿易を推進し、グローバル化の恩恵を受けているアメリカの多国籍企業に対し、海外で保有する二兆ドルに及ぶ資金を米国内投資に使うようにも求める。三・六兆ドルを必要とする道路網など国内インフラ再整備による雇用創出も提案する。要するに、一定の「ナショナリスト経済政策」が必要だということだ。

ＪＡＧのシュトラウス派論客らの主張と共通する（フクヤマは彼らとは直接繋がらないが、広い意味でのシュトラウス派だ）[26]。政治思想的に見ると、ＪＡＧの主張は合衆国憲法の理念である「人民主権」の再生である。フクヤマの近年の主張は、衰退（decay）する民主主義の再構築だ。ともに場当たりの対処策を主張しているだけではない。ＪＡＧもフクヤマも依然、国家単位で政治・経済の大きな議論を進めていることに留意しておきたい。

「白い屑」

フクヤマも挙げている白人「底辺層」の問題については、トランプ現象を契機に数多くの優れた著作が出版されるようになった[27]。トランプ大統領の誕生やオルタナ右翼の隆盛を、白人のアイデンティティ・ポリティクスの活性化と捉えれば、こうした書籍の出版はある意味で白人のアイデンティティ・ポリティクスに、けっしてネガティブな意味ではない大切な知的支持を与えていると考えることもできる。二〇一六年前半に刊行された興味深い二つの著作をベースに、『アトランティック』二〇一六年九月号は「そもそもの底辺層」と題した長文の書評を掲載している。一方の著作は、まったく見過ごされていたような白人底辺層を、その起源からたどる。古く植民地時代に遡る問題である。他方は今日におけるその生活のすさまじさを描く。驚くような事実がこの二著によって知らされ、白人底辺層に対する一般市民の意識が変化を起こしはじめたと考えてもよいかもしれない[28]。

白人底辺層の「絶望死」を左派知識層は「これまでの経済的・社会的優位を失ったという思いからだろう」と批判的に見がちだ。しかし、ルイジアナ州立大学の歴史学者ナンシー・アイセンバーグの近著『白い屑——アメリカの階級（制度）の知られざる四〇〇年の歴史』（邦題『ホワイト・トラッシュ』として訳出）は、アメリカ建国以前の植民地時代の英国階級制に始まる白人底辺層の絶望的な貧困の歴史が今日まで続くことを広く教えた。植民地では少数の大土地所有者が土地を独占し、土地を持たぬ白人の年季奉公使用人らはまさに「屑」のごとく扱われてきた。特にノースカロライナ州など南部で顕著な問題となり、彼らと黒人奴隷との緊張関係は南北戦争に至る過程で論議の焦点であったという。

この「白い屑」の白人底辺層が、現代において実際どんな生活を強いられているかを自身の体験から描き出したのが、投資銀行家J・D・ヴァンスの『ヒルビリー・エレジー』だ。ヒルビリーとはアパラチア山系一帯に住む貧しい田舎の白人に対する蔑称だ。そうした家族に生まれたヴァンスの回想である。牛泥棒を殺しかけた祖母は、酔って家に帰った祖父にも火を付けて焼き殺そうとする。さらに母の暴力、離婚、麻薬、逮捕……あらすじを読むだけでも、アメリカの底辺白人層の生活のすさまじさが伝わる。ヴァンスがそこを抜け出すきっかけを得るのは海兵隊入隊とイラク戦経験だ。

ヴァンスの出身地（オハイオ南部）の田舎町の中心街がシャッター通りとなり、絶望的な姿をさらけ出している光景で『アトランティック』誌の記事は終わる。

一方で繁栄を謳歌する大都市があり、そこではグローバル経済で潤う高所得者らがきらびやかな生活を送る。ニューヨークの一人あたり所得は一九八〇年に全国平均より八〇％上だったのが、二〇一三年には一七二％上に。サンフランシスコ一帯では五〇％上から八八％上になった[29]。アメリカでも地方の疲弊、地域格差は深刻な問題である。都市部の富裕層は進歩的（リベラル）な主張を好み民主党を支持、疲弊した地方に住み貧困に沈む白人層が共和党を支持しているのが、いまのアメリカの政治地図である。

これは「金持ちの共和党」に「労働者の民主党」という、一般に抱かれてきたイメージとまったく違う。なぜかと疑問がわくであろう。

二大政党の転換

その問題を扱った優れた論考がいくつかある。包括的なのは進歩派（リベラル）系のニュースサイト『Ｖｏｘ』に掲載されたシンクタンク「ニューアメリカ」上級研究員リー・ドラットマンの「人種とアイデンティティはいかにしてアメリカ政治の大きな分断線となったか」だ。進歩派の見方である[30]。

いま起きている混迷を、経済を中心に見るべきか、あるいは人種問題を軸に見るべきか。たとえば、フクヤマの見方は経済と政治を中心とするジェームズ・バーナムに近い。経済に人種（白人のアイデンティティ・ポリティクス）を絡めて政治変革を迫ったのがサミュエル・フランシスである。そのことによって彼は白人民族主義者のレッテルを貼られた。

ドラットマンは「経済」と「人種」を二つの軸にして二大政党政治の変遷をたどり直す。まず、二〇一六年夏トランプが共和党大統領候補に指名されるという事態に至ったのは、けっして突然の出来事ではなく、ニクソンの「南部戦略」以来の半世紀の共和党史の論理的帰結だと見る。「南部戦略」は政治の焦点を「経済」から「人種とアイデンティティ」に転換したことに意義があった。

トランプは突然変異ではない。路線の帰結だ。だから共和党にとって後戻りは難しい、とドラットマンは見る。しかし「南部戦略」以来取り続けてきた路線はもはや勝利戦略とはならない。それが共和党のジレンマだ。民主党支持者の中でも経済階層の分断が起きている。ただ、共和党の失敗した人種路線を叩くことで経済階層分断を覆い隠して自党の統合を図っている。

ドラットマンはまずE・E・シャットシュナイダーの古典的著書『半主権人民』[31]などを援用して、アメリカ型の二大政党制では主要争点は一つで、それを主な分断線として、他の争点は後景に退く傾向があると見る。

ニューディール以降、この主要分断線は経済であった。労組を背景に「大きな政府と再分配」の政治を追求する民主党、資本家の政党として「小さな政府による減税・規制緩和」を求める共和党——。その最右翼に位置したバリー・ゴールドウォーターが一九六四年選挙で大敗し、もはや共和党は「小さな政府」を前面に出しただけでは選挙に勝てないと悟る。そこでニクソンが主要分断線に据えたのが「人種とアイデンティティ」だった。「南部戦略」である。

当時の民主党は進歩派政党であったが、人種差別解消の公民権法に反対する保守的な南部民主党を大勢力として抱えこんでいた。それだけでない。北部の白人労働者階級の民主党支持者も人種暴動や差別解消の強制バス通学などに怒っていた。「人種とアイデンティティ」を主要分断線に据え、民主党を分裂させ、南部民主党だけでなく北部白人労働者まで取り込んで行ったのがニクソンの「南部戦略」である。

その後、民主党はジミー・カーター政権で主要テーマの経済で失敗。他方レーガン政権の「小さな政府」は、経済政策を争うスローガンの役割を超えて新しい意味を持った。すなわち「東部名門大学出の民主党のエリートに、お利口ぶって人種をめぐる正義を庶民に押しつけたり、黒人貧困層への福祉のため中産階級に税を払わせたりさせない」という隠れたメッセージが与えられ、主要分断線である人種問題で対立を煽った。

　こうしてニクソンの南部戦略以来四〇年ほどで、二大政党は支持者の構成を大きく変える。荒廃していく地方に住む高卒以下で中絶や同性婚などに反対する白人保守層は、民主党から共和党支持に鞍替えした。かつて「ロックフェラー・リパブリカン」と呼ばれた、中絶などに寛容な都市部の豊かな専門職層は、共和党から民主党支持に転じた。

　しかし、この共和党の南部戦略以来の路線には欠陥があった。アメリカの人種多様性は広がり、教育水準が上がっていったからだ。当初は共和党がより多くの支持者を民主党から奪っていた。それが、二〇〇〇年代に入ると逆転した。共和党が取り込んだ保守白人層は、党を牛耳る大企業とそのグローバル戦略に不信の目を向け、年金など社会保障の改革も嫌がった。そのため産業界向けの経済政策であったはずの「小さな政府」は、「福祉を食い物にする移民らに懸命に働く中産階級の納めた税を再分配させない」というメッセージを中心に据えて、大企業不信の保守白人層に取り入るためのスローガンへと変わっていった。

　半世紀に及ぶ、二大政党のこうしたダイナミックな変貌をドラットマンはさまざまな資料を駆使して詳細に描いた。論考に現れる次の数値なども興味深い。共和党が強い内陸部の州では、民主党支持が強い州に比べ、移民増加率が高い。例えば南部アーカンソー州では、一九九〇年から二〇一四年で三四六％増と激しい。この間、民主党が強いカリフォルニア州では二五％増と緩やかだ。こうした状況はトランプ現象と関係がありそうだ。母数の違いも考慮しなければならないが、貧しい農村部ほど激しい移民圧力を感じていると思われる。

民主党・共和党の支持者の入れ替わりについては、『アトランティック』オンライン版に載った「アメリカ政治の階層逆転が加速」も参考にしたい。世論調査に基づき簡潔に説明している。著名な政治記者ロナルド・ブラウンステインによれば、一九五二年から八〇年まで、民主党大統領候補はすべて、大卒白人より高卒以下の白人から得る票数が上回っていた。その後、高卒以下と大卒と均等な時代が続き、二〇〇〇年以降は大卒が上回り、オバマ初当選でその差がさらに広がった、と言う。

つまり、一九六〇年代以降、白人高卒以下（労働者階級）は徐々に民主党から共和党支持に鞍替えし、一九八〇年に逆転、同年以降は共和党支持の高学歴白人が民主党支持に鞍替えし始めた。それがいま、トランプ現象で加速し、高卒以下の白人のトランプ支持は二〇一六年七月半ばにはクリントン支持より二〇ポイント高かったのが、共和党大会後の同月下旬には倍近い三九ポイント差になった。民主・共和両党の支持者の階層逆転は加速し、トランプ現象で共和党はいっそう白人労働者の政党に、民主党は高学歴ホワイトカラーの政党に大きく変貌したといえる。共和党の南部攻略もあって、二大政党は白人層に関する限り中身をすっかり入れ替えたと言えるかもしれない[32]。

オルタナ右翼＝人種差別主義者ではない

トランプ現象は経済的背景（格差拡大）を軸に、ポピュリズム現象として分析されたり、ホーフスタッターの『アメリカの反知性主義』を援用して語られたりしてきた。他方、二〇一六年八月に右派のニュースサイト『ブライトバート・ニュース』経営者スティーブン・バノンがトランプ選対の最高責任者に抜擢されて以来、いわゆるオルタナ右翼（Alt-Right）とトランプ陣営のつながりが脚光を浴び、バノンがホワイトハウスで「首席戦略官（Chief Strategist）」という地位を得て、一時他を圧する力を振るって、オルタナ右翼問題が注目された気配がある。

オルタナ右翼問題には本稿では詳細に触れていない。簡単に筆者の考え方を紹介しておく。この問題は、単純にオルタナ右翼＝人種差別主義者という図式では割り切れない。アメリカ戦後保守思想史の、これまで照射されてこなかった部分が、突然、トランプ現象とともに浮上してきた様相である。本稿で触れたサミュエル・フランシス、その向こうにいるジェームズ・バーナムの影は、一部のアメリカ右派論壇では二〇一五年末ごろから、議論されはじめた。本稿で説明したように、彼らはウィリアム・バックリーを軸に一九五〇年代から形成され、レーガン政権誕生をもたらして、現実政治を大きく変えた保守派思想運動の本流から外れていった右派知識人である。いま、彼らが不思議なかたちでよみがえろうとしている。

もう一つの大きな流れは、ネオコンサーヴァティヴを軸に説明されなければならない。アメリカの戦後保守思想はリバタリアンと、ラッセル・カーク（Russell Kirk［一九一八〜九四］）らを軸に打ち立てられた伝統主義保守の「融合（fusionism）」によって形成された。一九四〇年代に主にトロツキストから転向し、戦後論壇で活躍を始めた知識人らが（第一世代の）ネオコンサーヴァティヴと呼ばれて、この「融合」に加わってくるのは一九六〇年代以降である。しかし、ネオコンの知的活力は、やがて保守思想運動の中核に彼らを据えることになる。一九九〇年代はじめにリバタリアンや伝統主義者の反撃があったが、今世紀に入るとネオコンひとり勝ちのような状況が生まれた。これは経済グローバル化、軍事における「アメリカ一極」とも言える一時的優位性と関連していたと考えられる。ネオコン思想の持つ普遍主義的な傾向が、それらと親和的だった。

だが、アフガン・イラク戦争の泥沼化とリーマン危機による米経済の混迷で、アメリカのみならず世界的に政治経済の動揺が起きると、ネオコンのひとり勝ち状況は終わり、一種の反動が始まった。フランシスやバーナムの復活は、この反動にかかわるが、他方でバーナム思想が持っていたマルキシズム的傾向も、時代の要請の中で浮かび上がってきている。

三つ目の動きは、一九四〇年代に淵源を持つネオコンサーヴァティヴ運動（当時はそう呼ばれてはいなかった）の中核ニューヨーク・ユダヤ知識人たちが、当時レフ・トロツキーと並んで大きな影響を受けたレオ・シュトラウスの思想をめぐるものだ。シュトラウスは四〇年代の大半をニューヨークの「ニュースクール」で教えた後、シカゴ大に移って、また大きな思想的波動を引き起こす。そうした彼の動きが、西海岸シュトラウス派と東海岸シュトラウス派の二つの潮流を生んだとされる。ネオコンの主流は、このうち東海岸派に属する者たちが形成した。それが凋落傾向を見せたいま、西海岸派が現実政治に大きな影響をもたらし始めた気配がある。それがＪＡＧとトランプの連携だ。この問題についても、次稿以降でさらに詳細な解明を試みるつもりである。

（初出『立教アメリカンスタディーズ』39、二〇一七年三月）

注

（1）会田弘継「『トランプ現象』とラディカル・ポリティクス」『青山地球社会共生論集』創刊号、二〇一六年、六三－九一頁。なお同稿は、『増補改訂版　追跡・アメリカの思想家たち』中央公論新社、二〇一六年の第一三章として収録。

（2）Journal of American Greatnessの掲載論文は復元されており、本稿執筆現在、以下のJackson Gazetteのサイトでほぼ全編を読むことが可能である *Jackson Gazette*. <https://jacksongazette.org/2016/06/> accessed on Mar. 6, 2017.

（3）Timothy Shenk, "The Dark History of Donald Trump's Rightwing Revolt," *The Guardian*, Aug. 16, 2016.

（4）ブキャナンのこうした主張の詳細については本人による以下のエッセー参照。Patrick J. Buchanan, "America First-and Second, and Third," *The National Interest*, No. 19 (Spring 1990), pp. 77-82.

（5）バーナムや、その思想を継承する人たちは"managerial elite"ないしは"managerial class"という言葉を使う。代表作Burnham, James. *Managerial Revolution* (New York: John Day, 1941)（ジェームズ・バーナム『経営者革命』武山泰雄訳、東洋経済新報社、一九六五年）もそうであるが、バーナムが言うmanagerial classは経営者というより、今日使うテクノクラートという表現に近い。政府・企業の官僚的エリート集団を指している。

（6）ヤノプルスについては南部貧困法律センターの以下の記事を参考。小児性愛を擁護した発言のため二〇一七年二月二一日にブライトバート・ニュースから追われた。Keegan Hankes, "How Stephen Bannon Made Milo Dangerous," *Southern Poverty Law Center*, Feb. 23, 2017. <https://www.splcenter.org/hatewatch/2017/02/23/how-stephen-bannon-made-milo-dangerous> accessed on Mar. 7, 2017.

（7）Sarah Posner, "How Donald Trump's New Campaign Chief Created an Online Haven for White Nationalists," *Mother Jones*, Aug. 22, 2016. なお、バノンは政権入りに伴い、ブライトバート・ニュースの経営から手を引いている。

（8）エリート攻撃がアメリカ・ポピュリズムの重要な要素であることは、リチャード・ホーフスタッターが指摘していることに留意。Richard Hofstadter, *The Age of Reform: From Bryan to F.D.R.* (New York: Random House, 1955)（リチャード・ホーフスタッター『改革の時代』清水知久訳、みすず書房、一九六七年）。

（9）George H. Nash, "The Conservative Intellectual Movement in America: Then and Now," *National Review*, Apr.

26, 2016. <http://www.nationalreview.com/article/434548/conservative-intellectuals-george-nashtraces-history> accessed on Mar. 7, 2017.

　ナッシュの論考は筆者による抄訳が『中央公論』一五九三号（二〇一六年八月号）に「アメリカ保守を破壊する〝トランピズム〟の意味」のタイトルで掲載された（ジョージ・ナッシュ「アメリカ保守を破壊する〝トランピズム〟の意味」会田弘継訳『中央公論』一五九三号［二〇一六年八月号］八〇－八五頁）。

(10) George H. Nash, *The Conservative Intellectual Movement in America Since 1945*. (New York: Basic Books, 1976).

(11) "JAGRecovered: Our Mission Statement." <http://jagrecovered.blogspot.jp/p/our-mission-statement.html> accessed on Mar. 7, 2017.

(12) Plautus, "Notes on the Origins and Future of Trumpism," *Jackson Gazette*, posted on June 21, 2016. <https://jacksongazette.org/2016/06/21/notes-on-the-origins-and-future-of-trumpism/> accessed on Mar. 7, 2017.

(13) Ronald Inglehart and Pippa Norris, "Trump, Brexit, and the Rise of Populism: Economic Have-Nots and Cultural Backlash," *HARVARD Kennedy School*, Aug. 2016. <https://research.hks.harvard.edu/publications/getFile.aspx?Id=1401> accessed on Mar. 7, 2017.

(14) Nathan Heller, "The Big Uneasy: What's Roiling the Liberal-Arts Campus?" *The New Yorker*, May 30, 2016. <https://unlockhighered.com/the-big-uneasy-whats-roiling-the-liberal-arts-campus/> accessed on Mar. 7, 2017.

(15) Charles Kesler, "How political incorrectness has propelled Trump's success," *New York Post*, May 23, 2016. <http://nypost.com/2016/05/23/how-political-incorrectness-has-propelled-trumps-success/> accessed on Mar. 7, 2017.

　ケスラーの主張は、クレアモント研究所の季刊誌『クレアモント・レビュー・オブ・ブックス（ＣＲＢ）』二〇一六年春号に掲載された論文「トランプと保守の大義」で、さらに詳細に展開されている。Charles Kesler, "Trump and the Conservative Cause," *Claremont Review of Books* 16.2 (Spring 2016), pp. 10-16.

(16) John Marini, "Donald Trump and the American Crisis," *Claremont Review of Books*, Jul. 22, 2016. <https://claremontreviewofbooks.com/digital/donald-trump-and-the-american-crisis/>

(17) Peter Beinart, "Why Are Some Conservative Thinkers Falling For Trump?," *The Atlantic*, Sep. 2016. <https://www.theatlantic.com/magazine/archive/2016/09/trumps-intellectuals/492752/> accessed on Mar. 7, 2017.

(18) Peggy Noonan, "A Party Divided, and None Too Soon," *The Wall Street Journal*, Jun. 2, 2016. <https://www.wsj.com/articles/a-party-divided-and-none-too-soon-1464907737> accessed on Mar. 7, 2016.

(19) Peggy Noonan, "How Global Elites Forsake Their Countrymen?," *The Wall Street Journal*, Aug. 11, 2016. <https://www.wsj.com/articles/how-global-elites-forsake-their-countrymen-1470959258> accessed on Mar. 7, 2017.

(20) "How Can America Recover from Donald Trump?," *The New York Times*, Aug. 20, 2016. <https://www.nytimes.com/2016/08/21/opinion/sunday/how-can-america-recover-from-donald-trump.html> accessed on Mar. 7, 2017.

(21) Decius. "The Slave Power," *Reason & Revelation*, Jun. 23, 2016. <https://reasonandrevelationblog.wordpress.com/2016/06/23/jag-repost-saved-the-slave-power/> accessed on Mar. 7, 2017.

(22) リンカーン・ダグラス論争からプラトンまでさかのぼる論の運びは、シュトラウス派の直弟子として学派を形成することになったハリー・ジャッファ(Harry Jaffa［一九一八〜二〇一五］)の影響が明らかにうかがえる。ジャッファはいわゆる西海岸シュトラウス派の原点とみなされている。ジャッファについてはKenneth L. Deutsch and John A. Murley eds. *Leo Strauss, the Straussians, and the American Regime*. (Lanham: Rowman & Littlefield, 1999)に収められているCharles Kesler, "A New Birth of Freedom: Harry V. Jaffa and the Study of America," 参照。

(23) 反移民の論陣を張るサイトVDARE.comについては、南部貧困法律センター(ＳＰＬＣ)の「過激集団情報」を参照。Southern Poverty Law Center. "VDAR." <https://www.splcenter.org/fighting-hate/extremist-files/group/vdare> accessed on Mar. 7, 2017. VDAREとは、一五八七年に新大陸で最初に生まれた英国人の子Virginia Dareの省略形。

(24) Francis Fukuyama, "American Political Decay or Renewal: The Meaning of the 2016 Election," *Foreign Affairs*, Jul./Aug. 2016. <https://www.foreignaffairs.com/articles/united-states/2016-06-13/american-political-decay-or-renewal> accessed on Mar. 7, 2017.

（25）会田弘継「『トランプ現象』とラディカル・ポリティクス」『青山地球社会共生論集』創刊号、二〇一六年、六三 - 九一頁：『トランプ現象とアメリカ保守思想』左右社、二〇一六年、二六 - 二八頁。

（26）フクヤマはコーネル大学でアラン・ブルーム（Allan Bloom〔一九三〇〜九二〕）の下で古典学を学んでいる。ブルームは、シュトラウスの直弟子に当たる。

（27）以下の *The Atlantic* 誌記事で紹介されている Nancy Isenberg, *White Trash: the 400-year Untold History of Class in America*. New York: Viking, 2016; J. D. Vance, *Hillbilly Elegy: A Memoir of a Family and Culture in Crisis* (New York: HarperCollins, 2016)（J・D・ヴァンス『ヒルビリー・エレジー――アメリカの繁栄から取り残された白人たち』関根宏光、山田文訳、光文社、二〇一七年）のほか、Tamara Draut, *Sleeping Giant: How the New Working Class Will Transform America* (New York: Doubleday, 2016); Carol Anderson, *White Rage: The Unspoken Truth of Our Racial Divide* (New York: Bloomsbury, 2016) などが書評などで取り上げられた。

（28）Alec MacGillis and Propublica, "The Original Underclass," *The Atlantic*, Sep. 2016; The New York Times. "How Can America Recover from Donald Trump?" Aug. 20, 2016.

（29）Ibid.

（30）Lee Drutman, "How Race and Identity Became the Central Dividing Line in American Politics," *Vox*, Aug. 30, 2016. <http://www.vox.com/polyarchy/2016/8/30/12697920/race-dividing-american-politics> accessed on Mar. 7, 2017.

（31）E. E. Schattschneider, *The Semisovereign People: A Realist's View of Democracy in America* (Boston: Wadsworth, 1975)（E・E・シャットシュナイダー『半主権人民』内山秀夫訳、而立書房、一九七二年）で現在も入手可能。

（32）Ronald Brownstein, "The Class Inversion of American Politics Accelerates," *The Atlantic*, Jul. 26, 2016. <https://www.theatlantic.com/politics/archive/2016/07/college-educated-white-voters-maydecide/492995/> accessed on Mar. 7, 2017.

第2章

ジェームズ・バーナム思想とトランプ現象

よみがえる思想家たち

思想(家)ないし公共知識人(public intellectual)が時代を経てよみがえるというのは、どういうことなのだろう。そこにエリートとしての知識人の知と民衆の知の、ある種の交叉が起きたと考えられる場合があるのではないだろうか。

トランプ政権の誕生に至る過程で、忘却の底から突然のようによみがえった思想家たちがいた。三〇年前(二〇一八年本稿執筆当時)に亡くなり、ほとんど忘れられていたジェームズ・バーナム(James Burnham[一九〇五~八七])が、その一人だ。もう一人は、これも一〇年以上前に亡くなり忘れ去られていたサミュエル・フランシス(Samuel Francis[一九四七~二〇〇五])である。フランシスは、バーナムの死後、その思想的遺産を継承しようとしたほぼ唯一の保守派論客だったといえる。だが、フランシスの思想はアメリカ戦後保守主義の主流とはまったく相容れず、晩年の言論活動の場は極めて限定されていた。[1]

この二人をめぐる「再評価」のほかにも、トランプ政権発足前後には右派の思想潮流に特異な動きが見られた。オルト・ライト（Alt-Right［オルタナ右翼］という訳語がほぼ定着）[2]の興隆が、その一つだ。白人民族主義（white nationalism）の高まりと言っていいが、背景にはそれだけではない複雑さを抱える。こうした動きは一九五〇年代から自覚的に形成され出した戦後保守思想の「再編」の兆しとも考えられる。

戦後保守思想史の最も包括的な記録者である思想史家ジョージ・ナッシュ（一九四五〜）は大統領選の最中、トランプ（ないしトランプ現象）支持の是非をめぐって起きた保守派内部の対立は、これまで目にしたことがないほど激しいと指摘。その中で、トランプ支持派のオルタナ右翼が公然と「白人民族主義」を掲げ、「アメリカの保守主義を根底から組み替えようとしている」と観察していた。[3]最近のナッシュは、トランプ政権の誕生でアメリカの保守派は、その政治思想の核心である「自由」（freedom）とポピュリズムの高まりが求める「安全」（security）のジレンマに直面しており、戦術的転換はやむを得ない状況だと見ている。「安全」とは生活の保障であると同時に、国家とその主権の安全保障であり、また伝統的アメリカ文化の擁護でもある。人々はそのために政府の役割を求めており、個人や企業の裁量権の領域を拡大するために政府の役割を抑制することを重要テーマに掲げた戦後保守思想運動は、一時的にせよ原則の見直しの時期に入ったというのがナッシュの見解である。民衆からの圧力（populism）が、政治の下支えをしている思想の再編を迫っていると見ている。[4]こうした動きを思想面で象徴したのがバーナムと、その思想の継承者を自任したフランシスであった。

本稿では主にバーナム思想が再発見された経緯と、その思想の今日的意義の考察を行う。いったん忘れ去られた思想家の復活のメカニズムをバーナムという個別ケースで考えてみる。ただ、再発見の経緯には判然としない部分もあり、あくまで試論であることをお断りしておく。以下バーナムという思想家の生涯と時代背景、主著の思想内容と今日的意義、バーナム思想再発見の経緯、再発見の意味について順に考察する。

バーナムの生涯

バーナム思想の再発見の意義を考えるため、まず彼の思想がどのような時代背景でどのようにして生まれ、どう評価され、またどのように忘れ去られていったのか、バーナムの生涯をたどりながら考えたい。

バーナムの生涯については、一九八七年の死去から一五年を経て、二〇〇二年に元外交官でニューヨーク大学などで教えたダニエル・ケリーによる詳細な伝記が保守系出版社ＩＳＩ書籍から出版された[5]。その当時、保守系の文化論壇誌『ニュー・クライテリオン』編集長ロジャー・キンボールが自誌で書いた書評で、六〇歳代以下でバーナムを知る人はまずいないと指摘している。六〇歳以上でも主著『経営者革命』（一九四一年）の著者として、あるいは「激烈な反共主義者」という記憶がかすかに残っている程度に違いないともみている。二〇〇二年時点で一〇冊ほどの著書のすべてが絶版ないし実質的に入手不可能状態だったという[6]。本稿執筆時点（二〇一八年はじめ）に当てはめれば、七五歳以上のアメリカ人がかすかな記憶を持つだけだ、ということになる。それが、後述するように主流メディアでも真剣に論じられるまでに「復権」した。だが、依然、バーナムの生涯をたどるには、ケリーによる伝記と、これも絶版で入手困難となっているサミュエル・フランシスの著作など限られた文献に頼るほかない。

押さえておかねばならないことは、①バーナムは戦前のアメリカにおける代表的トロツキストで、トロツキー自身と直接の深いやりとりがあった、②反スターリニズムから反共産主義へと転じていったが、それは（過去を取り戻そうとするという意味での）「反動」というより、バーナム独自の世界観を築いていったのが理由だと考えられる、③バーナムの軌跡は、戦前のトロツキストから戦後は保守陣営に転じた第一世代ネオコンサーヴァティヴ[7]（以下ネオコン）に似ているが、彼らよりも一世代上に当たる――などの点である。実際バーナムは、思想転向したネオコンが登場し、保守陣営の中心で活躍し出すころには、病に倒れ（一九七八年）、論客としての活動を終えていた。

ジェームズ・バーナムは一九〇五年一一月二二日、鉄道会社役員の長男としてシカゴで生まれた[8]。恵まれた家庭に育ち、一九二三年プリンストン大学に進み英語・英文学を専攻、哲学も熱心に学び、首席で卒業して、一九二七年英オックスフォード大に留学し英文学と中世哲学を学んだ。オックスフォードでの恩師の一人に、のちに「指輪物語」などで著名になるJ・R・R・トルキンがいる。父はプロテスタントだったが、バーナム自身は母方が帰依していたカトリックとして育った。だが、オックスフォード時代に信仰を捨てている。ケリーの伝記によると、この棄教については「なんの説明もなく、内的苦悩の兆候もない[9]」という。留学中に父親を病で失った。四七歳だった。

オックスフォード留学中から、プリンストン時代の哲学の恩師でニューヨーク大学に移っていたフィリップ・ウィールライトと連絡をとり、文芸哲学季刊誌『シンポジウム』の立ち上げを準備。一九二九年の帰国後ニューヨーク大で哲学の教職を得るとともに、同誌の編集者として活発に動き出す。一九三〇年の同誌創刊号にはプラグマティズムの哲学者ジョン・デューイらが寄稿、自身の長文の書評も掲載した。デューイに寄稿させたのは、当時ニューヨーク大でやはり哲学を教えていた三歳年上で、のちに反共の社会民主主義者として大きな足跡を残すことになるシドニー・フック（一九〇二〜八九）である。バーナムは青年期のフックの影響を受けて、大恐慌下のアメリカでマルクス主義へと傾斜していく。『シンポジウム』は一九三四年に第一二号を出して財政難で廃刊するが、寄稿の顔ぶれはライオネル・トリリング、アレン・テイト、エズラ・パウンド、ハーバート・リードなど多彩だ。思想的に左右へのこだわりは見られない。マルクス主義に傾斜したバーナムは、一九三二年七月発行の『シンポジウム』にトロツキーの『ロシア革命史』第一巻について賞賛を惜しまない長文書評を自ら執筆して掲載。この書評を読んだ、トルコ亡命中のトロツキーとバーナムの間で文通が始まった（最初は著書内の引用の間違いをバーナムが書評で指摘したことへのトロツキーの反論から始まったという）[10]。

トロツキスト時代

一九三三年にバーナムはアメリカ共産党から入党勧誘を受けた。しかし、共産党は権威主義に陥っているとのフックの説得で、入党を拒否し、結成されたばかりのアメリカ労働者党（ＡＷＰ）に参加。共産党が主張する黒人自治共和国創設案への反発も勧誘拒否の理由だった。翌三四年、アメリカ労働者党はフック、バーナムの主導で、共産党を抜けたトロツキストらのつくるアメリカ共産主義者同盟（ＣＬＡ）と合同、合衆国労働者党（ＷＰＵＳ）となった。この過程で、バーナム自身もトロツキストとなった。バーナムは、トロツキーに直接接触するなどしていたマックス・シャハトマン（一九〇四〜七二）とともにトロツキズム理論誌（月刊）『ニューインターナショナル』の共同編集長となる。シャハトマンは戦後アメリカにおける労働運動・社会主義、反共運動に独特の大きな影響力を持ったのは周知のとおりである。

こうしてトロツキストとして活動し出した大学教授バーナムは一九三四年に結婚。三六年には第一子をもうけ、マンハッタンの一等地の高級アパートからニューヨーク市郊外コネチカット州ケントの閑静な住宅街に移り住んだ。伝記の著者ケリーは、バーナムは「タキシードを持っている唯一のトロツキスト」と皮肉られた[11]、と書いている。

ＷＰＵＳのトロツキストらは社会民主主義政党への参加を図る「フランス式方向転換」で、一九三六年ノーマン・トマス率いる社会党に合流。社会党内部議論でバーナムはスターリンのソ連を「官僚などエリートの所有物」になったと批判を強め、党内主流派やトロツキー自身とも摩擦を起こした。トロツキーは、たとえ腐敗していたとしても労働者国家のソ連を守るべきだと主張していた。バーナムの批判は、ソ連の体制は官僚・知識人・ＧＰＵ（秘密警察）・赤軍を中心とした「ソヴィエト社会の特権層」の道具になり果てた、というものだ[12]。このエリート支配論はほぼそのまま、トロツキズムと決別し右旋回をしていく一九四〇年代のバーナムの思想展開の核となっていく。

社会党内に亀裂をつくったバーナムらトロツキストは、一九三七年一二月三一日から翌年一月三日にかけ、全国の左派社会党トロツキストらを糾合しシカゴで新党「社会主義労働者党（ＳＷＰ）」を旗揚げ、シャハトマンらとともに最高指導部を形成した。

政治活動の一方で、大学ではバーナムはトマス・アクイナスなど中世スコラ哲学やダンテの研究・講義を続けながら、党の機関誌などに文芸批評や書評を寄稿していた[13]。そうした中で、文芸誌『パーティザン・レビュー』が共産党傘下から独立して、一九三八年に「反スターリン」を掲げて再出発したのを受け、バーナムは同誌に接近して、トロツキストとの連携を提案した。『レビュー』を編集していたフィリップ・ラーヴ(一九〇八～七三)らは断るが、バーナムを編集顧問に迎え、バーナムのエッセーだけでなく、トロツキーの芸術論なども載せるようになった。この時期、欧州のトロツキズム運動は不振で、アメリカが世界のトロツキズム運動の焦点となっている。ニューヨークはその知的な中心をなしていた[14]。

一九三九年八月、スターリンのソ連は突然ナチス・ドイツと不可侵条約を結び、九月にはドイツとソ連が相次いでポーランドに進攻、第二次世界大戦の火ぶたが切られた。バーナムはシャハトマンとともに「新たな世界分割を目指し帝国主義間の競争」が始まったと、ソ連も含めて非難し労働者の国家ソ連は「社会主義の利益前進」を図っていると弁護しようとするＳＷＰ党首ジェームズ・キャノン(一八九〇～一九七四)ら主流派と対立した。トロツキー自身はスターリン批判を続けながら、ソヴィエト社会主義維持のためソ連擁護の立場を変えなかった。バーナムは主流派に対し、官僚主義重視でスターリン主義に陥ったと非難し、これに対し主流派はバーナムの私生活まであげつらって「プチブル」と批判、一九四〇年四月に開かれたＳＷＰ臨時党大会と全国委員会で主流派の方針採択を決め、バーナムら非主流派を事実上追放した。バーナムはこの間も、私信のやりとりを長く続けてきたトロツキー自身への批判は避けていたが、党大会後もトロツキーは追放されたバーナムを「偉ぶったプチブル衒学者」などと非難し続け、バーナムはついにトロツキーから送られた長年の私信をすべて焼き払う。

テクノクラート支配の帝国

バーナムとシャハトマンは新しい「労働者党（ＷＰ）」創設を画策、立党大会にこぎ着けたが、大会の日の晩（一九四〇年五月二一日）、バーナムは離党する。離党届には①マルクス主義は虚偽であり受け入れられない、②レーニン主義は民主主義と相容れない、③社会主義は倫理的理想としては実現できればいいが、実現は不可能、④歴史が向かっているのは「管理社会（managerial society）」とも呼ぶべき「新しいかたちの搾取社会」である——という内容が書かれていた。[15] こうして、バーナムはトロツキズムと決別し、反共産主義・反全体主義へと舵を切って、戦後は最も強硬な右派論客の一人となっていく。しかし、トロツキズムとの決別の激動期を過ぎた後、バーナムのトロツキーへの敬意は戦後も長く続いたとケリーは指摘している。[16]

ＳＷＰでのキャノンら主流派との対立による追放、ＷＰ創設直後の離党の過程（一九三九〜四〇）で表明された①新たな世界分割に向かう帝国主義、②管理社会（managerial society）による新たな搾取に向かう歴史——という世界観こそが、その後のバーナムの思想の基調となっていく（この世界観がトランプ現象の中でよみがえって、戦後保守思想運動を揺さぶり出すのだが、それは後述する）。大恐慌・大戦期におけるバーナムの世界観形成の背景として、単にアメリカにおけるトロツキストの内紛だけでなく、世界史の状況と関連づけておくことが必要だろう。

バーナムがトロツキストへの道を歩み出した一九三三年にはドイツ（ワイマール共和国）でナチス政権が誕生した。この年に米ソは国交を樹立。アメリカは大恐慌に喘ぎながらニューディール政策を進めていたが、ソ連は第一次五カ年計画の中で飛躍的な経済発展を遂げていた。しかし、その裏では集団農場化と大飢饉で数百万の餓死者を出し（一九三二～三三年）、三四年のセルゲイ・キーロフ暗殺事件を皮切りにスターリンによる大規模な「粛清」が始まった。

トロツキーはスターリンとの対立から一九二九年には国外追放を受けトルコに亡命、三三年にパリへと移り（ジェームズ・キャノンが同行）ノルウェーを経て三六年にはメキシコに移った。三八年にはスターリンの国際共産主義運動、第三インターナショナル（コミンテルン）に対抗し第四インターナショナルを結成し、その最大の拠点がアメリカとなる。バーナムはその中で、哲学者ジョン・デューイや文芸批評家エドマンド・ウィルソンらを中心に形成されたトロツキー擁護委員会で重要な役割を果たしていた[17]。

トロツキズムと決別したバーナムは大学での研究・講義と同時に編集顧問を務めていた論壇誌『パーティザン・レビュー』との関係を深め著述活動に重点を移していく。バーナムにとって波乱の年だった一九四〇年に執筆し、翌四一年に出版した最初の著作が *The Managerial Revolution: What Is Happening in the World* である。日本語では『経営者革命』の邦題で戦後一九五〇年代に東洋経済新報社から出版された[18]。ただし経営理論の本ではない。マルクスのプロレタリア革命理論の向こうを張った世界史理論が繰り広げられている書だ。

バーナムは、ブルジョワ革命で生まれた資本家支配に対しプロレタリア革命が起きて労働者支配の世界が来るというマルクスの理論を否定した。代わって、巨大化する企業の幹部クラス（managers）が、複雑化する資本主義体制下で「生産手段の事実上の管理」を行うようになり、支配階級としての地位を固める、と見た。ここでバーナムがmanagersと言っているのは日本語で言う「経営者」よりずっと広い概念だ。複雑・巨大化した企業社会を動かすテクノクラート全体を指している。さらに、アメリカの場合ならニューディール時代に膨らんださまざまな国家事業を動かす官僚テクノクラートも含む。*The Managerial Revolution*は『テクノクラート革命』と訳すのが適切だろう。

同書が提示する世界観の骨格は、バーナムがWPを離党しトロツキズムと決別する際に離党届で示した見解（上述①～④として筆者が整理）、並びにその前年に独ソがポーランドに侵攻し第二次世界大戦が始まったときに、「新しい世界分割」の動きだとしてナチスだけでなくスターリンのソ連をも批判した際の見解に示されている。

バーナムはまず、もし資本主義社会において資本家が生産手段を管理していないなら「生産手段の支配に基礎を置く支配階級としての地位を、どうして彼らが維持することができるのか……不可能」と前提したうえで、「生産手段の事実上の管理は、資本家の手から離れる一方であり、そのために社会は資本主義から遠ざかりつつあり、資本家は支配階級としての地位を失いつつある」との時代認識を示す。では誰が生産手段を事実上管理しているのかと言えば、managersであり、巨大で複雑化・高度化した「生産過程の技術的側面をすでに大部分管理している人たち」だという[19]。

ここで起きているプロセスは「封建主義から資本主義への移行に際して起こったことと酷似している」とバーナムは言う。すなわち、資本主義から、生産手段の管理が労働者階級へと移るというのがマルクスの予想であったのだが、バーナムはそうではなく、managers＝テクノクラート層に移っていると見る。そして、この「移行」をmanagerial revolutionと呼んでいるわけだ。ブルジョア革命の後の資本家支配は代表制議会となじんだが、テクノクラート支配は行政官庁となじむ。「主権」が行政官庁の方に移り、その官庁をテクノクラートmanagersが取り仕切る。つまり産業テクノクラートと行政テクノクラートは似たようなもので、両者は「全体として癒着し」支配階級となる。[20] このテクノクラート支配階級は三方面の戦いを繰り広げて支配権を強化する。①旧秩序である資本家の生産手段支配の粉砕、②抑圧に抵抗する大衆を抑え、新しい支配構造に有利な方向に歩ませる、③新しい世界的な覇権争い——が、それである。[21] こうして一種のテクノクラートによる独裁あるいは全体主義体制が敷かれる。

　バーナムはテクノクラート革命後の世界を次のように見通した。テクノクラート支配は「諸資源を最大限に活用し、最も効率的な分業」を求め、単一世界国家を目指して国境を越えて広がるが、現実的には、世界に三つ程度の「超国家」が形成される。超国家の中核は北米・西欧・東アジアの高度先進工業地域だ。[22] 超国家内の社会はテクノクラートの少数エリート層と、彼らに奉仕するだけの大衆に二分化され、そこでは民主主義も制限され、支配層が大衆の「心の状態」を知るための道具となる。そこから本当の民主主義を回復するのは極めて困難な作業だと、バーナムは指摘する。[23]

（このテクノクラート支配世界観は、ジョージ・オーウェルによって批判的に取り込まれ、近未来ディストピア小説『一九八四年』（一九四九年）の下敷きになった。トランプ大統領誕生後、アメリカでにわかな『一九八四年』ブームが起きたことは、社会思想史的に興味深い）。

マキャヴェリアンズ

The Managerial Revolution が描き出したテクノクラート支配社会の世界観はいくつかの思想的流れを引いている。一九三九年夏以降の社会主義労働者党（ＳＷＰ）の内紛について主にトロツキーの文献をベースに描く矢澤修次郎は、バーナムが独ソをともに「官僚主義的集産主義」として批判し新たな世界分割帝国主義戦争が始まったと見たのは、イタリアの元トロツキスト、ブルーノ・リッツィの理論に依拠していたと指摘している。[24] ＳＷＰでの内紛時のバーナムの主張が、*The Managerial Revolution* の論旨に取り込まれたことはすでに指摘した。バーナム自身はさらに *The Managerial Revolution* の一九六五年版邦訳『経営者革命』に寄せた前書きで、リッツィとともに、マックス・ウェーバー、ヴィルフレッド・パレートらを参考にしたと指摘している。[25] ケリーの伝記によれば、バーナムはトロツキズムと決別し、*The Managerial Revolution* を執筆する過程で自身の政治的「再教育」を行った。マキャヴェリを指針とし、さらにロベルト・ミヘルス、ヴィルフレッド・パレート、ガエターノ・モスカから「マキャヴェリアン（マキャヴェリの後裔）」と呼ばれた一九世紀末から二〇世紀前半のイタリアを中心とする大陸欧州の思想家たちを学んでいった。マキャヴェリアンたちの著作を読み出したのは、一九四〇年にトロツキズムと決別する以前、一九三〇年代後半にマルクスを批判的に見るためにとシドニー・フックに勧められたのがきっかけだった。当初は特段の興味を感じなかったが、のちに読み返すと強く惹かれ、結局最も自身に影響を与えたのは、マキャヴェリアンたちであったと考えるようになった。[26]

こうして、*The Managerial Revolution* から二年後の一九四三年にバーナムは二番目の著書 *The Machiavellians: Defenders of Freedom*[27]（以下『マキャヴェリアンズ』）を上梓する。一九六三年に再刊された Gateway Editions 版前書きでバーナム自身が「再教育」の意味を説明している。ボルシェヴィズムという「壮大なイデオロギー」の一端に触れた自分は、リベラリズムや社会民主主義といった「ちっぽけなイデオロギー」には安住できなくなってしまったが、マキャヴェリアンたちを学ぶことであらゆるイデオロギーを捨て去り、初めて「世界と人が見えるようになる」ということを理解できた——。また同じ版に解説を寄せたシドニー・フックは六三年当時、この本は「バーナムの著作の中で最も知られていないが、最も重要」だと位置づけた[28]。同書は *The Managerial Revolution* と対となって、戦後、言論を武器に共産主義と全面対決していくバーナムの思想の核をなしたと考えられる。冷戦終結とほぼ軌を一にしてバーナムは去りこの二つの書もいわば用済みとなったはずだったが、いまバーナムと *The Managerial Revolution* の復活とともに、この書の意味もあらためて問われている。

『マキャヴェリアンズ』は一九世紀後半から二〇世紀前半にかけて相互に関連しながら現れた欧州の四人の思想家を扱っている。先に挙げたモスカ、ミヘルス、パレートに『暴力論』のジョルジュ・ソレルが加わる。バーナムが最も惹かれたのはモスカだという[29]。四人はいずれもマキャヴェリの伝統を引き継ぎ、権力の問題を中心的な課題としていた。また権力関係の歴史をたどることで、権力行使や権力抗争について一定の普遍的な法則が導き出せると考えた。

バーナムの思想を現代によみがえらせる仲介役となったサミュエル・フランシスは、バーナムによる四人の思想の解釈を、次のように要約している。マキャヴェリアンたちの主張の中心は「人間の悪と不合理性の強調」であり、人は常に他者の支配を目指し、あるいは支配から逃れようとするが、闘争の結果は必然的に少数者による権力掌握となる。[30] 権力を握る少数派をモスカは「支配階級」、パレートは「エリート」、ミヘルスは「寡頭支配集団」と呼んだ。少数者が言語や象徴や制度で表向きを装いながら飽くなき権力追求を行い、多数派（大衆）を排除、抑圧して、政治・経済・軍事・技術……を独占しようとする。マキャヴェリアンたちによれば、近代民主政といえども、産業力を基盤とするエリート支配を覆い隠す仕組みにしか過ぎない。近代民主政以前のエリート支配構造と基本的に変わらない。モスカとパレートは早くも社会主義でさえ、国家機構を基盤とするエリート集団による社会全体の支配構造を覆い隠すための幻想に過ぎないとみなしていた。少数派支配は力や脅しだけで行われるのではない。論理、道徳、神学、哲学を利用して支配の正当化が図られるがそうして形成される教義がイデオロギーである。

「……非常に未発達でほとんど文明の夜明けもまだ迎えていない社会から最も進んだ強力な社会に至るまで、あらゆる社会には人間の二つの階級、支配する階級と支配される階級が現れる」[31]。これがわれわれが好むと好まざるとにかかわらず認めている事実であると、モスカは非情に宣告する。

こうした冷酷な支配・被支配の構造から、人々の自由を守る方法は何なのか、というのがDefenders of Freedomという副題を持つ『マキャヴェリアンズ』のもう一つのテーマである。マキャヴェリの後裔である四人の思想家やバーナムは、あらゆる社会に現れるエリート支配階級と彼らによる多数派抑圧・権力集中化を人間社会の必然として是認したのではない。モスカは、支配階級内部に複数の独立した社会勢力が存在するから、一つの勢力が他をすべて排除したりできないとし、結果的に「法的防御（judicial defense）」が確立するとしている。分権や法の支配の概念に近い考え方である。モスカもパレートも、健全なエリート支配階級は暫時、また定期的にその構成を変え、同質の一枚岩にならないようにすべきだとも主張している。

The Managerial Revolution と『マキャヴェリアンズ』が対になっているのは、これまでの記述で明らかなように、前者で描かれたテクノクラート・エリートによる世界支配と抗争の世界像に対し、その中でいかにして民衆が少しでも自由を守り、圧政から逃れるかを後者で探ろうとしているからである。

反共の闘士

戦後のバーナムは、冷戦期アメリカの保守派や反共産主義を知るものにとっては伝説的といってよい存在だ。一九四四年には *The Managerial Revolution* で示した世界観に基づき、ハルフォード・マッキンダーの地政学などを取り込みながら、中央情報局（ＣＩＡ）の前身、戦略情報局（ＯＳＳ）の依頼を受けてソ連の拡張路線を分析する報告を提出。これに基づき四七年には *The Struggle for the World* を出版。「封じ込め」のトルーマン・ドクトリンを超えて「巻き返し」を主張する強硬タカ派論客として、地歩を固めていく。

四九年にはニューヨーク大学を休職してＣＩＡの政治・心理戦部門の担当となり、その身分を隠して国際世論工作で中心的な役割を担い、一九五〇年の「文化自由会議」（The Congress for Cultural Freedom）創設[32]の立役者となる。一九五五年に保守論客を束ねて発刊された論壇誌『ナショナル・レビュー』の幹部編集者として外交問題を担当、外交では常に最右翼の論客として鳴らしたが、大統領選の共和党予備選では常に穏健派ネルソン・ロックフェラーを支援し続けた。この間 *The Coming Defeat of Communism* (1950), *Containment or Liberation* (1953), *The Web of Subversion* (1954), *Congress and the American Tradition* (1959), *Suicide of the West* (1964), *The War We are in* (1967) など時務論的著作を次々と出版、*The Case for De Gaulle* (1948) をアンドレ・マルローと共著で出版し『真昼の暗黒』のアーサー・ケストラーら欧州の反共文化人と共闘した。

米ソ核実験禁止条約（一九六三年）、第一次戦略兵器制限条約（SALT 1［一九七二年］）、ベトナム和平協定（一九七三年）などをことごとく「妥協」と見て反対する強硬派として通したが、内政的にはエリート支配下で搾取に喘ぐ労働者一般大衆を取り込むために「ポピュリスト経済政策」をとるのがアメリカ保守政治の向かう道だと説いて、「減税・小さな政府・福祉削減」を主唱し大企業（＝エリート・テクノクラート：managerial elite）の支持を得る保守思想本流からは異端とされた。[33]その一方で、ニューディール型の「大きな政府」の政治もスターリニズムやファシズムと同根のエリート・テクノクラート支配だと批判的に見ていた。また、バーナムはフランスの作家ジャン・ラスパイユの小説『聖人のキャンプ』（一九七三年、*The Camp of the Saints*［英訳タイトル］：未邦訳）に強い関心を抱いたという。インドから貧民がボロ船で船団を組み大挙して欧州に押し寄せてくる事態に対し、欧州側は普遍的平等主義で対応を迫る左派の論理の前に毅然とした対応がとれず、途上国からの飢餓難民が押し寄せる一方となるという想定の作品とされる。バーナムはそこに描かれる先進国の「意志の喪失」が、西側の崩壊を予兆すると見た。[34]

バーナムは一九七八年、脳出血で倒れ、回復したものの、記憶機能障害で著作活動は断念、八七年にがんで死去した。ベルリンの壁の崩壊や米ソ冷戦の終結、ソ連の解体を見ることなく去り、また死去のころにはその存在は人々の記憶から薄れ始めていた。八三年にレーガン大統領(当時)は療養中のバーナムに最高位の自由勲章を与えているが、死去の際『ニューヨーク・タイムズ』は死亡記事を載せていない。一五年後には本稿冒頭に挙げたロジャー・キンボールのバーナム伝書評にあるように六〇歳代以上の人々がかすかに記憶に留めるくらいになっていた。

「復活」の仲介者ら

そのバーナムが、トランプ時代にどうして、どのようにしてよみがえったのか。

バーナム思想の中核に現代アメリカの課題に呼応するものがあるのは容易に見て取れる。だが、それがあることだけでは人々の記憶の向こうに消えたバーナム(思想)は帰ってくることはできなかった。冒頭から指摘してきたようにサミュエル・フランシスという仲介者が大きな役割を果たした。ただ、フランシス自身も一〇年以上も前に亡くなり、しかも保守陣営内でさえ周縁化され、忘れ去られていた思想家であった。人々のフランシスの記憶を呼び覚ましたのは、トランプである。

二〇一五年六月にトランプが大統領選出馬表明をして以来、メキシコ系移民や女性への暴言としか受け取られかねない発言にもかかわらず、同年秋になると一七人に及んだ共和党の大統領候補補争いでトップの人気になり出した。そうした中で一〇月、政治専門誌*National Journal*への長文の寄稿記事でフランシスに言及したのは古参のリベラル派政治ジャーナリスト、ジョン・ジュディス(一九四一〜)

であった。[35] ジュディスは人々がトランプを押し上げている異様な状況を見て、それを読み解くための文献があると指摘した。無名に近い社会学者ドナルド・ウォレン（一九三五〜九七）の主著 *The Radical Center: Middle Americans and the Politics of Alienation*（一九七六年）である。この本の重要性を一九八〇年代後半にジュディスに指摘したのはフランシスであったと、ジュディスは寄稿の冒頭で明らかにした。

同書でウォレンは「ミドル・アメリカン・ラディカルズ（ＭＡＲｓ）」と呼ぶ白人下層中産階級の生活と意見に関する精緻な聞き取り調査を行い、分析する。そこに浮かび上がるのは、有権者の四分の一を占めるＭＡＲｓの置かれた「疎外」状況だ。同書に彼らを取り囲むアメリカや世界経済の叙述はないが、石油ショック、金・ドル交換停止、ベトナム敗戦……が調査の背景にある。グローバル化する戦後経済の最初の大きな衝撃の時代である。その中で実質所得減など経済不安に襲われたＭＡＲｓは「政府は金持ちと貧乏人ばかり大切にし、そのツケを払っているのは中間層だ」という強い不満を抱く。彼らは政治的に保守でもリベラルでもない。税は無駄遣いしてほしくないが「小さな政府」でなく社会保障に気配りする政治を求めている。今日のトランプ支持層と一致する不満と疎外意識だ。彼らは（白人）人種意識が強く、動員されれば大きな政治力になると自身で知っているが、社会への過激な不満を持ったまま未動員状態であることをウォレンは見つけ出した。数年にわたる調査の過程は、知識社会エリートと、民衆（それ自体にすでに侮蔑意識が隠されている表現 the "common" man）との文化的ギャップを越える試みであった[36]。

興味深いのは、政治組織「アメリカ民主社会主義者」の原点にかかわる公共知識人ジュディスと[37]、アメリカ保守の最右翼にいて一九九〇年代半ばに「白人民族主義者」のレッテルを貼られて保守主流派から放逐されるフランシスが交流を持っていて、ウォレンの著作の重要性に共通認識を持ったことだ。

ウォレンが指摘したMARsの政治力を本格動員しかけたのが一九九〇年代に二度、共和党大統領候補指名争いに打って出た保守派論客パトリック・ブキャナン（一九三八〜）だ。彼は孤立主義の「アメリカ第一（America First）」、北米自由貿易協定（NAFTA）解消、日米同盟・米欧同盟破棄と日独の核武装容認などを訴え、トランプの選挙戦での主張の下敷きとなった。そのブキャナンにアドバイスしていたのがフランシスで、MARs動員を仕掛けている。トランプは二〇〇〇年大統領予備選挙で、第三政党「改革党」大統領候補を狙ったが、ブキャナンに敗れている。こうした経験を通し、ブキャナン-フランシスの「アメリカ第一主義」に学んだと想定される。

超党派的な政治専門メディア*National Journal*でのフランシスとブキャナンへの言及で、トランプとこの二人との思想上のつながりが、「政治的公共圏」での議論の対象となったと考えるのが順当である。[38] その後、一般的な政治的公共圏でこの三人のつながりが論議されたと明らかに分かるのは、中道右派のニュース週刊誌*The Week*オンライン版で保守派論客マイケル・B・ドハーティが、フランシスによる一九九六年のエッセー“From Household to Nation: The Middle American Populism of Pat Buchanan”[39]を引用して、共和党大統領候補選びでトップになったトランプのポピュリズムの独特の形態を分析した記事だ。[40] 記事によれば、フランシスは一九九六年当時、共和党から再度大統領選出馬を狙っていたブキャナンに次のような進言をしていた。①グローバリゼーションに乗ったエリートがアメリカ経済を破たんさせ、民衆を貧困に追いやり、アメリカの国益も主権も無視する。それに対しポピュリズムのかたちでナショナリズムの反撃が起きる、②そうした状況下で大統領選に勝つには「保守」を名乗る必要はない。「愛国者、ナショナリスト、アメリカ第一主義者（America Firster）」を名乗るべきだ。保守政党・共和党も「アメリカ中間層革命」を起こすには障害となるだけだ。

ドハーティの記事からリンクが張られ二〇年前のフランシスのエッセーをそのまま読むことができる。そこでフランシスは、当時のアメリカの状況を、支配階級（the Ruling Class）と中間層（the Middle American）の対立と見て、対立の中心をグローバリゼーションと位置づけている。もはや左右の対立は意味がなく、市場経済重視の小さな政府論は捨て、医療保険も含めた手厚い社会保障制度で労働者中産階級を守れと訴えている。支配階級に対し「テクノクラート・エリート」（managerial elite）という表現も用いている。バーナム思想の影響が明確にうかがえる。

ドハーティは*The Week*の記事で、フランシスはかつてキング牧師記念日制定に反対し、左翼組織取り締まりの急先鋒だった一方で、ジェームズ・バーナムの「政治的現実主義」（マキャベリズム）と「マルクス主義的社会観」の思想的影響を引き摺っていたと解説をしている。

このドハーティの記事で、おそらく初めて一般的なメディアを通じて広範な知識階級にトランプ‐ブキャナン‐フランシス‐バーナムという連想が共有された。ドハーティの記事が*The Week*オンライン版に出たのは二〇[41]一六年一月一九日で、翌一月二〇日、保守系ラジオ・トークショーのホストとして絶大な人気を誇るラッシュ・リンボーがトークショーで「トランプの人気を理解する」（"Understanding Trump's Appeal"）という解説を行い、その冒頭でいきなりフランシスの一九九六年のエッセーを紹介、先に要約した①（グローバル・エリートに対するポピュリスト・ナショナリズムの反撃）を引用して、「これがトランプである、これがトランプの出現を予言した、という理論である」と聴取者に語った。明らかにドハーティの記事のまる写しだが、これによって政治的公共圏を超えて広い言説空間の中にフランシス－ブキャナン－トランプという連鎖で当時のトランプ現象を捉える視点が拡散し、大衆化した。[42]

思想史家のジョージ・ナッシュはフランシスとバーナムが連関を持って、二〇一六年大統領選をめぐる言説空間に登場したのは、この二〇一六年一月下旬の *The Week* の報道と、リンボーのラジオ・トークショーが始まりのように見えると述べている。「この時初めて、フランシスの名が百万単位の人々に知られたと思う」と言う。[43] それから約一〇日を経て二月初めから大統領予備選挙が始まり、トランプが破竹の勢いで勝ち進んでいくにつれ、ブキャナン－フランシス－バーナムの連想がメディアに取り上げられて議論され出す。ただ、政治ニュースサイトなどが中心で、この思想史的に興味深い事象を有力な伝統メディアとして最初に包括的に取り上げたのは英紙『ガーディアン』である。同紙のオンライン版は英語の中道左派系新聞としては米『ニューヨーク・タイムズ』紙をしのぐ四二〇〇万以上の月間アクセス数を持っており、アメリカでも知識層を中心に広く読まれている。初の本格的分析といえる記事で、二〇一六年八月一六日付の同紙に三ページを費やして掲載された。特集は「トランプによる右翼反乱の暗い歴史」と題され、筆者はコロンビア大学の若手歴史学者ティモシー・シェンク。南北戦争期の研究などで著名な左派の歴史家エリック・フォーナーの教え子だ。分析記事は「トランプ現象」を生み出すに至る戦後アメリカ保守内部の思想的確執を描きだしている。[44] トランプ現象を理解するうえでのバーナムとフランシスの重要性についての考察である。中道左派の立場で書かれていることを念頭に置いて読むべきだが、優れた本格的論考である（これに匹敵するような論考が、なぜアメリカの主流の伝統メディアに出てなかったのかは、不思議な気がする）。

民衆の意識の中で起きている現状解釈（彼ら自身によっては言説化されていない）を体現したのがトランプという現象であり、その体現の背後のメカニズムを明らかにしたのがシェンク論文であった（同論文については第1章参照）。

そのシェンク論文以前、大統領選予備選挙が始まった二〇一六年二月初めに突然のように現れ、それから約四カ月間、一二五編の小論をラテン語名で書き継いで、また六月下旬に忽然と消えてしまったサイト『ジャーナル・オブ・アメリカン・グレイトネス（略称JAG）』が第一号論文でバーナムとフランシスの思想の持つ現代性を分析し、シェンクを含む一部知識人に大いに注目されていた[45]。論文は白人民族主義者のレッテルを貼られているフランシスについて、その一九九〇年前後の最も活発な言論活動をたどると、一種ネオマルクス主義の展開が見られ、アメリカにおけるこれまでの左右対立の議論を超えていると見ている。この論文も含め、トランプ大統領を浮上させた大衆の力の背後で、二〇世紀前半にトロツキズム運動を通して、大衆とエリートの交叉する場で格闘したバーナムの思想がよみがえったことの意味は、まだまだ考察を必要とする。

「革新性」と「反動性」

二〇一六年大統領選で起きた現象は広く「ポピュリズム」というあいまいな概念で捉えられているが、それが何を指すかについては議論に幅がある。リチャード・ホーフスタッター（Richard Hofstadter

［一九一六～七〇］）は『改革の時代』の中でポピュリズムをアメリカの政治風土に特有の現象であると強調し、①中央に対する地方の反感、②エリートに対する民衆の反抗・懐疑、③外来のものに対する土着主義（ネイティビズム）——を特徴とすると定義している。この定義付けは、『改革の時代』が「革新主義」（Progressivism）を説明する流れで行われており、「ポピュリズム」が「革新性」を持つことを前提としている。つまり、アメリカ型ポピュリズムは、「革新性」とともに③のネイティビズム＝排外主義という「反動性」を併せ持つ現象だということになる。[46]

この解釈の枠組みで考察すると、バーナム思想の再発見・復活は、いくつかの興味深い論点を孕んでいる。トランプは明らかにホーフスタッターの言う三つのポピュリズムの特徴を捉えて、二〇一五～一六年の歴史的文脈の中でそれらを煽り立て、さらに一部の政策表明で「革新主義」もちらつかせて、[47]大統領選を勝ち抜いた。バーナム思想の特徴は、二〇世紀前半に欧州で現れた「マキャヴェリアン（マキャヴェリの後裔）」と呼ばれた一群の思想家たちの批判的エリート支配論をベースに二〇世紀後半の世界構造に関する独特の理論を展開した点にある。エリート支配と彼らが目指す世界構造へのバーナムによる革新主義的な批判が、現代アメリカの民衆（特にトランプ、サンダース支持層）が抱く不満や不安にシンクロしたと理解することが可能だ。シンクロの仲介役を果たしたのは白人民族主義者の批判を浴びて論壇人（public intellectual）として半ば失脚したまま亡くなったフランシスの思想であった。フランシスの思想にはネイティビズムがのぞき、反動傾向があからさまだが、その中に革新主義的要素も見いだせる。フランシスの思想のある側面が、時を経て伏流水が湧きだすように表に出て、民衆（特に白人労働者階級）の不満や不安に呼応した気配がある。

「シンクロ」現象という、おおよそ次のようなプロセスを想定する。バーナム＝フランシスの思想はトランプ現象を受けて一部（保守系）エリート知識人の言説の中で浮上し、メディアが形成する公共圏に投げ込まれ、二〇一六年大統領選の選挙戦で過熱した政治言説の中に浸透した。バーナム＝フランシス思想を帯びた政治言説が、民衆の中に際立った反応を引き起こすのを感知した政治活動家や論壇人が、さらに公共圏に両者の思想の影響が明らかな言説を投げ込むという事象が繰り返されて、二人の思想は注目を浴び、それを拠り所にした時代状況の解釈や政策検討が行われ出した。

おおよそ、こうしたプロセスが想定されるが、そこにソーシャルネットワークや新しい政治サイトがどうした役割を果たしているか、解明すべき課題は多い。

（初出『アメリカ研究』第五八号、二〇一八年五月）

注

（1）サミュエル・フランシスについては、白人民族主義者（white nationalist）として批判的に見る南部貧困法律センター（ＳＰＬＣ）がまとめた以外は死去の際の一部新聞報道以外に目立った評伝はなかったが、トランプ現象の中で出版された George Hawley, *Right-Wing Critics of American Conservatism* (Lawrence: University Press of Kansas, 2016) に客観的評価が見られる。

（2）ＳＰＬＣのホームページによれば、Alternative Right の短縮形である Alt-Right は白人民族主義のシンクタンク National Policy Institute を主宰する Richard Spencer が二〇〇八年につくった造語。

（3）George Nash, "The Conservative Intellectual Movement in America: Then and Now," *National Review*, Apr. 26, 2016. <http://www.nationalreview.com/>

（4）George Nash, "How Should Conservatives Respond to the Populist Challenge," *The New Criterion*, Vol. 36, No. 5, January 2018.

（5）Daniel Kelly, *James Burnham and the Struggle for the World: A Life* (Wilmington: ISI Books, 2002).

（6）Roger Kimball, "The Power of James Burnham," *The New Criterion*, pp. 20-29, Sep. 2002.

（7）ネオコンサーヴァティヴの問題を論じるには、世代別に考えなければさまざまな混乱が生じる。世代分類については以下を参照。Justin Vaisse, *Neoconservatism: The Biography of a Movement* (Cambridge: Belknap Press, 2010). 会田弘継『破綻するアメリカ』岩波現代全書、二〇一七年、第五、六章。トロツキストから転向したのは第一世代で、順当にはネオコンのGodfatherと呼ばれるIrving Kristol（一九二〇〜二〇〇九）を最長老とする世代と考えるべきだろう。クリストルがニューヨーク市立大学（ＣＣＮＹ）を舞台に学生としてトロツキスト活動をしていたときには、大学教授のバーナムはすでにトロツキズムと決別の時期に入っていたことになる。

（8）以下、伝記に関する既述はKelly, *James Burnham and the Struggle for the World*; Kimball, "The Power of James Burnham"による。

（9）Kelly, *James Burnham and the Struggle for the World*, p. 18.

（10）Ibid., p. 35.

（11）Ibid., p. 71.

（12）Ibid., p. 64.

（13）James Burnham, *Suicide of the West* (New York: Encounter Books, 2014); Roger Kimball "Introduction" p. xxii, 一九六四年出版の同書の二〇一四年リプリント版に付されたKimballの解説文。

（14）ニューヨークを中心とした当時のトロツキズムの状況と、その世界的位置づけについては矢澤修次郎『アメリカ知識人の思想——ニューヨーク社会学者の群像』東京大学出版会、一九九六年、序章、第一、二章を参照。

（15）Kelly, *James Burnham and the Struggle for the World*, pp. 85-86.

(16) Ibid., p. 85.

(17) Ibid., p. 56.

(18) James Burnham, *The Managerial Revolution: What Is Happening in the World* (New York: The John Day Co., 1941). 邦訳は以下を参照。ジェームズ・バーナム『経営者革命』武山泰雄訳、東洋経済新報社、一九六五年。

(19) Burnham, *The Managerial Revolution*, pp. 77-80.

(20) Ibid., pp. 139-151.

(21) Ibid., p. 166.

(22) Ibid., pp. 172-184.

(23) Ibid., pp. 169-171.

(24) 矢澤『アメリカ知識人の思想』五九－六二頁。

(25) バーナム『経営者革命』xi－xii頁。

(26) Kelly, *James Burnham and the Struggle for the World*, pp. 105-107.

(27) James Burnham, *The Machiavellians: Defenders of Freedom* (New York: The John Day Co., 1941). 以下、引用は一九八七年のGateway Editions版。

(28) Burnham, *The Machiavellians*, pp. ix-xx.

(29) Kelly, *James Burnham and the Struggle for the World*, p. 108.

(30) Samuel T. Francis, *Power and History: The Political Thought of James Burnham* (Boston: University Press of America, 1984), p. 32.

(31) Burnham, *The Machiavellians*, pp. 97-99；ガエターノ・モスカ『支配する階級』志水速雄訳、ダイヤモンド社、一九七三年、五七頁。

(32) Ibid., pp. 157-163.「文化自由会議（ＣＣＦ）」は一九四九年にソ連のバックアップによりニューヨークで開かれた「世界平和のための科学・文化会議」に対抗するため西ベルリンで開かれた。「科学・文化会議」には俳優チャーリー・チャップリン、科学者アルバート・アインシュタイン、指揮者レナード・バーンスタインらアメリカの左派文化人のほか東西両陣営の文化人が参加した。一九五〇年六月二五日（朝鮮戦争開戦の日）に創立会議を開いた「文化自由会議」には哲学者バートランド・ラッセル、同ジョン・デューイ、同ベネデット・クローチェ、同カール・ヤスパース、歴史家アーサー・シュレジンガー・ジュニアら左右を問わず一〇〇人以上の知識人が参加した。東西陣営の文化・情報戦かつ心理戦が大規模に始まり、ＣＣＦは世界三〇カ国以上に支部を持ったが、一九六〇年代にＣＩＡが秘密裏に関与したことが暴かれた。その秘密工作の中心がバーナムだった。

（33）Timothy Shenk, "The Dark History of Donald Trump's Rightwing Revolt," *The Guardian* (Aug. 16, 2016). <https://www.theguardian.com/> accessed on Jan. 6, 2018.

（34）Kelly, *James Burnham and the Struggle for the World*, pp. 349-350.

（35）John Judis, "The Return of the Middle American Radicals," *The National Journal* (Oct. 2, 2015). <https://www.nationaljournal.com/> accessed on Jan. 6, 2018.

（36）*The Radical Center* のためのフィールドワークは数年に及んでいるが、同書の冒頭に掲げられている調査スタッフからの覚書は「エリートの知／民衆の知」の根本問題を指摘しているので参照されたい。

（37）John Judis, "The Socialism America Needs Now," *The New Republic* (Aug. 24, 2017). <https://newrepublic.com/> accessed on Jan. 6, 2018.

（38）アメリカの主要メディアを網羅する世界最大級の記事データベースNexisによる筆者の調査ではサミュエル・フランシス、ジェームズ・バーナムへの言及は二〇一五年に大統領選挙予備選挙の前哨戦が始まってから、このジョン・ジュディスの記事が現れるまでは皆無である。

（39）Samuel Francis, "From Household to Nation: The Middle American Populism of Pat Buchanan" *The Chronicles* (February 1, 1996). <https://www.chroniclesmagazine.org/> accessed on Jan. 6, 2017.

（40）Michael Brendan Dougherty, "How an Obscure Advisor to Pat Buchanan predicted the Wild Trump Campaign in 1996" *The Week* (Jan. 19, 2016). <http://theweek.com/> accessed on Jan. 6, 2018.

（41）トークショーラジオ業界誌 *Talkers* によれば、二〇一一年春の各種データ総合の順位では、最も人気あるトークショー。ホストはラッシュ・リンボーで週当たりの聴取者一五〇〇万強となっている。http://www.talkers.com/top-talk-radio-audiences/

(42) "Understanding Trump's Appeal," The Rush Limbaugh Show (January 20, 2016). <https://www.rushlimbaugh.com/> accessed on Jan. 6, 2018.

(43) Dr. George Nash からの二〇一八年一月四日付筆者宛 email による。

(44) Timothy Schenk, "The Dark History of Donald Trump's Rightwing Revolt," *The Guardian* (Aug. 16, 2016). <https://www.theguardian.com/> accessed on Jan. 6, 2018.

(45) Journal of American Greatness の掲載論文は復元されており、本稿執筆現在、以下の Jackson Gazette のサイトでほぼ全編を読むことが可能である。<https://jacksongazette.org/>

(46) Richard Hofstadter, *The Age of Reform: From Bryan to F.D.R.* (New York: Vintage Books, 1955). pp. 4-5. Chapter II翻訳は以下を参照。リチャード・ホーフスタッター『改革の時代――農民神話からニューディールへ』清水知久訳、みすず書房、一九六七年、二一-二三頁、第二章。

(47) トランプは選挙戦中から一〇兆ドルに及ぶ大型インフラ再整備計画を提起し雇用対策面でニューディール的革新主義を示唆していた。以下の保守系論壇誌の記事「革新主義者トランプ」はそうしたトランプ像に焦点を当てている。Kevin Williamson, "Trump the Progressive," *National Review* (December 8, 2016). <http://www.nationalreview.com/> accessed on Jan. 6, 2018.

第3章

よみがえる「美しき敗者たち」

思想史は、政治、経済あるいは文化の働きを含む歴史の全体的な発展の枠外で、現実の事件と直接的な関係のない「純粋な思想史」として書かれてはならない。思想は裸では街を歩かない。

竹岡敬温

南北戦争と「反動的啓蒙」

アメリカの政治思想は一貫してジョン・ロック的自由主義の系譜に支配されてきた——ルイス・ハーツ(Louis Hartz[一九一九〜八六])の名著『アメリカ自由主義の伝統——独立革命以来のアメリカ政治思想の一解釈』(原書一九五五年)が描く建国以来の政治思想史の結論である。だが、その本の中で異彩を放つ一章がある。全一一章のちょうど中央、折り返し点に当たる第六章である。「反動的啓蒙」とタイトルが振られている。同章を読み返すたびに、ハーツの思想史研究の深さに触れる思いがする。第六章は、南北戦争期の南部思想家ジョージ・フィッツヒュー(一八〇六〜八二)の次のような言葉から始まる。

「われわれは偉大なる保守的反動を開始する。われわれは宗教改革の政治的局面を、押し戻そうと企てているのだ」

一九世紀半ばにアメリカは南北に二分され、内戦に陥った。主に奴隷制とアメリカの近代化をめぐって争われた南北戦争である。内戦に至る過程で奴隷制を擁護する一群の思想家が南部に現れて、自由や平等といった理念を掲げて前進してきたこの国をいっとき、思想的にも根本から揺るがした。そのうちの一人であるジョージ・フィッツヒューは、同戦争半ばで正念場となったゲティスバーグの戦い（一八六三年七月）の前夜に、前出の言葉を記した。ハーツにとってよほど衝撃的な一文だったのであろう、「フィッツヒューはそのように宣言した」と書いている。実際は、宣言書のようなものではない。当時南部ヴァージニア州リッチモンドで発行されていた総合誌『サザン・リテラリー・メッセンジャー』に掲載された論考の中の一節の引用である。だが宣言のように聞こえる筆運びだ。論考は「一七七六年と一八六一年の革命を対比する」と題されている。いまあらためて、そのフィッツヒューの小論に目を通すと、この奴隷制擁護の思想家がいかに大きなスケールで、建国後一世紀に満たないアメリカで起きた南北戦争を意義づけようとしていたかを知り、驚く。

ハーツがその意味を探ろうとした一九世紀半ばの「反動的啓蒙」を、いまなぜ取り上げ、その中でも際立つフィッツヒューについて語ろうとするのか、いぶかしく思う向きもあるかと思う。二〇一六年のアメリカ大統領選挙でトランプという奇矯な政治家が自由と民主主義の象徴と思われてきた国の大統領に選ばれた。二〇二〇年の同選挙では落選したとはいえ、バイデンの八一〇〇万票に対し七四〇〇万票の支持を得て、いまだに大きな影響力を行使している。世界は、そのことの意味をつかみかねている。今日のアメリカが真っ二つに分断され、しばしば南北戦争期にたとえられることについてもトランプの差別的言説を背景に起きる人種間摩擦についての比喩だという程度に表面的に捉えている。しかし、トランプという現象に至るまでの近年、あるいは現象の最中に水面下で生じた知識社会の混迷を探ってみると、ハーツの名著の中でも特異な第六章と、そこで取り上げられた思想家たち、とりわけフィッツヒューが混迷の意味を理解するカギを与えてくれる。

アメリカ革命と南部革命

フィッツヒューが対比する片方の一七七六年革命とは、アメリカ独立革命であるのはいうまでもない。ではもう一つの一八六一年革命とは、と問われたらアメリカ人でもその用語に困惑するだろう。一八六一年とは南北戦争（一八六一～六五年）の開戦の年だ。フィッツヒューはこの年を「南部革命（Southern Revolution）」の年と呼ぶ。一七七六年に起きたのが「アメリカ革命（American Revolution）」と呼ばれるのに対比されている。ハーツによれば、フィッツヒューにとって一七七六年のアメリカ革命は「単なる『改革』に過ぎなかった」。それに対し、一八六一年の南部革命は「ついには世界全体まで揺るがすに至る社会変動」であった。「偉大なる保守的反動」の開始であった。どこまで「偉大」な反動なのかといえば、フィッツヒューの論考では次のように説明される。

「いまやわれわれは一八六一年の南部革命に至った。この革命は反動的であり保守的だ。われわれは断固そう考える。宗教改革の行き過ぎに対し巻き返しを図る。宗教改革は破棄された。ロックとアメリカ独立革命の賢者たちが説く、生来の自由、人間の平等、社会契約の教義に対し厳粛に抗議する。アダム・スミス、フランクリン、セイ、トマス・ペインをはじめとする不信心なる経世済民論者らにも同様に抗議する」

「われわれは偉大なる保守的反動を開始する。われわれは宗教改革の政治的局面を、押し戻そうと企てているのだ。欧州と北米の至るところで宗教改革は過剰なまでになされ、あらゆるところに破壊的精神がはびこり、神と自然がつくりあげたものを引き倒し、はかないユートピアを打ち立てようとする試みがなされているからだ」

フィッツヒューはここで、南部の反乱はロック思想に基づいてアメリカ独立の父祖らが掲げた自由・平等だけでなく、その他の啓蒙思想家が掲げた新思想も含め、宗教改革にまでさかのぼって見直しを求めていくものだと意義づけている。ハーツがこれらの言葉に触れて衝撃を受け「自由主義の伝統のさなかにあるアメリカから出てくるものとしては異様な響きがあった」と記したのもうなずける。

他方で、フィッツヒューは一七七六年の独立革命を次のように描く。「一七七六年の革命は……当たり前すぎる性質の出来事であった。子どもの誕生を不思議に思ったり、子牛の鳴き声を聞いて熱狂したりはしないだろう。よくあるできごとだからだ……一七七六年の革命には何の劇的なところも、新奇なところも、偉大なところもない」。フィッツヒューは独立革命を単なる「改革」としか捉えなかったと、ハーツは要約した。フィッツヒューの原著に当たるとそれ以下の評価である。成長した子どもが家を出て独立するという当たり前のことが起きたに過ぎないといっている。

その成長と独立をもたらしたロック思想が根本から誤っているとフィッツヒューは説いている。理性への過信のあやまちを指摘し、ロックは政治の世界に「虚偽で不信心な形而上学を持ち込もうとした傲慢な詐欺師」だと痛罵する。そのうえでアリストテレスを引いて、理論ではなく、神意によって人に運命づけられた社会制度——命じる者と従う者に分かたれ、不平等であることが必然となっている社会制度へと戻れと論じた。フランス革命後に現れたジョゼフ・ド・メストルやアルテュール・

ド・ゴビノーといった論者の主張を思わせる壮大な反動思想である。一般に奴隷制を擁護した南部反動思想といえば「州権論」の原点となるジョン・C・カルフーンが筆頭に挙げられ、時にメストルにたとえられるが、ハーツは明らかにカルフーンよりもフィッツヒューの思想の大きさに注目している。冒頭述べたように、『アメリカ自由主義の伝統』でハーツは、アメリカの政治思想史におけるロック的自由主義の圧倒的優位性を描く中で、全体の半ばである第六章で「反動的啓蒙」と題した章を置いた。同章の筆致にハーツがけっして一面的でない優れた思想家であることを強く印象づけられる。

ハーツは、南北戦争期に出現しロックの自由主義を否定した南部反動思想家らも、多くは結局ロックの呪縛から逃れ出られなかったと論じる。結果として南部の奴隷制を擁護する手段になったカルフーンの理論も合理的な自由主義思想の枠内にある。多数派の代表と少数派の代表の協議を説く「競合的多数制」や、州による連邦法の「無効化」というカルフーンの主張は、民主主義の中でいかにして少数派の権利を守るかという議論に過ぎない。のちに修正はされるが、合衆国憲法は奴隷制を認めてしまった。そのロック的自由主義の「欺瞞」の壁にぶつかってしまったからこそ、フィッツヒューはアメリカが経験したこともない封建世界の哲学をひねり出さざるを得なくなった。それがハーツの見立てである。奴隷制擁護の理論（フィッツヒューにとって理論的には白人奴隷も当然とされた）としてはカルフーンより徹底していたのは確かだ。ただ、アメリカにバーク流の帰るべき「伝統」（バーク用語では「prejudice：先入観念」）があるとすれば、それはロック的自由主義でしかなかった。人々の中に反動思想を受け入れる素地がなかった。そうした思想環境の中でフィッツヒューは苦吟し、自滅していったとハーツは見た。

おおよそ右のように論じた後のハーツ自身の独白的感概が『アメリカ自由主義の伝統』という本を名著たらしめている。なぜこの「白日夢」のようにして消えていった、悪しき奴隷制擁護の思想について、自由主義の伝統をたどる自著の中で子細に語る必要があるのか。ハーツはその理由を次のように言う。

「アメリカの政治的精神のために、右の白日夢が特異な役割を果たすかも知れないということ。つまり、アメリカの歴史を一貫して、その思考を支配してきた自由主義という視角以外のほかの視角を得られる唯一の技法かもしれないということである。ある理念はよいものであっても、それがもし、人が持っている唯一のものである場合には、少々恐ろしいものになりうる」

「反動的啓蒙期はアメリカ政治思想における想像力に満ちた時期であった。いわば、それはアメリカが自己から脱却しかけた時期であり、生まれながらに知っていた自由の公式を何らかのかたちで客観的に眺めた時期であった。多くの一流の思想家たち、それもアメリカ思想界の端役ではなく、舞台の主役たちが、アレクサンダー・ハミルトンとトーマス・ジェファソンとが一致して説いた生き方とはまったく異なった生き方で生きることも可能だと断固として論じた時代であった。アメリカが彼らの哲学を拒否したことが適切だったとしても、その拒否の仕方は私の考えでは適切ではなかったのである」

フィッツヒューらの思想に対し「論争を介さず、何らの考慮も払わず」、無視というかたちで拒否したことで、その後の「平和の時代になぜアメリカが政治学上、偉大な哲学的伝統を生み出し得なかったのか、容易に理解出来よう」。これが反動的啓蒙という、アメリカ思想史に生まれた異端をたどったハーツの一九五〇年代における結論であった。アメリカはその政治・社会思想を豊かにする唯一の契機を南北戦争期に失ったのだ、と。

ここまでが本章のやや長い導入部なのであるが、ハーツの論ずるところにはほぼ同意する。あくまでほぼである。というのも名門ハーバード大学の政治思想を専門とする気鋭の学者ハーツがこの論を書き上げるひと足先に、ミシガン生まれのミシガン州立大学の同年代の、兵隊上がりの学者ラッセル・カーク（一九一八〜九四）が英スコットランドのセント・アンドルーズ大学で長大な博士論文を書き上げて上梓し、いわばハーツとは真逆のような思想史を展開して波紋を広げていた。『保守主義の精神』（一九五三年）である。ハーツの言う一貫した自由主義の伝統の中で、同書の出版はアメリカが「自己から脱却」し、その思想を豊かにする契機と呼ぶにふさわしい出来事であった。ただカークはやはりフィッツヒューのような処遇を受けたともいえなくない。カークだけでない。南北戦争以降もアメリカ思想史をたどれば、自由主義の圧倒的な伝統の中で「まったく異なった生き方」を生きようとした思想家たちは点在した。

トランプ現象を解読した匿名論客たち

本題は現代である。いまのアメリカは、思想史で見ると反動的啓蒙が出現したときのような「想像力に満ちた」時代にあることをうかがわせる。その導火線となったのはトランプ現象だ。トランプ現象と、そこに至るまでのさまざまな米社会の矛盾が露呈する過程の中で、アメリカ政治思想を広げる南北戦争期にも似た契機、まれに見る機会が訪れているように見える。そのことを現実の政治経済も背景に置いて考察してみよう。

二〇一六年の大統領選挙の前哨戦がようやく始まったころ、トランプの目覚ましい躍進を見て、その意味を探ろうとする一群の知識人が現れた。差別的言葉を乱発し、リベラル（進歩派）が主唱する「政治的正しさ（ポリティカル・コレクトネス）」をまったく意に介さないトランプが、特に白人労働者らの熱狂的な支持を受けていた。だが、大方のメディアや知識人は馬鹿げた現象だと、大衆を嘲笑う姿勢で眺めていた。選挙の前哨戦は前年二〇一五年から始まり、二〇一六年二月に二大政党候補選びの予備選挙が始まった。共和党候補の中ではトランプの支持がトップだが、他候補と競り合っている。そのころは、トランプが大統領はおろか共和党大統領候補にさえ、選ばれると思っていた選挙専門家はいなかった。ただ、一部の知識人に、ポピュリズム分析でトランプを押し上げる大衆の意識に分け入ろうとする動きは出ていた。

そうした中で同年二月に入るとすぐに、インターネット上でラテン語のペンネームを使ってトランプ現象の意味を読み解き、支持する数人が現れた。『ニューヨーク・タイムズ』紙や『ニューヨーカー』誌など有力メディアが正体の探求をはじめ、この知識人集団の主要な論客たちを突き止め、同年一一月にトランプが大統領に当選するとともに明らかにした。それだけで興味深い出来事だ。アメリカ建国期から憲法制定期にかけて、大きな論争が新聞紙上やパンフレットでラテン語ペンネームを用いて行われることがあった。最も有名なのは『ザ・フェデラリスト』だ。ハミルトン、マディソン、ジェイが憲法草案を解説し批准を求めるために「プブリウス」のペンネームで新聞に寄稿した八五編の論考が、のちにまとめられ本になった。いまでは政治思想の古典となっている。

ラテン語ペンネームを使う現代の数人はそうした独立革命期の故事を踏まえて、二〇一六年二月から同年六月まで、『ジャーナル・オブ・アメリカン・グレイトネス（略称ＪＡＧ）』と名付けたサイト上に次々と一二五編の論考を載せ、トランプ現象を解読し、トランプを支持する論陣を張った。いまとなっては理解できないだろうが、当時は連邦議会の共和党議員らはもちろん、保守系新聞・論壇誌も含め右派のエスタブリッシュメントにトランプを支持する者は皆無といっていいような状況で、ただ大衆の熱狂だけがこの奇矯な候補を押し上げていた。そこに突然、思想的解釈を加えて支持する知識人らが現れたこと自体が驚きで、それを知った一部の（筆者を含む）ジャーナリストや思想史研究者に衝撃を与えた。しかも、一二五の論考は六月に共和党大統領候補選びでトランプの勝利が確実な情勢になった途端、一片の「読者への告知」だけを残し、一挙に消し去られた。

　この「事件」を叙述するだけでも異様なことが起きたことは理解されると思う。本稿執筆時点もネット上に残る短い「読者への告知」があり、匿名筆者たちの意図の一部を伝えている。ＪＡＧを始めたのは「（現状の）政治言説を支配している思想の態様を極めて不快に思い、この論壇サイトを思いついた。アメリカ人の生活の現実をまったく考えていない思想態様になっている。（当サイトは）思いがけない認知を得て、保守主義が自ら知的停滞を引き起こしている状態を打破したいと多くの人々が望んでいることが感じられた」と述べ、時が至ったら別のフォーマットで自分たちの思想を表明していきたいと抱負の言葉で結んでいる。

　実際、翌年一月にトランプ政権が発足してから、彼らの一部は新たな言論活動を起こす。その前に、「読者への告知」が指摘している、アメリカ保守主義の「知的停滞」の打破、すなわち既存の保守思想批判という点でＪＡＧはどのような議論を繰り広げたのか、主要な論考から考える。ＪＡＧ発足時の声明文と、中心メンバーであるラテン語名プラウトゥスが執筆した第一号論文「トランプ現象の起源と未来」は次のような主張を展開した。まず寡頭支配の金融多国籍企業が経済グローバリズムと多文化主義を推し進め、その下で普通のアメリカ国民は経済的困窮に追いやられ、自由さえも奪われていることに反対を表明。民主主義拡大や人道介入による積極的対外路線も「アメリカの国益に反する」と否定した。トランプ現象の起源は、保守派論客サミュエル・フランシス（一九四七〜二〇〇五）が論じたマネジェリアル・エリート（managerial elite＝後述）による経済グローバリズム批判にあると説いた。また、執筆が最も旺盛だったラテン語名デキウスは第二七号論文で、支離滅裂のように聞こえるトランプの主張から①経済ナショナリズム（反自由貿易）、②国境管理（移民排斥を含む）、③アメリカ・ファーストの外交（孤立主義）――という一貫したテーマを抽出した。

　ここに引用されているフランシスは保守系紙『ワシントン・タイムズ』の論説委員などを務めた著述家で南部テネシー州生まれ、南部思想に傾斜する保守思想家に分類される。晩年は人種差別的だとして保守論壇から周縁化され、死後は忘れ去られたような存在だった。ところが、トランプ現象の中でその反グローバリズムなどの思想が俄然注目を浴びることになった。フランシスは、冷戦終結直後の一九九二年アメリカ大統領選挙の共和党予備選で当時のブッシュ（父）大統領と共和党主流派を激しく揺さぶったパトリック・ブキャナン（一九三八〜）候補の知恵袋だった。ブキャナンは自由貿易反対、移民排斥、ＮＡＴＯ・日米安保など冷戦同盟の破棄などを主張した。フランシスとブキャナンがこうした主張で動員を狙ったのは、貿易自由化（経済グローバリゼーション＝ネオリベラル経済政策）とアメリカの武力行使を含む対外干渉（ネオコンサーヴァティヴ外交）で疲弊させられた（白人を中心とする）労働者階級だった。トランプはまさにこのフランシス－ブキャナン路線を二五年後に再現して、一九九〇年代初頭には遂げられなかったアメリカ政治の地殻変動を起こしたことになる。

時代背景としては、九〇年代はじめには貯蓄・貸出組合危機と呼ばれる、当時としては大恐慌以来の金融危機が起き、失業し住宅も失う者が続出していた。そうした経済状況への不満や不安と「冷戦疲れ」を背景に、ポピュリズムの手法で中産階級を動員して従来の保守政治を根本から変えようとしたのがフランシス－ブキャナンの試みであった。ただ、結果的にまだ機は熟していなかった。本当のチャンスは、当時の金融危機を遥かに上回る二〇〇八年のリーマン危機後に訪れた。同危機は二〇〇一年の九・一一テロ以来果てしなく続く戦争の中で起き、その処理を期待されたオバマ政権が表面的な人気とは裏腹に大企業重視のネオリベラル政策を続けて、七〇年代から広がり始めた経済格差は異様なまでに広がった。九〇年当時は三五〇万人程度だった不法移民もオバマ政権時代は恒常的に一一〇〇万人に達し、闇の労働市場に入り込んで、ただでさえ格差に喘ぐ下層中産階級の職の安定に脅威となっていた。アメリカ資本主義の要請で起きた矛盾の一つである。フランシス－ブキャナンをまねたトランプは、見事にこうした状況に応えたといえる。

そこを捉えて、ＪＡＧのプラウトゥスはトランプ現象の起源はフランシスの「マネジェリアル・エリートによる経済グローバリズム批判」にあると論じた。これは異端のアメリカ保守思想家による独特の「階級闘争理論」だ。資本家階級ではなく、企業や官庁を牛耳るテクノクラートたちが社会の底辺階級（アンダークラス）を利用して権力を握ったうえ、中間層を無気力で無知な状態に追い込んで圧倒的な支配権をグローバルに確立し、中産階級も底辺階級に追い落とす。この二極化する世界におけるテクノクラート支配者たちを、フランシスは「マネジェリアル・エリート」と呼ぶ（「経営エリート」と訳されたりもするが、企業・官庁を問わず官僚的機構のテクノクラートを指している）。グローバルなテクノクラート支配の下で、アンダークラスが辛苦する世界構造が生まれる。そうした動きに抵抗すべくフランシスは反乱を呼び掛けた。それがアメリカ独立の精神だと考えるからだ。プラウトゥスは、フランシスのこうした世界観をネオ・マルキシズムであると位置づけた。単に階級闘争的な視点があるからだけでない。フランシスの「マネジェリアル・エリート」とグローバリズムに対する批判が、ジェームズ・バーナム（一九〇五～八七）の思想を引き継いでいることをプラウトゥスは知っていたからである。

J・バーナムの世界観

バーナムは一九三〇年代アメリカの代表的トロツキストから戦後は保守論客に転じ、一時はアメリカ政府の冷戦文化戦略を担った中心人物であった。その転向後の初期思想は著書*The Managerial Revolution*（一九四一年）で展開されている。同書は『経営者革命』の邦題で翻訳されたことがあるが経営学書ではない。描かれるのはテクノクラートによる国境を越えた支配体制のディストピアで、ジョージ・オーウェルが『一九八四年』の下敷きにしたことで知られる。バーナムがマルクス思想を引き摺っているのは明らかで、著述家としてはバーナム研究からスタートし、バーナム思想に生涯傾倒したフランシスにマルクスがのぞくのは当然であろう。

バーナムは一九三九年の独ソ不可侵条約の評価をめぐり、親しかったメキシコ亡命中のトロツキー自身と対立し、ついにマルクス主義運動と決別した。まもなく*The Managerial Revolution*を著し、次のような世界観を表明する。まず、ブルジョア革命で生まれた資本家支配に対しプロレタリア革命が起きて労働者支配の世界が来るというマルクスの理論を否定する。巨大化する企業の幹部クラス（managers）が、複雑化する資本主義体制下では「生産手段の事実上の管理」を行うようになり、支配階級になるという。ここでバーナムがmanagersと言っているのは複雑・巨大化した企業社会を動かすテクノクラートのヒエラルキー全体を指している。

このプロセスは「封建主義から資本主義への移行にさいして起こったことと酷似している」とバーナムは言う。資本主義から、生産手段の管理が労働者階級へと移るというのがマルクスの予想であったのだが、バーナムはそうではなくテクノクラート層に移ると見たわけだ。そして、この移行をManagerial Revolutionと呼んだ。ブルジョア革命の後の資本家支配は代表制議会となじんだが、テクノクラート支配は行政官庁となじむ。その官庁もテクノクラート（managers）が取り仕切る。産業テクノクラートと行政テクノクラートは似たようなもので、両者は「全体として癒着し」支配階級となる。このテクノクラート支配階級は三方面の戦いを繰り広げて支配権を強化する。①資本家の生産手段支配という旧秩序の粉砕、②抑圧に抵抗する大衆を抑え、新しい支配構造に有利な方向に向けさせる、③新しい世界的な覇権争い——が、それである。こうして一種のテクノクラートによる独裁あるいは全体主義体制が敷かれる。

バーナムはさらにテクノクラート革命後の世界を次のように見通した。テクノクラート支配は「諸資源を最大限に活用し、最も効率的な分業」を求め、単一世界国家を目指して国境を越えて広がるが、現実的には、世界に三つ程度の「超国家」が形成される。超国家の中核は北米・西欧・東アジアの高度先進工業地域だ。超国家内の社会はテクノクラートの少数エリート層と、彼らに奉仕するだけの大衆に二分化され、そこでは民主主義も制限され、支配層が大衆の「心の状態」を知るためだけの道具となる。そこから本当の民主主義を回復するのは極めて困難な作業だとバーナムは指摘した。

　こうしたバーナム思想を引き継いで、テクノクラート支配の世界で中間層の蜂起を訴えたのがフランシスの思想だ。それは一九八〇年代のレーガン政権で現実政治として結実した本流の戦後保守思想から見れば異端であった。アメリカの戦後保守思想の知識人運動は、①戦後すぐのリバタリアニズムの興隆から始まり、②ラッセル・カークらの努力で一九五〇年代に意識的に体系化された伝統主義と呼ばれる欧州的保守思想（南部思想も流れ込む）、③一九六〇年代後半からリベラル陣営から加わった新保守主義者（ネオコン）が反共産主義という大義名分で呉越同舟し、プロテスタント福音派などを動員する大衆運動に支えられた。①は、俗に言うネオリベ経済政策、③は民主化拡大の対外強硬策（ネオコン外交）の駆動源となっていくと解釈されるが、ネオコンの歴史は複雑で当初は内政改革が主要テーマだった。呉越同舟というのは、たとえば小さな政府論のリバタリアンや社会・文化の立て直しを考える孤立主義的な伝統主義者にとって、後期ネオコンの武力行使を辞さない対外民主化拡大路線はそりの合わないものであった。バーナムの強烈な反共産主義は受け入れられたが、彼の持つ世界観は独特なものとみなされ、その世界観を踏まえて中間層蜂起を訴えるフランシス思想に発展すると異端とされた。ただ、フランシスは南部思想への傾倒をカークら伝統主義者らと共有した。しかし、レーガン政権以降の保守知識人運動においては、近代主義をとるネオコンが圧倒的優位となり近代批判的なカークらと対立した。特にカークら伝統主義者が傾倒する南部思想はネオコンの排斥対象であった。その意味でもフランシスは周縁化された。戦後保守思想の原点に立つ一人とみなされたカークでさえ、一九九〇年代の晩年はネオコンとの激しい論争に明け暮れた。

　フランシスの主張が共和党の保守本流から見ていかに異端であったかは、一九九〇年代半ばに大統領選再出馬を狙っていたブキャナンに次のような進言をしていたことからも、うかがえる。①グローバリゼーションに乗ったエリートがアメリカ経済を破綻させ、民衆を貧困に追いやり、アメリカの国益も主権も無視するが、それに対しポピュリズムのかたちでナショナリズムの反撃が起きる。②そうした事態の下で大統領選に勝つには「保守」を名乗る必要はない、「愛国者、ナショナリスト、アメリカ第一主義者(America Firster)」を名乗るべきだ、③保守政党とされる共和党も「アメリカ中間層革命」を起こすには障害となるだけだ――。

　まさにこの思想、すなわちバーナムの世界観に中間層の階級闘争的蜂起への扇動を加えた思想がトランプによって本人は知らずに実行に移され、ＪＡＧのプラウトゥスやデキウスによって、その意義を読み解かれた。それは、二一世紀初頭のアメリカ資本主義、さらにはグローバル資本主義に対する、保守主義思想運動の一角から生まれた、全面的といってもよい反撃であった。ＪＡＧはさらに一二五の論考で従来の主流派保守のネオコン外交やネオリベ政策を痛罵し続けていった。ＪＡＧ論客らはいまは亡きフランシスやバーナムだけでなく、その向こうのマルクスをも二一世紀のアメリカに呼び戻そうとする気配さえうかがわせた。それが冷戦で共産主義に対し「勝利」したアメリカの保守派知識人らの中で、トランプ現象の最中に生まれた思想状況であった。

『人みな食人種！』の近代産業社会批判

そこでフィッツヒューに戻る。南北戦争のさなかのフィッツヒューの「われわれは偉大なる保守的反動を開始する……」という革命の雄叫びのような一節を、一世紀後に思想史家ハーツは「自由主義の伝統のさなかにあるアメリカから出てくるものとしては異様な響きがあった」と形容した。その衝撃的な一節と、プラウトゥスらがトランプ現象の中に聞いたバーナム－フランシスの「中間層革命」への鬨の声に強い通奏低音を聞くのは筆者だけではあるまい。なぜか。

フィッツヒューは南北戦争を、単に奴隷制だけを守ろうとする南部の反乱だとは捉えていなかった。それは「一八六一革命」であり「この革命は反動的であり保守的だ」と述べ、ジョン・ロックとアメリカ建国の父祖らが説く自由主義、さらにはトマス・ペインの説くような「人間の権利」、アダム・スミスの説くようなグローバルな自由貿易体制に抗議し、転覆させる革命だと宣言したのだ。そのために宗教改革を破棄し、アリストテレスの政治学にまでさかのぼってやり直すよう訴えた。そこまでアメリカ自由主義思想を否定したのは、フィッツヒューが奴隷制問題についての思索を深めていく中で、英国を筆頭とする西欧とアメリカ北部が驀進していく産業革命のつくり出す社会の搾取構造を、南部の奴隷制など及びもつかないほどに残酷なものと見たからだ。

「資本が労働から利潤を絞りとることによって（奴隷ではない）自由労働者も奴隷にされるのだ。しかも、家内奴隷が持つ権利や特権などの利点はない。資本家は労働者らの主人（マスター）となるが、あらゆる点で資本家に都合よく、奴隷所有者なら当たり前に負うべき責務や義務さえない」

「近代文明の進歩に従い、奴隷制度は日々ますます必要になりつつある。近代文明はすべての資本を少数者の手に集積し、大衆を大地から切り離し、その労賃を減少させ、就労の機会も奪っていく。その結果として、少数者が土地をはじめ資本の一切を握る中で、ぎりぎりの生活の資への必要が増えるが、それを供給できるのは奴隷制度のみだ」

フィッツヒューの代表作とされる『人みな食人種！』（一八五七年、*Cannibals All!, or, Slaves without Masters*：未邦訳）からの引用だ。このタイトルは、あらゆる人と人が喰い合う産業化社会を指す。そうした近未来を見通し、そこには信仰に依拠し慈愛に満ちた「主人と奴隷」のような関係はない、とフィッツヒューは批判した。今日『人みな食人種！』を読むと、二一世紀のアメリカが行き着いた状況そのものではないかという思いにとらわれる。自由で平等だからこそ、利己心にかられ、他人を足蹴にして「最大の栄誉と最大限の所有物」を得ようと「自由競争」に猛進する人々。資本家は彼らを好きなように操り、必要なときだけ雇い、いらなくなれば解雇して路頭に迷わせ、餓死しようともいとわない。資本家は労働者に対し、主人が奴隷とその家族に対して負う顧慮に見合うほどのことさえ、義務だとは思っていないからだ。フィッツヒューは産業化社会をそのように描いた。

産業化社会においては都市が農村を搾取する構造も現れ、さらに自由貿易制度に覆われる国際社会においても同様の構造が現出する。「為替、郵便制度、高速汽船海運に支えられる国際貿易の結果、ニューヨーク、パリ、ロンドンといった数少ない巨大都市に富は集積する。さらにそれらの社会の中での自由取引で、巨大都市の少数者の手に富は集中する」。個人、地域、国家それぞれの間で喰うか喰われるかの戦いが繰り広げられ、勝敗を決めるのは企業家能力とスキル、抜け目のなさで、弱き者や単純な者は富を奪われ、強く、ずる賢いものは豊かになる。「毎月百万長者ひとりが生まれる一方で、毎日何千何万もの乞食があらたに生まれるのだ」（『人みな食人種！』）。

　フィッツヒューが描く産業社会は、現代アメリカにあまりに似る。またバーナム－フランシスが描いた、テクノクラートが中間層を底辺階級に陥れた結果生まれる、上下に分断した格差社会とも符合する。冷戦後のグローバル経済を牽引してきたアメリカでは二〇一五年には総個人資産の七〇％以上がトップ一〇％の富裕層に集中し、そのうち三六％をトップ一％が占有した。この六〇年間で最悪の格差である。しかも、一九七〇年以降、実質ＧＤＰは五倍になったのに、下位五〇％の年収はまったく伸びていない。こんな酷い格差が、平等社会を看板に掲げる民主党の黒人大統領オバマの下で出現したことに、取り残された人々はどれほど絶望感を抱いたか。白人中年層の自殺、薬物・アルコール中毒死の急増が主たる原因で、下降をたどってきた同層の死亡率が二〇〇〇年代に入ってから上がり続けるという、他の先進国では見られない現象が注目されたのも二〇一五年だ。それは「絶望死」と名付けられた。低学歴層を見れば、あらゆる年代で絶望死の急増が見られた。

　反動思想家フィッツヒューは、時にマルクスに比して論じられる。おそらく「共産党宣言」を読んでいた、と唯一の本格的評伝『ジョージ・フィッツヒュー』（一九四五年、*George Fitzhugh: Propagandist of the Old South*：未邦訳）の著者ハーベイ・ウィッシュ（一九〇九～六八）は言う。『人みな食人種！』が書かれたころは、まだ『資本論』第一巻は出ていないが、マルクス同様に多くのユートピア社会主義思想家から資本主義批判の示唆を得ていたであろう。その資本主義社会観はマルクス以上に暗い。社会主義思想家から多くを学んだが、資本主義の欠陥に対する処方箋はまったく違った。過剰競争社会の廃止、労働者階級や貧困層の保護、労働における協力など社会主義者の目標は、奴隷制によって達せられていると主張した。

フィッツヒューの絶望的なまでに暗い資本主義社会観は、バーナムとその継承者フランシスが、それぞれの生きた時代の資本主義に注いだまなざしに似ている。ＪＡＧの論客らもトランプ現象の背後にフィッツヒューが見たようなアメリカ資本主義の絶望的様相を、二〇一六年の同時代のものとして見ていた。のちにプラウトゥスはハーバード大学で政治哲学博士号を得た当時三〇歳のジュリアス・クレイン（一九八六〜）、デキウスはブッシュ政権にも参画していたマイケル・アントン（一九六九〜）だと明らかになる。二人は政治哲学者レオ・シュトラウスの門下生として別々の系譜を引く著名な学者の下で学んだ「シュトラウス派」だ。二人がシュトラウスからどのような思想を取り込みトランプ現象を支持するに至ったかは、また別の長い分析が必要となろう。

アントンは一時トランプ政権高官を務め、二〇一八年にシュトラウスの系譜を引くシンクタンクへ移った。二〇一七年春、クレインはトランプ以降の新しい政治思想を生み出そうと三〇歳にして論壇誌『アメリカン・アフェアーズ』を創刊した。同誌は保守系とみなされながらも階級闘争史観に彩られたネオマルキシストらの論考も掲載し、「いまのアメリカで最も興味深い新たな政治雑誌」（思想史家マーク・リラ）とみなされている。フィッツヒューの系譜とは異なってはいるが、二人はシュトラウス哲学を学んでそれぞれに近代批判の視点をつかみ取っていることは確かだ。さらに、ＪＡＧからクレインと一緒に『アメリカン・アフェアーズ（*American Affairs*）』に加わった中には「ポスト・リベラル」という思想潮流を汲む論客もいる。トランプ現象以降、この潮流も勢いを強めている。

ポスト・リベラルとカトリック思想

クレインらがフィッツヒューの「革命」的部分を色濃く引き継いでいるとすれば、「保守反動」の部分により傾斜しているのが「ポスト・リベラル」の思想家たちである。ポスト・リベラルの「リベラル」は、現代アメリカ政治の中で民主党左派に対し使われる「進歩派」という意味ではない。まさに、ルイス・ハーツがアメリカの支配的な政治思想伝統だと見たロック的自由主義である。ポスト・リベラルたちは、その自由主義がいまや行き詰まったから、その後を模索すべきだと主張する。

彼らの主張を最もよく表している文献の一つは、二〇一九年三月に一五人の論客たちが連名で発出した「無効なるコンセンサスに抗して」と題された声明だ。カトリック色の濃い論壇誌『ファースト・シングス』に掲載された。声明はトランプ現象によって、旧来のアメリカ保守思想は崩壊して終わったと宣言した。無効となったコンセンサス（dead consensus）とは従来の保守主義、すなわちレーガン主義を指す。それは自由貿易による経済グローバリゼーションを追求し、小さな政府それ自体を目的化し、すべてを技術進歩で解決できると考える。これまでの保守主義は結局のところ、進歩派リベラリズムと同じ「個人の自律（individual autonomy）」を核としてきた。「個人の自律をやみくもに崇拝するあまり、保守が最も避けようとしていた専制がそこに生まれた」と声明は言う。「個人の自律」とは自由主義思想の核となる個人主義を指すと考えてよい。レーガン主義は伝統的価値観を重んじるといいながら、それは口先だけであった。「揺るぎない家族、共同体の強い結びつき」は失われていった、と声明は言う。

こうした思想的な部分をたどると、プロテスタンティズムに由来する個人主義を基礎とする自由主義を否定し啓蒙主義以前の共同体や家族を単位とする復古的意志がありありとうかがえる。大事なのは個人ではない、「家族、信仰、さらに政治においてはコミュニティ」だという。外交、信仰、慈善事業……なにをとってもイデオロギーとしての自由主義が支配しており、結果として専制が生まれた、とも言う。個人の豊かさだけを追求する「魂のない社会」に反対し、労働者の声に耳を傾けよとも訴える。

全体を通し、個人の欲望を原動力に繁栄を追求する産業社会は奴隷制度以上に残酷なシステムをつくり出すと警告し、家族、共同体を重視する南部社会の家父長主義のもとに奴隷を保護する方が正しいと訴えたフィッツヒューの主張が反響して聞こえる。

これは実は、カトリック教会内右派で胎動している思想にもつながってくる。「無効となったコンセンサス……」に署名した一人はカトリック系の米ノートルダム大学政治学教授パトリック・デニーン（一九六四～）で、その著書『リベラリズムはなぜ失敗したのか』（二〇一八年）は近年の保守思想動向を考えるうえで重要である。デニーンは同書で、アメリカ建国の礎となった近代リベラリズム（自由主義）をフランシス・ベーコン、トーマス・ホッブズ、ロックといった初期の啓蒙思想家にまでさかのぼって批判。個人主義に基づく自由主義に代えて、小さな「共同体」の復権から政治を立て直すよう訴える。五〇〇年近く前に生まれた政治哲学リベラリズムは「成功したがゆえに失敗」し、「非リベラル的な所産」をもたらしている。結果は激しい貧富の差や教育格差、白人労働者の苦境や若者の負債であり、モラルの崩壊だ、とデニーンは論じる。古典的リベラリズム（いわゆるネオリベ）と、今日リベラルと呼ぶ進歩派は左右に分かれ対立しているようでいて、ともに国家権力と個人主義の両方を拡大強化してきた。その発展過程で、国家と市場が「自然」と「文化」を破壊してきたと著者は主張する。デニーンの主張はカトリック思想に基づく共同体主義(コミュニタリアニズム)だとみなされている。プロテスタンティズムと個人主義を基盤としてきたアメリカでこうした思想が広く論議されていることは、注目されてよい。

フィッツヒューは奴隷制よりも酷薄な産業化社会の出現を目の前にして、ロックをはじめとする啓蒙思想家を否定したうえで、宗教改革以前に戻って政治制度をつくりなおすよう訴えた。個人主義に基づく自由主義に代え、家族や共同体を核とする世界を求めた。そうしたフィッツヒューの声がポスト・リベラルの主張にも聞こえてくる。米政界ではカトリック系保守派有力議員から、資本主義と社会主義をともに批判し格差社会への対応を模索した一九世紀末の教皇レオ一三世の回勅に戻って、現代アメリカの課題に対応しようとする動きも出ている。これはカトリック人口の増大も背景に考えると興味深い。プロテスタントに由来する個人主義・自由主義を基礎に建国された国家は着々と思想変化を起こしつつある。

フィッツヒューの反動思想は、ロック的自由主義に呪縛されたアメリカ政治思想を客観視し、大きく幅を広げるほとんど唯一の機会であった。それをアメリカは無視し、忘却に追いやった。冒頭述べたようにルイス・ハーツはそのように見た。ハーツが『アメリカ自由主義の伝統』でそう述べたときに、ラッセル・カークは「愚かしい党派」(J・S・ミル)とされた保守主義者らの思想の歴史をたどる『保守主義の精神』を著し世に問うた。カークは当初、同書のタイトルを『保守主義の敗北』としていたことは広く知られている。それが一九五〇年代のアメリカの精神状況だったからであろう。

ハーツは「反動的啓蒙」は「白日夢」のように消え去ったと論じた。だが、二〇世紀初頭にルソー思想と全面対決したアービング・バビット（一八六五～一九三三）を中心にハーバード大学で起きた「ニューヒューマニズム」運動、一九三〇年代に大恐慌に揺さぶられるさなかに、南部テネシー州の名門ヴァンダービルト大学に集う若き詩人や文芸批評家らが起こした農本主義運動（アグレリアニズム）など、鋭い近代批判の思想運動が孤立しながらも点在し、カークにまで至る伏流となった。一九五〇年代、カークに最も近かった一人は南部農本主義者の人脈に連なる思想家リチャード・ウィーバー（一九一〇～六三）であった。

フィッツヒューの「反動的啓蒙」はそのままのかたちではないにしても、最も重要な近代産業社会批判の部分は、けっして消え去ることなく引き継がれた。ことによると一世紀半のちのいまよみがえって、アメリカ政治思想に新たな視点を加えようとしているのかもしれない。ただ、保守主義思想運動内部で晩年までネオコンやリバタリアンの近代主義と戦い続けたカークでさえ、驀進するアメリカ近代を前に常に敗北感を抱き続けていた。晩年のカークとの交流からアメリカ保守思想の探求を始めた筆者宛てに一九九一年のあるとき、便りに同封してカークが送ってきたのはサミュエル・フランシスが保守系論壇誌に寄稿したエッセー「美しき敗者たち　アメリカ保守主義の失敗」のコピーであった。いまに至るも強く印象に残っている。

（初出『ひらく』第五号、二〇二一年六月）

参考文献

Louis Hartz, *The Liberal Tradition in America* (New York: Harcourt, 1955)（ルイス・ハーツ『アメリカ自由主義の精神――独立革命以来のアメリカ政治思想の一解釈』有賀貞訳、講談社、一九九四年）本章の同書からの引用は有賀貞訳。

James Burnham, *The Managerial Revolution: What Is Happening in the World* (New York: The John Day, 1941).（ジェームズ・バーナム『経営者革命』武山泰雄訳、東洋経済新報社、一九六五年）。

George Fitzhugh, *Cannibals All! Or, Slaves without Masters*, ed. C. Van Woodward (Belknap: 1960).

"The Revolutions of 1776 and 1861 Contrasted," *Southern Literary Messenger* Vol. 37, No. 12, Dec. 1863, pp. 718-726.

Harvey Wish, *George Fitzhugh: Propagandist of the Old South* (London: Peter Smith: reprinted, 1962).

Samuel Francis, "From Household to Nation: The Middle American Populism of Pat Buchanan," *The Chronicles* (Mar. 1, 1996).

Journal of American Greatness 本稿執筆時点では online の The Jackson Gazette が大部分を保存している。

"Against the Dead Consensus" *First Things* (Mar. 21, 2019).

第 II 部

現代アメリカの思想潮流

第4章 保守思想とアメリカ政治の現在

──ポピュリズムとの相克

トランプ政権についての見方や評価はいまだに揺れる部分が多い。しかしアメリカの保守思想史を振り返りながら分析すると、トランプ政権登場の時代的意味が見えてくる。そこで本稿では、アメリカ保守思想史をたどりながら、現在のアメリカが直面するさまざまな政治現象の根底に流れる大きな思想潮流を描き出してみたい。

そもそも「保守」とは何かということについて言えば、人によってそのイメージや意味が違ってくる。注意すべきことは、ナショナリズムと保守主義はまったく異なるものであるのに混同されがちだという点だ。また、ポピュリズムと保守主義は違うにもかかわらず、アメリカではポピュリズムと保守思想の親和性が見られる背景についても述べてみたい。

現在は戦後アメリカ思想史の大転換期

戦後アメリカ思想史を振り返ってみると、保守であれリベラルであれ、今日その大きな転換点にきている。それが分からないと、なぜトランプが共和党を揺さぶり、なぜサンダース（左派）が民主党の中であれほど勢力を獲得しているのかという昨今の現象が理解できない。

二〇二〇年の大統領選挙・連邦議会選挙に向けては民主党系からは左派の候補者が次々と登場した。二〇一八年秋の中間選挙で、ニューヨークを地盤に共和党候補に圧勝して下院議員に当選したアレクサンドリア・オカシオ＝コルテス（一九八九〜）は、アメリカ民主社会主義者（ＤＳＡ）という政治組織に属している。ＤＳＡはメンバーを急増させているが、そのほとんどがミレニアル世代（一九八〇年代以降の生まれ）だ。

現在アメリカで社会主義を支持する人々は、大きく二つに分けられる。一つはサンダースに代表される六〇、七〇代以上の年配世代であり、もう一方にオカシオ＝コルテスに代表される三〇代以下の若い世代があり、それらが同居している状態である。両者の描く社会主義像が異なることは後述する。

アメリカでは一九五〇年代から自覚的な保守主義思想運動（conservative intellectual movement）が始まった。ジョージ・ナッシュ（George H. Nash［一九四五〜］）が、一九七〇年代にその保守主義思想運動に関する包括的歴史をまとめて『一九四五年以降の米国における保守思想運動』（初版一九七六年、*The Conservative Intellectual Movement in America Since 1945*：未邦訳）という本に著したが、この本をきっかけに本格的な保守思想運動が広く知られるようになった。この運動が、一九八〇年代のレーガン政権誕生の原動力となったことは、いまではよく知られている。

この本はナッシュのハーバード大学での博士論文を基にしたものだが、当時ハーバード大学など一流大学では、（リベラルなアカデミズムの風潮により）保守的な内容の論文を発表する人は職を得ることが難しい状況にあったらしく、ナッシュはその後長く在野著述家として著作活動を行ってきた。

この保守主義思想運動も、前述のリベラリズムと同様に、現在大きな転換期を迎えている。それはこの運動をリードしてきた、主要な保守思想家たちのほとんどが、二一世紀初めまでに亡くなったためでもある。

この大きな保守思想史の変化・転換によって、保守主義はどこに向かっているのか。一九二〇〜三〇年代の保守思想に回帰しているのではないかと指摘する人もいる。

リベラル側から描いた思想史で有名なのは、ハーバード大学のルイス・ハーツ（Louis Hartz［一九一九〜八六］）による名著『アメリカ自由主義の伝統』（*The Liberal Tradition in America: An Interpretation of American Political Thought since the Revolution*、一九五五年）だ。彼は英国のジョン・ロックから始まる本来の「リベラリズム」がアメリカに渡り（ニューディールの時代に変容した面はあるものの）一九五〇年代までどのように流れてきたかについて、主に自由主義思想が発展してきた局面を分析・考察し、アメリカが自由主義の国であることを論証した。

その逆の視点から、ハーツに先行して思想の発展を描いたのがラッセル・カーク（Russell Kirk［一九一八〜九四］）であった。彼は、アメリカには保守主義の流れがあり、その根底には（「保守主義の父」とも称される）英国のエドマンド・バーク（Edmund Burke［一七二九〜九七］）の思想が流れ込んでいることを、その著書で明確に跡付けて見せたのである。

アメリカ思想史については大まかに上記二つの物語（narrative）があるわけだが、どちらに与するかでその人の政治的立場が違ってくる。

それでは現在、アメリカの思想界では何が起きているのか。まず背景として、一九七〇年代半ばから経済・社会的な「構造的（tectonic）な変化」が起きていることを考えないわけにはいかない（拙著『破綻するアメリカ』参照）。そして九・一一アメリカ同時多発テロ（二〇〇一年）の発生によって、そうした変化に大きな圧力がかかり「爆発的（volcanic）変化」へと転換した。その余波を受けて保守主義も変質し始めたと考えることができる。

二〇一七年の国連総会演説で、トランプ大統領はsovereignty（主権）という言葉を何度も使ったが、実は大統領選の早い段階から若手の思想家や論客たちの一部にグローバリゼーションで損なわれた「主権」の回復をめぐる議論が起きて、トランプ陣営に大きな影響を与えていた。そうした若手思想家たちがトランプ政権発足直後の二〇一七年二月に創刊したのが『アメリカン・アフェアーズ（*American Affairs*）』という高級論壇誌（季刊）である。彼らはこの混乱の時期を捉えて、アメリカの思想を変えていこうとしているように見受けられる。トランプはそのような思想グループから直接・間接に影響を受けている。それゆえに国連演説のような言葉が出てきたし、現在彼が進めているさまざまな政策も奥深いところで、その影響を受けているか、連動している、と見られる。

主権を強く前面に出した政治に舵を切るなどアメリカにおける保守政治のテーマが大きく変化している一方で、リベラルの方もある種の破綻状況に陥っている。それはリベラル側が一九七〇年代以降に選択した方向性が間違っていた結果でもあった。日本や世界はこれらにどう対応していくべきなのか。

戦後保守思想史の展開

まず思想史について考えてみたい。現実の政治を下支えしているものは思想である。政治ならば、政治思想である。宗教思想なども含めて考えると、広く社会思想ということになる。思想家たちは社会全体の方向性を言葉で表現し、意識化しようとする。いま社会が変化している、あるいは社会を変化させなければならないと考えたときに、それを言葉に置き換えて、さらにはそうした言葉に基づいて運動を展開していこうとするのが思想家たち（thinkers）である。言葉に置き換えることで意識化するのが、思想家の役割といえる。その新たに生まれた意識から行動が生まれる。

たとえば、戦後保守思想を担ってきたウィリアム・バックリー（William F. Buckley〔一九二五～二〇〇八〕）やトランプとの関係で有名になったスティーブン・バノン（Stephen Kevin Bannon〔一九五三～〕）はそうした例である。バックリーは、カークやハイエク等を軸に『ナショナル・レビュー（*National Review*）』という雑誌を一九五五年に創刊して、アメリカ全土にちらばっていた保守系知識人を糾合して保守主義運動を展開した。それ以前にも学術的なものなど小さな保守系誌はあったが、広く普通の知識人に読まれる保守系論壇誌が初めて登場した。そうした動きが、のちにレーガン政権を生み出す原動力となっていったのである。

戦後保守思想史の展開について述べるに際しては、さまざまな物語（narrative）があるわけだが、次に挙げるいくつかの書物を参考にして述べたい。

一つは、先に挙げた、ジョージ・ナッシュのまとめた『一九四五年以降の米国における保守思想運動』で、そこに描かれる思想史はほぼ誰もが認める戦後保守思想の展開の姿であり「公式保守思想史」といってもよいくらいだ。

もう一つ重要な書物がある。スチュアート・ヒューズ（Stuart Hughes［一九一六〜九九］）の『大変貌――社会思想の大移動１９３０－１９６５』（*The Sea Change: The Migration of Social Thought, 1930-1965*、一九七五年）である。著者によれば、二〇世紀中葉に欧州から数多くの知識人がさまざまな理由でアメリカに移動してきたことによってアメリカの思想界は巨大な変化を遂げた。特に、フランクフルト学派のユダヤ系知識人がサンフランシスコにまで移動したのを典型的な例とするユダヤ系知識人の移動が大きな意味を持った。戦後ドイツ系ユダヤ人は欧州に戻った者もいた。東欧系はほとんどアメリカに住み着くことになったように思う。

その中の巨人が、レオ・シュトラウス（Leo Strauss［一八九九〜一九七三］）である。ドイツ系ユダヤ人亡命者レオ・シュトラウスと、フランシス・フクヤマ（一九五二〜）に大きな影響を与えたフランスのユダヤ系哲学者アレクサンドル・コジェーヴ（Alexandre Kojeve［一九〇二〜六八］）こそが、二一世紀世界まで見通した思想家だと私は考えている。かつて一九世紀のカール・マルクスは二〇世紀の大混乱をもたらしたが、それと同様に、二一世紀に向けて思想を投射しているのが、この二人の思想家ではないかと思う。

リバタリアン運動

二〇世紀に最初に起きたアメリカの保守思想の流れはリバタリアン（Libertarian）の運動であった。

アメリカには（一般に「封建時代」がないと考えられているために）基本的に欧州史でいう「保守思想」（注：王権など旧制度に執着し改革を嫌う守旧派の意味）はないと考えられている。もちろん細かい議論になれば、南部における奴隷制やアメリカ独立以前からの伝統など、封建制に関連するいろいろな見方は出てくるかもしれないが、一般的にはアメリカの保守思想は、ジョン・ロックの自由主義思想からスタートすると考えられている。

一九四五年までのアメリカにはどのような保守思想があったのか。欧州でいう自由主義（classical liberalism）こそが守るべき保守思想であった。つまり（著しい経済成長を遂げ「狂騒の二〇年代」と呼ばれた）一九二〇年代のカルビン・クーリッジ第三〇代大統領（在任一九二三〜二九年）の時代に象徴されるように、企業が規制を受けずに自由に活動をすることができ、それによって企業活動や社会が繁栄を謳歌し、人々はその豊かさを享受できるという「物語」を基礎とする思想である。このような理想が二〇世紀アメリカの根源的姿であり、そうした社会を求める思想運動を「リバタリアン運動」と呼んでいる。一九四五年以前にアメリカに自覚的に存在した保守思想といえば、これであった。

このリバタリアン運動が「物語」を整えていく過程で、多くの思想家が現れることになる。「リバタリアン」という用語が使われるようになったのは、リベラルという言葉の意味が変容した後であった。つまりニューディール時代に、リベラルという言葉の意味が変わってしまった。そもそも「リベラル」というのは、英国の自由党の流れに見るように、小さな政府で規制を受けない自由な企業活動を許す考え方であった。ところがニューディールの時代に社会主義の影響が入り込んできて、今日でいうようなリベラリズムの意味に変容していった。そのために古典的な意味のリベラリズム（自由主義：小さな政府、自由な企業活動、個人主義など）を表す別の言葉が必要になり、リバタリアニズムという本来別の意味を持っていた言葉を借りてきた。

リバタリアニズムが思想的に整えられる大きなきっかけとなったのが、フリードリヒ・ハイエク（Friedrich August von Hayek［一八九九～一九九二年］）がアメリカに移住しシカゴを拠点に活動したことであった。彼は『隷従への道――全体主義と自由』（一谷藤一郎・一谷映理子訳、東京創元社）（*The Road to Serfdom*、一九四四年）を英国で著したものの、英国ではあまり売れず、アメリカでベストセラーになった。元トロツキストの転向保守思想家マックス・イーストマンがつくった要約版が『リーダーズ・ダイジェスト（*Reader's Digest*）』誌に掲載されたのがきっかけであった。ハイエク自身、後に*Hayek on Hayek: An Autobiographical Dialogue*（1994）というインタビュー本で、「あの要約版は自著『隷従への道』よりもずっといい」と絶賛したほどだ。アメリカには「リーダーズ・ダイジェスト文化」というのがあって、原作よりも要約版（ダイジェスト）の方が良いという奇妙な現象が、しばしば起きた。

もちろんハイエクの思想はかなり複雑で広範囲に及ぶものであるが、その内のある面がアメリカの保守思想の形成に大きな影響を与えることになった。ハイエクによって、リバタリアニズムが経済的思想から政治思想へと精緻化される作業がなされ、経済自由主義を求める人々の理論的な支柱となっていく。こうしてリバタリアン運動は思想的に整えられ、今日まで保守思想運動の根底に流れている。

融合主義（fusionism）

そのような時代思潮の中で、本当の保守思想とはそんなものではないと声を大にして主張したのが、ラッセル・カークであった。彼はバークから文芸批評家T・S・エリオットまでの保守思想を博士論文にまとめて著書『保守主義の精神（上・下）』（会田弘継訳、中央公論新社、二〇一八年）（*The Conservative Mind: From Burke to Eliot*、一九五三年）として出版した。これが『ニューヨーク・タイムズ』紙や『タイム』誌の書評欄に紹介され話題になった。特に『タイム』は書評欄全部を使ってこの本の書評を掲載した。これをきっかけに、それまでほとんど知られていなかったミシガンの田舎にいたラッセル・カークという人物が世に広く知られることになったのである。

カークが依拠したのは、フランス革命を批判した英国の政治思想家エドマンド・バークであり、アメリカ建国の父祖の一人ジョン・アダムズだった。カークは伝統的社会をよしとするだけでなく、リベラリズムすなわち自由主義や個人主義、経済的平等主義に始まり、功利主義やプラグマティズムに至るまで、ほとんどの近代的思想を排撃した。『保守主義の精神』では、バーク以来の、特に英国の保守思想を核にした流れがアメリカにも一見隠されてはいたものの存在していたことを、英国の思想と対置させながら一つひとつ掘り起こして見せたのである。このようにしてカークがアメリカに持ち込んだヨーロッパ的な、ある種の権威主義的な保守主義の本格的な思想を、アメリカでは「伝統主義」（traditionalism）と呼ぶ。この伝統主義は、敬虔な信仰を核にして伝統を守るという宗教的特徴を持つ。

こうして戦後アメリカにおいて、ヨーロッパ的な権威主義的面も持つ伝統主義と、リバタリアニズムという保守主義思想の大きな二つの流れが生まれた。しかしこの二つのグループは、そもそも発想が違っていたので、アメリカの保守主義はどちらを向いていくべきか、その後、大論争が起こることになる。一九五〇年代には、ハイエクを中心にしてつくられた自由主義経済思想家たちのグループ

「モンペルラン協会」(Mont Pelerin Society［一九四七年設立］)の会合で、ハイエクとカークの論争が行われたことがあった。

一九五〇～六〇年代は、ソ連共産主義との戦いが最大の政治的な意味を持つ時代で、反共主義の思想もあった。これらの思想潮流が渦巻く中に現れたのが、「融合主義」(fusionism)であった。フュージョニズムと呼ばれる運動には、何人かの重要な論客、思想家がいた。バックリーとともに*National Review*の共同編集者を務めたフランク・マイヤーなどである。

彼らフュージョニストは、この時代にかたちを現してきた保守思潮群に共通する一致点を見出し、一体化を目指した。その核になったのが共産主義との戦いであった。そしてこのような(対立点を内包しながら)保守の統合を目指す思想運動の中から、政治運動の場においては戦後初の本格保守候補としてのゴールドウォーターの大統領選出馬へとつながっていくのである。

ネオコンの合流

ネオコン(neoconservative)こそが、二〇世紀後半のアメリカの中核的な思想問題である。彼らの核にはユダヤ移民二世たちがいる。その親たちは、帝政ロシア末期の迫害(ポグロム)を逃れてアメリカにやってきた、現在のウクライナ・ポーランド国境地帯のユダヤ人が多い。彼らは子どもたち(二世)になんとしてでもユダヤ人としてのアイデンティティを持ってほしいと願い、そのような教育をした。そのため二世たちはアメリカ人とユダヤ人という二重生活を送らなければならなかった。この「二重性」は近代思想として重要な要素だ。

彼らはスターリニズムの現実を知っていたためもあり、ユダヤ系のトロツキーに同情を寄せるようになる。反スターリニストの学生として一九三〇〜四〇年代を過ごした彼らは、そうした経験を経てリベラルな社会主義的政策を支持するようになった。政界より、文学や批評など、言葉を使う分野での活動でやがて圧倒的な存在感を持つようになっていった。

ネオコンの「ゴッドファーザー」と呼ばれた評論家アーヴィング・クリストル、『イデオロギーの終焉――１９５０年代における政治思想の涸渇について』を著したダニエル・ベル、『孤独な群衆』（加藤秀俊訳、みすず書房、一九六四年）の共著者の一人ネイサン・グレーザーなどが、その代表的人物である。彼らが戦後アメリカの社会学の中核を担っていく。この思想潮流の中から生まれてきたのがネオコンであった。ちなみに、世代としては若いが、フクヤマもこのネオコンの流れに含まれ、最初の世代と似た傾向を見せている。

それではネオコンの思想とは何か。その根底には、革新としてのリベラリズム、さらにラディカリズムさえある。ネオコンは、「近代性」（modernity）に対する強い信頼を持っているので、私は彼らを「モダニスト」と呼んでいる。

フクヤマも、近代性に対して強い信頼を持つ。フクヤマの著書を見ても分かるように、近代に対する肯定と建設的批判を見事にやり遂げている。一方、伝統保守主義のラッセル・カークは逆で、近代性に対して強い懐疑心を持っている。

共産主義に対抗しながらいくつかの保守主義のグループが融合したわけだが、モダニストであるネオコンと反近代の傾向を持つ伝統主義者との間で激しい確執が起きることになった。

ネオコンは、「大変貌」と呼ばれる二〇世紀中葉のアメリカの大きな思想変化から生まれた運動だ。欧州から逃げてきたユダヤ系を中心とする知識人たちの動きは、人類史においてもまれに見る知識人大移動であった。これに匹敵するのは、ビザンチン帝国崩壊のあと、神学者等が西欧に大量に移動したできごとだという見方もある（荒川幾男）。この「大変貌」によって二〇世紀中葉のアメリカは思想的に大きな変貌を遂げ、それ以前のアメリカとは質的にまったく異なってしまった。これが、戦後保守知識人運動（conservative intellectual movement）の基層になっている。

大衆運動としてのニュー・ライト運動

一九五〇年代から始まったアメリカの各保守思想グループが次第に何とか一つにまとまり、黄金時代を築いたのがレーガン政権だった。前節までの思想グループに加えて、七〇年代になると、ニュー・ライト（new right/religious right）と呼ばれる人々も登場した（歴史的にニュー・ライトの呼称がある右派運動は何回かある）。

一九七〇年代のニュー・ライトは大衆運動を引っ張った人たちであり、まずダイレクト・メールを利用して展開した。それまで明白な政治的主張のもとに集まっていたわけではない膨大な保守層（主に白人中産階級）が、道徳的な価値観で巧みに誘導され、巨大な力を持つようになった。そうしたニュー・ライトを支えていたのが、深いキリスト教信仰を持つ福音派とも呼ばれる宗教右派の大衆であった。

ニュー・ライトの戦略は、ある特定のテーマを取り上げることだ。たとえば、中絶の是非というテーマを取り上げ、「中絶を容認しますか？　それは神の意志に反しませんか？　中絶を容認しない候補に投票してください」というようなダイレクト・メールを送って、共和党候補への票を掘り起こし、政治家と信仰の篤い一般の人々とをつないで、政治的に利用したのである。

レーガン政権以降、冷戦に「勝利」したアメリカに何が起きたか。共通の敵のもとに連合していた保守主義は、ソ連の崩壊によって混迷し、分裂の時代に入る。一九九〇年代に重要な役割を果たし、思想界を支配した(dominant)のは、ネオコンで、その象徴的出来事が一九九二年の大統領選挙であった。この選挙における共和党候補争いに右派評論家パトリック・ブキャナン（一九三八〜）が立候補した。ブキャナンは冷戦後優位に立とうとするネオコンに闘いを挑んだが敗れた。この共和党内の混迷のため、父ブッシュ大統領は湾岸戦争に勝利した直後にもかかわらず、民主党のクリントンに大敗を喫したのだった。クリントン政権時代の思想動向はネオコン優位と考えるべきだ。

ネオコンの元祖とされる思想家アーヴィング・クリストル（Irving Kristol［一九二〇〜二〇〇九年］）の著作は、そのほとんどが雑誌論文などを集めた本だ。体系的著作はない。ネオコンはむしろ知識人向けの雑誌をつくって集まり、それによって知識社会を変えていこうとした傾向に特徴がある。初期ネオコンで体系的に著作を出しているのは、ノーマン・ポドレッツだ。ただポドレッツは基本的に文芸評論家であり、著作は文学臭が強い。

大衆の社会思想とポピュリズム

（1）大覚醒運動

アメリカ思想史においては、論理的に言語化された「思想」の下部構造として、大衆の社会思想の要素を考えないといけない。大衆の社会思想には、もちろん経済問題が大きく作用するが、アメリカの場合、それと同時に宗教の影響が非常に大きい。特にアメリカ国民に宗教的熱狂が起きる「大覚醒」(The Great Awakening)という現象を抜きにしてアメリカ史を考えることはできない。アメリカ史上、「大覚醒」は少なくとも四回起きたとされるが、その宗教的なリバイバルに伴い政治的な変化も起きた。

①一七三〇~五〇年代

このときは東海岸中心であったが、都市部、農村部を問わず人々が非常に宗教的に熱狂的になり社会全体を覚醒させた。そして英国からの独立革命(一七七五~八三年)につながった。

②一八〇〇~三〇年代

二回目の大覚醒の後、南北戦争(一八六一~六五年)が起きた。

③一八九〇~一九〇〇年代初頭

このときは、米西戦争(一八九八年)があり、農民や労働者の人民党運動が起き、セオドア・ルーズベルトの革新政治から一九三〇年代のニューディールにつながる「改革の時代」(the Age of Reform)が始まった。

④一九六〇~一九七〇年代以降

福音派やキリスト教根本主義など保守的なキリスト教会が伸張し、その後、レーガン革命につながった。

これらの大覚醒を経験しながらアメリカの政治は、第一共和政、第二共和政と呼んでもよいほどの劇的な変化を遂げてきた。これはプロテスタント系宗教運動の特徴でもあるが、アメリカ史のこのような宗教的特徴に、フランスの政治思想家トクヴィル（一八〇五～五九）も注目した。彼は、アメリカ史における宗教と民主主義の関係、新聞などメディアの役割などの特徴を当時から見抜いていた。

こうした宗教の動きが、アメリカのポピュリズムと密接に関連していると考えられる。今日、世界中でポピュリズムが社会現象として注目を集め広く議論されているが、ここではアメリカ型のポピュリズムについて考えてみたい。

（2）アメリカ型ポピュリズム

アメリカの政治運動はその独特な宗教的風土の中から出てきたが、それを思想的に分析した一人が歴史家リチャード・ホーフスタッター（Richard Hofstadter［一九一六～七〇］）だ。彼は『アメリカ現代史――改革の時代』（斎藤真等訳、みすず書房、一九六七年）（*The Age of Reform: from Bryan to F.D.R.*、一九五五年）という書を著して、二〇世紀初頭の大変革を描き出した。

そもそもポピュリズムという言葉は、アメリカで生まれたものだ。一九世紀後半になりアメリカの農民や労働者たちが過酷な資本主義体制下で搾取されていく中で、農民や労働者たちが団結してアメリカ中西部を中心に運動を起こし、一八九一年に人民党（People's Party）が結成された。

この運動の支持を得て、民主党大統領候補（一八九六、一九〇〇、一九〇八年）にもなったウィリアム・ジェニングス・ブライアンというポピュリスト政治家が登場した。彼は大統領にはなれなかったが、アメリカ政治史においては興味の尽きないリーダーだった。彼は（欧州でいえば）社会主義者でありながら、宗教的には熱狂的な原理主義者という、これこそアメリカ独自の特徴を体現したような人物だった。彼のような特徴を抜きにしては、アメリカ政治史を語ることはできない。

ホーフスタッターは、その著書の中で人民党（People's party）に関与する人々の運動について論じた。人民党が生まれたころ、その運動に加わる人々を何と呼べばいいのかという議論になり「ポピュリスト」という言葉が生まれた。そこからさらに「ポピュリズム」という言葉も生まれる。ではアメリカ型ポピュリズムの特徴は何か。

①中央に対する地方の反感

農民や労働者の中央の大資本およびそれと結託した政治家たちに対する憎悪の感情。

②エリートたち（東部エスタブリッシュメントなど）に対する反抗・懐疑心

③外来の者に対する排外主義／土着主義（nativism）

エリートの多くは欧州に行って学んできた人たちであるため、そのような外来のものに対する激しい拒否感を持つ（排外主義／土着主義）。これが移民排斥にもつながる。

④革新性

ポピュリストたちは、社会変革を企図する革新性をも持っていた。

ホーフスタッターはまた「(ポピュリズムは)アメリカの政治風土に特有の現象である」とも述べながら、彼らが「改革の時代」をつくっていった経緯についても説明した。彼は、アメリカに特有の政治風土について詳しく述べていないが、トクヴィルの『アメリカのデモクラシー』(一八三五～四〇年)を参考にまとめてみると、次のようなことを指すのではないか。つまり「熱狂的でほとんど野蛮な霊的熱狂(スピリチュアリズム)」と「ありふれた宗教的狂気」という特徴がアメリカの政治風土には必ず入っている。いずれも物質的な幸福追求への反動の意味もあった。一般にアメリカは物質的な豊かさのみを追求している(物質主義)ように思われるが、常にそれに対する宗教的な反動の動きがあって、それが人々の宗教運動となって現象化してきた構造の歴史を持つ。

以上からいえることは、アメリカの大衆運動は必ず「大覚醒運動」とリンクさせながら考える必要があること。第三の大覚醒が起きた一九世紀末にポピュリズムが生まれた。このあとに(一九一〇年代に第二期の)ＫＫＫ(Ku Klux Klan：白人至上主義団体)の復活が起きるが、社会主義的な運動の中でポピュリズムの特徴の一つである排外主義・土着主義(nativism)が強まり、その一つの現象がＫＫＫの運動であった。自分たち(白人)の利益だけを守ろうとする激しい排外・土着主義(nativism)が社会現象化したのである。

こうしたポピュリズム、大衆運動の流れで、戦後、言葉は語らないがアメリカを動かしている人々＝「サイレント・マジョリティ」という考え方が出てくる。ニクソンはサイレント・マジョリティが誰を指しているかは明示しなかったが、ポピュリズム的な動きを指していたのだろうと思われる。

ニクソン失脚後の一九七〇年代末になると、こうした漠然とした大衆の動きが「ニュー・ライト」（宗教右派、クリスチャン・ライト）と命名されて明確になった。これもポピュリズム運動の一つだ。

二〇〇九年ごろからはティーパーティー（Tea Party）運動が始まった。ティーパーティー運動は、リバタリアニズムと宗教右派であるニュー・ライトの複合物である。それが、今日のトランプ現象につながる動き、すなわちトランプを応援する共和党支持者の八割といわれる巨大なグループの人たちにつながっていく。トランプを応援する労働者（トランピスト）は、みなこの流れの延長線上にある人々だ。こうした民衆運動という「下部構造」の上に、知識人たちが乗って、相互作用を起こしながら動いていく。これが今日のアメリカ保守思想運動の構造である。

疎外された下層中産階級

前述したような大衆、当時は「サイレント・マジョリティ」と呼ばれた人々について分析したのが社会学者ドナルド・ウォレン（Donald I. Warren［一九三五～九七］）であった。彼はその内容を*The Radical Center: The Middle Americans and the Politics of Alienation*（一九七六年）という著書にまとめた。彼の主張のポイントは、右でもない左でもない、疎外された下層中産階級である「ラディカル・センター」がアメリカを動かしてきたということであった。疎外された下層中産階級に「メディケア（高齢者向け公的医療保険制度）についてどう思うか？」と聞けば、「必要だからやってくれ」と答える。「自分たちの生活を守ってほしい」と言う一方で、「福祉政治は必要だが、大きな政府はいやだ」と矛盾した主張をする。こうした人々がトランプを応援している。

彼らはなぜこのような矛盾したことを主張するのか。彼らは、右の政治からも左の政治からも疎外された人々で、下層中産階級に属する人々だ。ウォレンは、七〇年代にニクソンが「サイレント・マジョリティ」と言ったとき、それが誰を指すのか明らかにするために、包括的な調査を行って分析した。

この本の冒頭は、この調査に加わった学生たちの手紙から始まる。「自分は初めてこのような人々（疎外された労働者たち）に出会った。これまでなぜそれを知らなかったのか」と、この調査をする中で受けた衝撃を吐露している。

そこから見えてきたのが、彼らは政治的勢力として動員されておらず、力を持っていないとされながら、実は巨大な力を秘めていること、そして彼らは不当に無視されている、払った税金に見合う見返りを得ていないという強烈な怒りを抱いていることだった。ウォレンはそんな人々をMiddle American Radicals（ＭＡＲｓ）と名付け、彼らこそがアメリカ政治を揺さぶる「ラディカル・センター」だと見たのであった。

この本は長い間忘れられていた。しかしトランプが登場した二〇一五－二〇一六年ごろに何人かの知識人によって再発見されて、アメリカ社会で議論の発火点となった。ウォレンが描くような人々の中から大衆運動が起きている。

アメリカの思想運動は、このような人たちを動員することによって政治を動かす。保守主義思想運動（conservative intellectual movement）が彼らの思いを言葉化し、リードしていった。その一方で、保守主義思想運動は、彼らとつかず離れずの関係で、ときには彼らを冷徹に見捨てたり、切り捨てたりもする。

そもそもアメリカの保守主義思想運動は、その最初からそうした大衆運動に悩まされた。まずはマッカーシズムであった。戦後保守思想運動の立役者バックリーはマッカーシズムを支援したが、失敗に終わった。その後「反共は正しいとしても、マッカーシズムのようなやり方は行き過ぎではないか」と考えるようになった。

こうした反省からバックリーは、ジョン・バーチ協会、KKKをはじめとする白人至上主義、反ユダヤ主義、オルタナ右翼などを排除し、切り捨てていった。こうした動きといっしょにされると、保守主義運動が世の中から尊敬される運動ではなくなってしまうのではないかと危機感を感じたからだった。

いまやそうした分離プロセスが終わり、下部構造が知識人運動を飲み込みかねない。上部には思想運動があり、下には大衆運動がある。それらの基層には、大覚醒運動を起こしたプロテスタンティズムの流れがある。この二つの流れをつなぐ不思議な知識人たちが、このトランプ現象の中でよみがえってきた。オルタナ右翼は、こうした人たちの中から引っ張り出されてきた反近代主義的な知識人グループである。

ネオコンの終焉

簡単に言うと、冷戦末期以来ネオコンがずっと思想運動を牛耳ってきた。一時世界を席巻するような勢いを持っていた共産主義陣営が、レーガンの登場で自由主義陣営に巻き返されたが、そうした巻き返しをリードしてきた知恵袋がネオコンであった。しかし冷戦以降、対外関与政策などを主要争点として、ネオコンと伝統主義・リバタリアンとの間で対立が激化した。

それまでネオコン優勢の下、ラッセル・カークのような伝統主義者たちは、極めて孤独な思いを味わってきた。ラッセル・カークは、冷戦終了前後に保守系のヘリテージ財団に呼ばれていろいろな講演をしているが、圧巻は一九八八年の大ネオコン批判だった。

「アメリカ保守主義の主敵はマルクス主義者でも、民主党の社会主義的リベラルでもなく、保守主義運動を内部から破壊し、自分たちの身勝手な目的のために利用してきたネオコンだった」。

「(ネオコンは)画一化された退屈な標準化された世界をもたらそうとしている。アメリカナイズされ、産業化し、民主化し、論理化された、飽き飽きするような世界だ」。

文化の多様性を重んじる伝統的保守主義者にとっては、ネオコンに任せておいたら、民主化・産業化・論理化によって世界は標準化されてしまい、飽き飽きするような世界になってしまう。要するに、モダニストとしてのネオコンを批判したのである。

ネオコンが追求している、その行き着く先は、「普遍的同質国家」(universal homogeneous state：コジェーヴ)だ。また言葉を変えれば、「歴史の終わり」の問題でもある。ラッセル・カークは、そのような状態をつくるなと警告した。

冷戦終結によって西側思想が支配的になった直後の一九九一－一九九二年当時、アメリカ大統領選共和党予備選へのブキャナン候補の出馬は、象徴的な出来事であった。このときブキャナンは誰と戦ったのか。『ウォール・ストリート・ジャーナル』紙の論説委員長を務めたロバート・バートリー

(Robert Bartley)は、「ブキャナンはブッシュ大統領と戦ったのではなく、アーヴィング・クリストルに立ち向かったのだ」と述べた。つまりブキャナンはネオコンと戦ったのだ、という意味だ。

「アメリカよ、もう故郷に帰ろう!」「なぜ、エリートたちに牛耳られた政治によって、われわれの息子たちが世界の戦場に出ていって犠牲にならなければならないのか。日米同盟をやめよ。NATOはもういらない」とブキャナンは訴えた。しかし当時ネオコンの力は依然として強かったので、一九九〇年代に繰り返されたブキャナンの挑戦は及ばなかった。

ちなみに二〇〇〇年大統領選挙のときに改革党の予備選挙でブキャナンと競っていたのが、他ならぬトランプであった。このときトランプはブキャナンから多くのことを学んだと思われる。

ネオコンへの挑戦はその後も続いた。アーヴィング・クリストルがネオコンの雑誌*Weekly Standard*(一九五五年発刊)二〇〇三年八月二五日号に、「ネオコンの信条(The Neoconservative Persuasion)」というタイトルのエッセーを書いた。九・一一を受けてアメリカがアフガニスタン、イラクへと次々に侵攻した後である。

「(ネオコンは)現代の民主政治にふさわしいかたちにアメリカの保守主義を変革した。アメリカにしかない保守主義をつくった」「ラッセル・カークの王党派的郷愁には知的教導を求めない」と主張して、ネオコンが勝利したことを高々と宣言した。しかしネオコン主導の対テロ戦争は思ったように進まず、ネオコンの頂点は崩壊の始まりでもあった。

ネオコンは、一九七〇年代からつい最近までアメリカの保守主義運動のみならず、思想界を大きく動かしてきた。世界的に見れば、「大変貌」(sea change)がもたらした思想現象であった。つまり、ネオコンの隆盛は欧州からアメリカへの知の移動の産物に他ならない。

経済格差の拡大と中間層の凋落

(1)民主党の変容と経済格差の進行

このようにして二〇世紀後半のアメリカを思想的に主導したネオコンは最終的に挫折していった。なぜそうなったのか。九・一一、アフガン・イラク戦争、リーマン危機、これらが二一世紀初頭に集中して起きたことが、ネオコンの隆盛に大きな衝撃を与えたことは確かであった。それは偶然でもあるし、必然でもあった。その背景では、すでに一九七〇年代からアメリカ社会で「構造的な変化」が進行しており、そうした変化に対し二一世紀初頭の一連の出来事が爆発的な衝撃を与えたことがある。

オバマ政権は、そのすさまじい衝撃の中で「何とか(社会を)変えてくれ」という切実な庶民の叫びを受け止めて、「Change!」「Yes, we can!」と訴えて誕生した。この点でいえば、オバマ政権誕生はトランプ政権誕生と同じ社会的背景で起きた。同じ庶民の声に応えようとしたのだったが、応えようとする方向性や方法が違っていた。しかし、背景となった現象は同じものであった。

まず重要なのは、人々がどのような経済的状況に置かれていたかということである。経済構造の大変化が起きる中で中間層の実質所得は、特に学歴の低い層は一九七〇年代から下がりっぱなしであった。人種間の経済格差は解消されていない。オバマ大統領も、公民権法五〇年記念の演説(二〇一四年)で述べたように、「われわれは法的に平等になったかもしれない。しかし経済的格差で見ると、一九六四年から相当拡大してしまった」。なぜなのか。

図1 — 上位10%の所得占有率

この110年の所得格差の変化

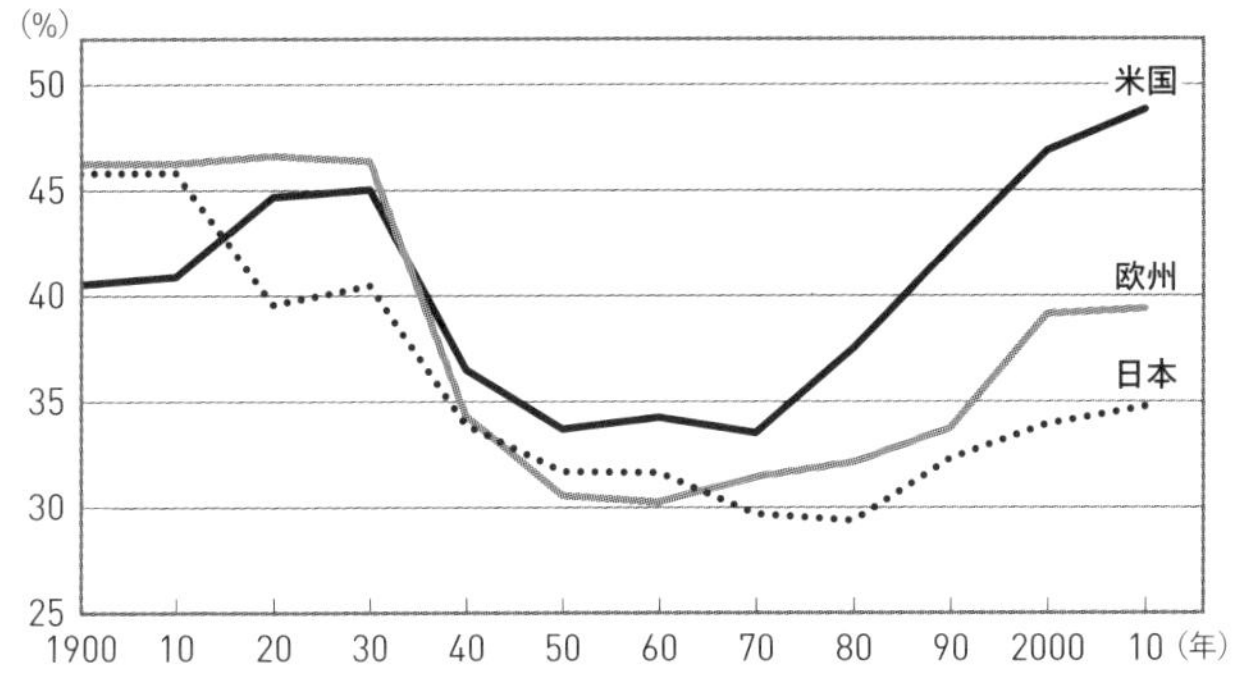

（出所）トマ・ピケティ氏による

（黒人初の大統領誕生として）オバマが登場したことで、多くの人々はこれによって人種間対立を実質的に乗り越えていけると期待して拍手喝采した。ところが世論調査はオバマ政権誕生後に人種関係がむしろ悪化したことを物語っている。オバマが登場したことで、むしろ反動が起きてしまったのだ。

その背景には民主党の変容があった。アイデンティティ・ポリティックスの問題である。七〇年代後半から産業の「構造的な変化」が始まったが、八〇年代に入ると共和党はレーガン革命を起こして政権を獲得し、一方、民主党は路線転換を行った。民主党といえば、かつては労働組合をバックにしたブルーカラー労働者、マイノリティ、南部保守層などの政党（「ニューディール連合」という）であった。ところがそうしたニューディール連合は維持困難となり、産業政党化（industrial party）していく（民主党指導者評議会DLC路線→民主党の中道化）。背景には、産業構造転換による労働組合の衰退、共和党によるブルーカラーの取り込みなどがあった。クリントンやゴアは民主党改革派の代表的人物であった。若手の主導で八〇年代から民主党の大改革が進められ、その路線で動いていったのが、九〇年代の民主党であった。つまり表向きは労働者政党を標榜しつつも、その戦略は経済ではなくアイデンティティ・ポリティックスであり、外交ではネオコン路線に押され、経済はネオリベラル路線という民主党に変貌したのであった。その行き着いた先がリーマン危機であった。そのような民主党内から新たに起きてきたのが、サンダースに象徴される党内左派と社会主義者の台頭であった。

（2）変化する社会主義への意識

二〇一六年、大統領選挙を前にポピュリズムが大きく勃興した。右からはトランプが出て、左からはサンダースが出てきた。そこには経済的問題が横たわっていた。それを的確に示す二つの文書がある。すなわち、『二〇一五年合衆国の所得と貧困』（Income and Poverty in the United States: 2015、国勢調査局二〇一五年九月）と公共宗教調査研究所の世論調査報告（Anxiety, Nostalgia and Mistrust）である。

前者の報告書によると、リーマン危機（二〇〇八年）以来、労働者の実質所得の中央値（物価上昇を除く実質ベース）が下がりっぱなしだった。また貧困率は上昇傾向を示し、貧困者数は四六七〇万人（二〇一四年）に及んだ。失業率は下がったとはいえ、高卒六％、高卒未満九％、修士二・八％で、学歴による格差は歴然だ。ところが株価はこの間三倍に上がった。こうした経済指標は普通の庶民の目にどう映るだろうか。「自分たちは貧困に落ち込み苦しんでいるというのに、いったいどうなっているのか！」とでも言いたくなるだろう。

図2 ― 上位1%の保有率の推移

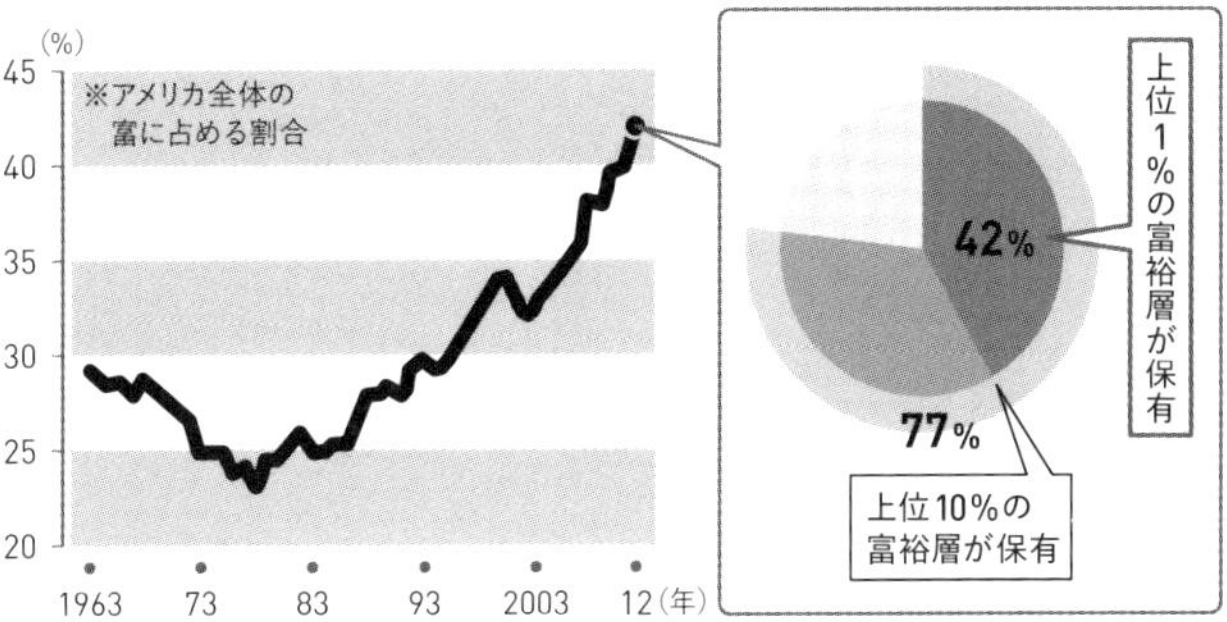

（出所）共同通信社

その心理状況を調査したのが、後者の報告書だ。その結果によると、支持政党を問わず、約九割の人が「政府は金持ちと大企業を優遇している」と回答した。事実かどうかは別にして、自分たちの生活が苦しくなった理由として、「企業が海外移転して雇用が流出したことが経済困窮の元凶だ」と八六%の人が回答した。「政府は少数派や移民の利益ばかり重視してわれわれのことを考えてくれない」と回答した人が、共和党支持者で六一%、民主党支持者で三二%だった。特に「ヒスパニックの利益重視」という回答が、共和党支持者七三%、民主党支持者四一%という結果だった。

これが二〇一六年のトランプ現象（ポピュリズム）が起きるころの、大衆の経済状況と心理状況であった。こういう状況をもたらした背景には、過去一世紀間の所得構造の変化があった。典型的な指標として、上位一〇%の人がどれだけ所得を占有しているかを見ると、先進諸国の多くがかつての残酷な資本主義の時代に戻ってしまったということであった。皮肉なことに、最も経済格差が小さかったのは第二次世界大戦の時代だった。戦後の産業構造の大きな変化によって、いまや製造業の時代ではなくなり、その産業構造転換の環境の中で中産階級が喘いでいるのが先進諸国である。

近年アメリカでは、社会主義に対する若者層の意識変化がある。二〇一一年一二月に調査機関「ピュー・リサーチ・センター」が公表した世論調査によると、一八〜二九歳の若者の資本主義および社会主義に対する見方は次のとおりであった。

〈資本主義をどう見るか？〉

否定的：四七％、肯定的：四六％

〈社会主義をどう見るか？〉

肯定的：四九％、否定的：四三％

また「共産主義犠牲者追悼財団」の年次報告書（二〇一八年一〇月）によると、ミレニアル世代（一九八〇年代〜九〇年代半ば生まれ）の四六％が社会主義国で暮らしたいと回答し、資本主義国で暮らしたいという四〇％を上回った。

ただ、ものごころついた頃には冷戦が終わっていた彼らは社会主義ソ連が存在した時代を知らない。彼らの描く社会主義像は、北欧の福祉国家や西欧の社会民主主義政党の政治である。

若者たちがそうした社会主義を求める動機は、アメリカン・ドリームの崩壊だ。これは二一世紀に入ってからのリーマン危機だけが原因ではなく、この半世紀近くにわたり進行してきた社会変化の結果である。一九四〇－五〇年代生まれのアメリカ市民の場合、八－九割以上が親の所得水準を超えることができたが、八〇年代生まれではそれが五割程度まで落ち込んだ。

また白人の死亡率増加の問題は近年よく聞くところであるが、その内訳を見るとアメリカで自殺者が増えている。米国史上例のないことである。低学歴層では若い世代でも自殺者が増えている。

アメリカの中産階級男性の所得は、グローバリゼーションが始まって以降、実質的に全然上がっていないと言ってよい。先進国のトップクラスは所得をかなり増やしているのだが、それ以外では中国や東南アジアなど新興国では中産階級が所得を増やしたものの、先進国の中産階級の所得は全然増えていない。ここを国際的にどうやって平準化するか。そのためには所得上位者やグローバル企業が租税回避地へと逃している所得への課税などが大きなテーマになってくるのは避けられない。

いまやアメリカの資産格差は、二〇世紀初頭の強欲資本主義の当時と同じレベルに達し、上位一〇%が富の八割を独占している。その中で、さらに高い学費の返済に苦しむ若者たちは、新規巻き返し、すなわちニューディールを求めているように見える。


（二〇一九年三月二〇日の講演内容を整理して掲載。初出『世界平和研究』二二二号、二〇一九年）

第5章 トランプ政権の外交思想を考える

「第二次トランプ政権構想」が始まっている

第二次トランプ政権が誕生した場合、どのような政策が繰り広げられるのか。すでに戦々恐々の予想や議論が始まっている。第二次トランプ政権の構想づくりの中心となっているのは保守系シンクタンク、ヘリテージ財団で、その下に約八〇に上る保守系団体が結集してつくる組織「プロジェクト２０２５」が約九〇〇頁に及ぶ政策提言書『指導者らへの委任書』を二〇二四年四月に発表。政権交代で恒例の政治任用に充てる四〇〇〇人の候補名簿も整えるのに加え、さらに交代させる五万人のヘッドハンティングも進めていると報じられる。異例の大規模な人事で、大統領への権力集中を図るのだという。

まさかの当選で人事構想の準備のないままスタートした第一次トランプ政権（二〇一七－二〇二一年）とは違い、今度は準備万端で臨む構えだ。前回はトランプが共和党を乗っ取ったのにもかかわらず、党主流派が主導権をとって閣僚らの多くを充てるかたちだった。そのため政権発足後まもなくからトランプが次々と閣僚らの首を切り、ワンマン体制をつくり出すような展開となった。

本稿は第一次政権発足から二年余りの間の動きについて、年ごとに日本国際問題研究所の報告書に寄稿したものから抜粋・再構成した。第二次トランプ政権となった場合に一定の参考になろう。

現実主義とポピュリズムのせめぎ合い

過去のどの新政権についても言えることだが、大統領選挙期間中は選挙運動のレトリックとして強気の政策が分かりやすく提示されるが、実際に政権が始まるとそれらは往々にして引っ込められたり、妥当な政策に修正されて実行されたりする。つまり、選挙モード（campaign mode）から統治モード（governing mode）へ移行する。二大政党のいずれかを問わず、近年の大統領選では多かれ少なかれ、ポピュリスト的な選挙戦が展開され、選挙に勝利して政権運営に移行していけば、安定的な事案処理が優先されて現実主義的な政治が進んできた。つまり、ポピュリスト・モード（populist mode）から現実主義モード（realist mode）に移るということになる。

二〇一七年に発足したトランプ政権も当初は、この一般的なパターンを踏襲した。選挙で大衆煽動ないし迎合を目的になされた公約は、米国自体への実害が限定されアナウンス効果の高いものは実行されているが、国内外の政治経済や秩序を破壊的に揺さぶるものは実行を避けたり、アナウンス効果だけを巧妙に狙って、実行には慎重な姿勢だったりした。前者の典型例は環太平洋経済連携協定（TPP）離脱であろう。当時TPPは署名されただけで発効していなかったから実施段階にはなく、離脱しても実際に米企業に直接的被害が生じたわけではない。将来期待された効果（あるいは弊害）がなくなっただけといえる。トランプ政権のポピュリスト的公約の実現にはそうしたものも多い。政治ニュースサイト「ポリティファクト」によれば、政権発足から一年以上たった時点での選挙中の公約実現率（妥協したものも含め）は一六％となっていた。[1] またアメリカの三権分立や連邦制度が、急激な変化を抑え込む役割を果たしている側面もうかがえた。

　総合してみると、一年目には騒がれていたほどにトランプ政権がアメリカを劇的に変貌させてしまったわけでもない。レトリックと実際の間にギャップがある。ただ、実際の変化は別にして、認識や思考の変化が（時には実体の変化より）長期的に大きな、重要な意味を持つのが政治や国際関係であり、そこに（外交）思想の検討の必要性が出てくる。

　一方、政権一年目は統治モードの現実主義へ向かう傾向を示したが、二〇一八年三月前半にゲーリー・コーン国家経済会議（NEC）委員長が辞意を表明、レックス・ティラーソン国務長官、ハーバート・マクマスター大統領補佐官（国家安全保障担当）の解任で、現実主義を動かしてきた中心人物が去り、政権は再び中間選挙に向けた選挙モードのポピュリズム色を強め、通商政策や対北朝鮮政策などで大きな変動を見せる様相が出た。政権はこうした二極の振り子運動を続ける様相が見えた。

　この政権の場合、公約実現が遅れているもう一つの背景があった。選挙期間中に保守系も含めて主要なメディアやシンクタンク、アカデミアなど政権に必要な人材を提供するプールとなっている各組織と激しく対立した経緯があり、また既存の政府機構を意図的に無視しようとする衝動も一時は働き、省庁の幹部ポストのかなりが埋まらなかった。特に外交の要である国務省は大幅な人員削減が見込まれ、新政権に反発するキャリアー職員の退職も相次いだ。[2]

そうした中で確保された閣僚級人材は、選挙中からの支援者だった少数(セッションズ司法長官ら)をのぞくと、異例な大統領の能力(欠如)・性格を承知で、アメリカ国家や経済、ないしは共和党や従来からの保守派のために何事かを成し遂げようとする意識の高い人物が急きょ掻き集められた気配がうかがえた。ウォール・ストリートから招かれたコーンＮＥＣ委員長、スティーヴン・ムニューチン財務長官、エネルギー業界出身のティラーソン国務長官、ペンタゴン(国防総省)制服組のジョン・ケリー大統領首席補佐官、ハーバート・マクマスター大統領補佐官(国家安全保障担当)、ジェームズ・マティス国防長官といった布陣は、共和党主流派の大統領が選んでもおかしくない重厚な顔触れだった。

これら現実主義的な大統領府高官・閣僚たちとトランプ大統領の間には激しい確執が起きて、政権発足一年でコーン、ティラーソン、マクマスターの辞任・解任に至ったのは前述のとおりだ。選挙モード(ポピュリスト・モード)で力を振るい、そのまま政権になだれ込んで政権発足直後に大きな影響力を持ったグループの方も政権発足後半年余りで政権を去ったり、格下げの処遇を受けたりした。典型例として意味が大きかったのはスティーブン・バノン首席戦略官の失脚(二〇一七年八月)だった。こうしたポピュリストたちの失脚で、現実主義が隆盛になったと見られたが、ティラーソンが解任された後任にナショナリストの傾向が強いマイク・ポンペオ中央情報局(ＣＩＡ)長官を指名するなどの人事で、ポピュリスト的な選挙モードへの転換が見られた。

ネオコン論客のひとりエリオット・エイブラムスは、こうした流れを捉えてトランプ政権の外交は大統領のレトリックとは違って、ほとんど伝統的な方向を向いており、今後もますますその方向に向かうと二〇一七年夏の段階で予測した。同政権の外交は驚くほどに常識的(standard)だとまで言っていた（外交専門誌『フォーリン・アフェアーズ』掲載エッセー「伝統主義者トランプ」[3]）。

オバマに始まるトランプ外交

ただ、政治や外交（国際政治・安全保障）におけるレトリック、認識や思考の変化が持つ重要性がある。やはりネオコン系の論客で共和党政権の安全保障政策で要職を歴任したエリオット・コーエンは、国際関係におけるレトリックが及ぼす影響の大きさについて実例を交えながら説明している[4]（米誌『アトランティック』二〇一七年一〇月号）。

トランプ政権の対外政策について、大統領選中の公約をこっそりと変えたり、棚上げしたりして「言葉の割には、やっていることはたいしたことはない」とコーエンも認める。しかし「外交は言葉であり、トランプの言葉の多くは多大な害を及ぼしている」と批判する。特に、これまでの大統領には例のなかった恒常的なツイッター（当時）発信は、まさに「ティーンエイジャーの大言壮語」で、大統領としてのトランプが自身の「怒り、不安、妄想」をさらけ出し、まともな世界観もない状態を見せつけている。そのことによって、トランプ自身は超大国アメリカの大統領としての国際政治における「指導力と道義的に優位な立場（moral high ground）」を放棄したと見られている。各国指導者はトランプの言うことを「真に受けない」か「危険とみなす」か、いずれかの対応をとっている。また、大統領の心理を読み、それを操作するのに利用している。

コーエンはこうした状態が、中国主導のアジア・インフラ投資銀行（ＡＩＩＢ）へのカナダの参加（二〇一七年三月）や日本・欧州連合（ＥＵ）経済連携協定の妥結（同一二月）を促したと見る。はずれてはいないだろう。ただしコーエンは、すでにトランプ政権発足以前、オバマ政権時代にアメリカ外交は「大きな問題」を抱え込み、たとえ有能で洗練された大統領がオバマ後に選ばれていても大弱りだったはずだと見ている。つまり、中国の興隆や敵対的ロシアの復権的動き、二〇〇八年金融危機後の先進諸国全体の信頼喪失の中で、オバマ政権がとった内向きの「縮減政策(retrenchment)」と、対シリア政策での失態などがすでにアメリカの国際的威信を傷つけ、指導力喪失が始まっていたところにトランプ大統領の登場で事態が悪化しているという構図だ。コーエンの見方では、オバマもトランプも実質は同じで、程度の差の問題ということになる。オバマ政権の内向き政策はその前のG・W・ブッシュ(子)政権で用意されたと見る。全体としては、むしろ、背景で起きている(アメリカ国内問題も含めた)世界の構造変化の方が重要だという主張だ。

3つの思想傾向

トランプ政権の特質をさらにさかのぼって考えるとすれば、冷戦終結直後の外交方針をめぐる論争、なかでも一九九二年大統領選の共和党候補争いに出馬し善戦した保守派論客パトリック・ブキャナンの「アメリカ・ファースト(米国第一)」をスローガンとして孤立主義回帰を訴えた選挙戦までさかのぼることができる。ブキャナンとトランプの主張を並べて比較すると、まったく相似なのに驚かされる。[5] ブキャナンが巻き起こしたポピュリズムによって問いかけられた問題が伏流となって時代の底を流れていたのを、トランプ(ないしはその選挙戦を最終的に取り仕切ったバノン)が掘り起こしたと考えるべきだ。とすれば、今日「ポピュリスト・ナショナリズム」(「トランピズム」あるいは「バノニズム」という言葉も使われる）と呼んでいる潮流ないし一種の思想傾向（impulse）はかなり根深く、バノンらが政権を離脱したからといって消えることはなく、政権内の奥底あるいはトランプの内面に居座り続けると見た方がいい。

ペンタゴン系・ウォール街系の実践的な現実主義と上記の「ポピュリスト・ナショナリズム」のほかに、もう一つ注目すべき動きは、保守系知識社会内部の論争に関するものだ。選挙戦中のトランプ陣営に対しては、共和党歴代政権の外交を支えてきた知識人集団が早くから批判を繰り広げ、公開書簡などで政権を批判、参加を拒む姿勢を示してきた[6]。主として理論的に現実主義外交を唱えるリアリスト系とネオコン系が大半である。その一方で、一部が注目したのは、トランプ候補を支持する知識人らの出現だ。戦後アメリカ保守思想潮流におけるシュトラウス派の内紛ともかかわって起きた事象で、一部のシュトラウス派知識人を軸とした知識人一二五人は二〇一六年秋の大統領選挙本選挙中にトランプ支持の声明を連名で発表した[7]。こうした流れの中で、一部シュトラウス派が政権入りし、トランプ時代の新しい政策理論構築を目指す論壇誌『アメリカン・アフェアーズ（*American Affairs*）』も創刊された（二〇一七年二月）。

以上から、トランプ政権の対外関係についての認識や思考には、少なくとも三つの思想潮流ないし衝動が政権発足前後に流れ込んでいると仮説することができる。すなわち、①安全保障や国際経済のエスタブリッシュメントを軸とした実践的な現実主義（realism）の思考、②バノンらが大統領選を通じ煽動したポピュリスト・ナショナリズムの衝動に制約される思考、③一部のシュトラウス派知識人がイデオローグとなって政権内外から加える思想的誘導――である。本稿執筆時点では軍人や実業界出身の閣僚らが牽引する実践的な現実主義が優位な状況が終わり、ポピュリスト・ナショナリズムへの回帰が始まっている。一時的に現実主義が優位になるのはノーマルな現象で、どの政権でもそうした道筋をたどるが、長期的には②や③が認識や思考のかたちを変容させ、実践的な現実主義の方がその変容に枠を嵌められて動くことになる可能性がある。また、③で指摘したようなイデオローグは、選挙モードでは明快なメッセージを発するうえで政治家に利用されるが、統治モードでは逆に邪魔とされ、政権を去る者が出てくるのが通例だ。ただ、政権の非常時などに俄然活発に動き出し、逆に政権を振り回す事態が生じる。G・W・ブッシュ政権における九・一一テロ後の政権内外のネオコン集団の専横が典型例である。

エスタブリッシュメントの実践的現実主義

したがって、エイブラムスのように現状での現実主義優位によるトランプ政権の外交の「常識化」を楽観せず、コーエンが観察するような長期的な変容も念頭に外交思想（対外観）を考察するなら、①〜③それぞれの内実に分け入る必要がある。その際に明確な世界観が欠如するトランプ大統領自身をどう見るかといえば、状況次第で三つの潮流のいずれかを受け入れる（あるいはそれらに利用される）、「媒体（vehicle）」に過ぎないと考えるのが妥当であろう。ただし、この媒体にはすでに選挙戦過程と冷戦後史を通じて②の「ポピュリスト・ナショナリズム」を受容しやすい素地ができあがっていると考えるべきだ。したがって機会主義者であるトランプは、ナショナリズムを利用するポピュリストが大衆動員をかけて政権外から圧力をかける事態が起きれば、簡単に靡いていく懸念は常にある。

①の閣僚やホワイトハウス高官によるエスタブリッシュメントの実践的現実主義は、政権の統治モードが進んで上述のバノンらポピュリストや選挙対策要員（ポリティコ）の勢いが退潮になるに従って、実際の政策のみならず、明確な思想表明となって現れだした。典型的な一例はティラーソン国務長官（当時）が就任後に国務省職員に対して行った基本方針演説だった[8]（二〇一七年五月三日）。長官はそこで「自由、人間の尊厳、人権」といった基本的価値観は実践外交を導く指針ではあるが「価値観と政策は別だ」と強調している。価値観は変わることはないが、政策は状況に応じて変えていく必要があるとも述べている。また「アメリカ・ファースト」の外交における実践とは、国家安全保障と経済的繁栄の追求であり、その要は同盟国や友好国との絆だという論理を展開している。ネオコンやリベラル（左派）タカ派の人権外交・民主化拡大路線を排除し、同盟重視による国益追求という「常識」路線だ。

こうした現実主義路線は、政権が統治モードを進めて行くに従って、実際の政策や政策表明に反映され出した。二〇一七年一二月に公表されたトランプ政権の『国家安全保障戦略（ＮＳＳ）』も「アメリカ・ファースト」を看板に掲げながら、ただちに冒頭で「アメリカ・ファーストの国家安全保障戦略」とは「原則に貫かれた現実主義（principled realism）による戦略であり、イデオロギーでなく結果（重視）を指針とする」と定義し、「アメリカ・ファースト」というポピュリスト的スローガンを現実主義で換骨奪胎している。実際に中身も中国・ロシアに対し厳しい対決姿勢を示し、「力による平和」を掲げ、同盟国を重視する「常識」に立ち戻った内容だ。他方で後述するように、「主権（sovereignty）」の保護・強化といった表現が五五ページに及ぶ本文中に繰り返し現れ、また自由貿易（free trade）という言葉は二度しか使われていないのに対し、公正貿易（fair trade）ないし不公正貿易（unfair trade）は八カ所も登場するなど、ポピュリズムの影響の痕もレトリックに残った。[9]

ポピュリスト・ナショナリズムの世界観

首席戦略官を務めていたバノンが体現し、ＴＰＰ離脱など政権発足直後の矢継ぎ早の大統領令発布などにドライブをかけたポピュリスト・ナショナリズムの思想傾向ないし衝動は、どのように考えたらいいのか。トランプ政権の統治モードへの移行による現実主義の優位と、それに伴う選挙モードのポピュリズム後退はバノンの政権離脱からトランプとの決定的決別という事態にまで至って、一見、現実主義路線が盤石になったかに見えた。エリオット・エイブラムスはすでに二〇一七年夏時点で、トランプは伝統的な現実主義外交に戻ったとみなしたが、エリオット・コーエンは時間軸を長くとって、アメリカの対外関係にはもっと本質的な転換が起きており、トランプはツイッター（当時）発信をはじめさまざまなかたちでその転換を早めていると見た。

選挙モード（ポピュリスト・モード）は中間選挙、大統領選挙と今後繰り返される選挙の中で興隆する。そのときに興隆の重要な要件となるのは、二〇一六年の大統領選のときと同様に国民の置かれている経済的状況だ。これは、産業構造転換とグローバリゼーションによって根源的な問題に直面しており、保護主義政策や一時的財政出動による弥縫策では本質的な解決は望めない。

ポピュリスト・ナショナリズムの対外観が持つ傾向をバノンの思考（バノニズム）を腑分けして考えてみる。まず、大きな特徴として経済グローバリゼーションがアメリカの下位中間層の苦境（失業や低賃金）の背景であるという確信のもと、経済ナショナリズムを前面に出す傾向がある。レトリック上はグローバリゼーションに対置し、（国家）主権（sovereignty）の回復が強調される。これがTPP離脱、北米自由貿易協定（NAFTA）見直しや世界貿易機関（WTO）脱退可能性の示唆などとなって表出し、アメリカの指導力に対する信頼性欠如や制度の揺らぎをもたらした。

さらにバノンは現代の資本主義社会がユダヤ・キリスト教の倫理基盤から乖離したという危機意識を表明している。これはティーパーティー運動の中に組み込まれている宗教右派との連携の中でとられている政治的ポジションでもある。また、グローバリゼーションに反発する一方で、中国・ロシアに典型的に見られる国家資本主義（state capitalism）に対する強い嫌悪も示す。国家資本主義は縁故資本主義化しやすく、富の偏在を生じさせる点を批判している。特に中国に対する反感を強く出す傾向がある。また、明らかに「文明の衝突」観を持ち、「イスラム聖戦ファシズム」との全面戦争の可能性を考えている。ウィリアム・ストラウスほかの『フォース・ターニング』という本を読み、映画までつくって、その終末論と循環論が混交する歴史認識に感化されており、現代アメリカが破局の直前の混迷状態にあると認識している。[10]

こうしてポピュリスト・ナショナリズムを一定のかたちで言説化したバノニズムが、バノンとトランプの関係が決裂した後、新たなポピュリスト・ナショナリズムの再帰現象の中でどのような影響力を保持し続けるか、予想しがたい。ただ、二〇一六年大統領選を通じて台頭したポピュリスト・ナショナリズム（いわゆるオルタナ右翼も含まれる）に、強い影響を与えたのがバノンであることを考えると、上記のような思想傾向は伏流化して、ことあるごとに顕在化する恐れがある。また、トランプ自身や政権の思考の中に埋め込まれ、無意識のうちにレトリックの中に現れることも考えられる。バノン政権離脱からひと月たった二〇一七年九月一九日、トランプは国連総会演説で、ポピュリスト・ナショナリズムのキーワードとされる「(国家)主権(sovereignty)」を一〇回前後使って、その「保護」「支持」などを訴えた。[11] 現実主義のキーワードが「国益(national interest)」だとすれば、「主権」はポピュリスト・ナショナリズムと、次に概観するトランプ政権支持の一部のシュトラウス派知識人にとってのキーワードでもある。

シュトラウス派と『アメリカン・アフェアーズ』

二〇一六年二月、米大統領選挙の二大政党による候補者選び(予備選挙)が始まった段階で、トランプ候補は大部分の共和党エリートから忌避されていた。なかでもネオコン知識人グループとの対立は激しかった。そんな中で、『ジャーナル・オブ・アメリカン・グレイトネス(略称ＪＡＧ)』というタイトルのオンライン論壇誌が現れ、数人の論客がラテン語のペンネームで一二五編に及ぶ論評を掲載し同年六月には忽然とサイトが消えた。論調は、トランプの主張を概ね支持するものだった。そのＪＡＧの主張は、はじめは保守論壇に、やがてさらに広く波紋を広げていった。

ＪＡＧは、翌二〇一七年二月、トランプ時代の新たな政治思想形成を標榜して創刊された季刊論壇誌『アメリカン・アフェアーズ』の前身であった。同誌を創刊し編集長となったのはハーバード大で政治哲学を学んだ、当時三一歳のジュリアス・クレイン(一九八六〜)だ。ＪＡＧを主宰したのもクレインだった。ＪＡＧでクレインとともに最も活発な論陣を張ったのは本稿執筆時、トランプ政権の国家安全保障会議（ＮＳＣ）で戦略コミュニケーション担当の大統領副補佐官を務めるマイケル・アントン（一九六九〜）である。アントンは西海岸におけるシュトラウス派の牙城とされるクレアモント・マッケナ大学大学院で学んでいる。シュトラウス派とは亡命ユダヤ人政治哲学者レオ・シュトラウス（一八九九－一九七三）の系譜にある知識人集団で、ネオコンの中核にもなったりして、現実政治にかかわる者も多い。うちネオコンと対峙した「西海岸派」と呼ばれるグループが、トランプ陣営に付き、支援する動きが見られた。詳細は拙著『破綻するアメリカ』（二〇一七年）に譲るが、ネオコンのシュトラウス派と西海岸派の対立はアメリカの「近代性」をめぐる評価の違いだとされる。また、西海岸派はエイブラハム・リンカーンやアメリカ建国期に関する独特の思索を行ったシュトラウス派学者ハリー・ジャッファ（一九一八〜二〇一五）の影響で、独特のアメリカ・ナショナリズムを形成していった。

クレインやアントンの対外関係観の一端はオンライン論壇誌ＪＡＧの「創刊の辞（Our Mission Statement）」に示されている（二〇一六年二月）。ＪＡＧは①世界経済フォーラム（ダボス会議）など経済グローバル化を推進する組織に反対、②外交・安保における民主主義拡大や人道介入は「アメリカの国益に反する」ので明確に否定、③多国籍企業の「寡頭支配」によって推進されているのがグローバリズムと多文化主義であり、その下でアメリカ市民は経済的困窮に置かれ、自由の束縛も受けていると認識——その結果、①経済ナショナリズム、②国境管理、③「アメリカ・ファースト」外交、を求めていくと宣言した。[12]

ＪＡＧではラテン語名を使い論陣を張ったクレインらは、その一年後に本格的論壇季刊誌『アメリカン・アフェアーズ』を創刊した。第一号（二〇一七年春号）の創刊の辞と第二号（同年夏号）の「政策宣言（Our Policy Agenda）」ではあらためて、これまでの保守リベラルの思想枠はもう用をなさないので、思想の組み替えを行うと主張、アメリカ保守主義の中核をなしてきた「小さな政府・規制緩和・自由貿易」のネオリベラル政策を全面否定した。戦後保守主義の大転換ともいえる宣言だ。『アメリカン・アフェアーズ』のもとに集まる知識人たちが、政権内に入り込んだアントンらと連携し、果たして新しい共和党の保守主義を形成できるか、今後とも注視する必要がある[13]（注：アントンは二〇一八年四月にトランプ政権を去ったが、トランプ第二次政権の政策策定グループに入っている）。

『ウィークリー・スタンダード』廃刊とネオコンの凋落

二〇一八年末にはさらにトランプ時代の外交思潮の変化を象徴するような出来事が起きた。一九九〇年代半ば以来、アメリカの保守派の論調をリードしてきたオピニオン誌『ウィークリー・スタンダード』が同年一二月半ば、廃刊に追い込まれたことだ。ネオコンの代表的論客ウィリアム・クリストルらが一九九五年に創刊して以来、ネオコン路線の牽引車となり、二〇〇一年の九・一一テロ後の対イラク開戦を主導する論陣を張った。当時は保守論壇全体のリーダー役だった。

二〇一六年大統領選でクリストルを中心とするネオコン主流派は「反トランプ路線」を牽引した。人権と民主主義拡大のために対外軍事介入もいとわないネオコンと、「アメリカ第一主義」で対外非介入を原則とするトランプ路線が水と油なのは歴然だ。

一六年大統領選中はまだ保守主流派メディアはネオコン路線だったが、政権が誕生すると多くはさっさとトランプ路線へと寝返っていった。その中で『ウィークリー・スタンダード』は反トランプの気骨を見せ続けた。しかし、同誌を保守系メディア王ルパート・マードックから一〇年前に買い取ったコロラド州のメディア企業が、販売部数低下を理由に廃刊を決めた。代わって、親トランプの論陣で勢いを増す傘下の新興週刊紙『ワシントン・エグザミナー』に資金を回すことになった[14]。

『ウィークリー・スタンダード』の廃刊は、保守派内部で進行するメディアの影響力の再編を示す典型的事例だ。一九六〇年代末から始まったネオコンの興隆が半世紀以上を経て衰退の兆しを見せている。ネオコン系論壇誌などに代わって影響力を持ち始めたのは、トランプ派メディアだ。『ワシントン・エグザミナー』や『ブライトバート・ニュース』のような新興のメディアもあれば、『ニューヨーク・ポスト』紙のように旧来のメディアがトランプ色を強めているケースもある。本格的なネオコン系をのぞいて、従来の保守系紙誌の多くはトランプ派に転向したといってもよい。その思想傾向は、トランプのツイッター（当時）に象徴的に表れているような衝動的なポピュリスト・ナショナリズムである。その衝動の奥底を探ると、政権を去ったもののトランプ大統領と一定の連絡を保ちながら、国際的な右派ポピュリズムの連携を図ろうとしているスティーブン・バノンの思想的影響がうかがわれる。

繰り返し現れる「バノン」的存在

トランピズムやバノニズムと呼ばれるポピュリスト・ナショナリズムは、拙著『破綻するアメリカ』の第一章で示したような一九七〇年代から続く先進国経済・社会の構造的変化がもたらした状況が生んだ政治的現象で、アメリカ一国では解決しようもない。現実主義は当面の弥縫策を提供するだろうが、アメリカ経済に揺らぎが出るごとに、グローバリゼーションを忌避し「主権回復」を図ろうとする動きが登場するのは避けられそうにない。その状況に政治的表現を与えるバノンのような存在は繰り返し現れることになる。状況の思想的な整理と、それに基づく政策優先順位の提示が必要で、それを行うのがシュトラウス派知識人集団になるのか、もっと大きな知的枠組みがどこかで生まれるのか、見通せない。ただ、一九七〇年代以降を考えるとネオコンサーヴァティズムの台頭が示したように、シュトラウス派の影響の大きさを見逃すわけにはいかない。

指摘しておきたいのは、政権が公表する戦略文書（『国家安全保障戦略』など）と同じ程度に、変貌していく論壇での議論が重要であるということだ。政府文書は、政策継続性を狙う官僚組織とトランプ（とその側近）との思想闘争の傷跡を示すようなものである。法で決められているから出されるが、それが政策の方向性全体を示すと考えると誤る。アメリカの主要メディアがそうした報告書について特異な背景がない限り、おざなりな報道しかしないのは、理由がある。トランプ外交の思想性と行方を探るには、インターネット時代にますます輻輳する多様なメディアでの論争から、思想潮流をつかみ出すほかに道はない。

（平成二九・三〇年度『トランプ政権の対外政策と日米関係』日本国際問題研究所を加筆・改稿）

注

（1）"Tracking Trump's Campaign Promises," PolitiFact の Trump-O-Meter Scorecard参照。それによると二〇一八年二月二日時点で、守られて実施された公約(Promises Kept)は八・九%、妥協(Compromise)は五・九%と

なっている。<http://www.politifact.com/truth-o-meter/promises/trumpometer/> accessed on Feb. 2, 2018. 米紙『ワシントン・ポスト』の公開データベースTrump administration appointee trackerによると二〇一八年一月三一日現在で上院での承認を要する主要６３５ポストのうち承認済みは２４６、まだ任命さえ済んでいないポストが２３９ある。<https://www.washingtonpost.com/graphics/politics/trump-administration-appointee tracker/database/?utm_term=.d7359745db3a> accessed on Feb. 2, 2018.

(2) 当初、政権の最重要ポストであるホワイトハウスの首席戦略官となったスティーブン・バノンは「国家行政組織の脱構築(解体)」を公言していた。国務省の人員削減については注４のEliot A. Cohen記事参照。

(3) Elliott Abrams "Trump the Traditionalist: A Surprisingly Standard Foreign Policy," *Foreign Affairs*, vol. 79, no. 4 (Jul./Aug. 2017).

(4) Eliot A. Cohen "How Trump Is Ending the American Era," *The Atlantic*, October 2017 issue <https://www.theatlantic.com/magazine/archive/2017/10/is-trump-ending-the-american-era/537888/> accessed on Feb. 2, 2018.

(5) 会田弘継「右からの反乱に揺さぶられるアメリカ」『中央公論』第一〇七巻(一)(一九九二年一月)一二八―一四六頁。

(6) "Open Letter on Donald Trump from GOP National Security Leaders," War on the Rocks, March 2, 2016 <https:// warontherocks.com/2016/03/open-letter-on-donald-trump-from-gop-national-security-leaders/> accessed on February 2, 2018.

Eliot A. Cohenら一二二人が署名した。

(7) "Scholars and Writers for America," American Greatness, September 28, 2016. <https://amgreatness. com/2016/09/28/writes-scholars-for-trump/> accessed on Feb. 20, 2018. 西海岸シュトラウス派の重鎮であるClaremont McKenna CollegeのCharles Kesler教授ら一二五人がトランプ支持を表明した。

(8) Rex W. Tillerson, "Remarks to U.S. Department of State Employees," State Department, May 3, 2016 <https://www.state.gov/secretary/remarks/2017/05/270620.htm> accessed on Feb. 2, 2018

(9) The White House, National Security Strategy of The United States of America (Dec. 2017), p. 14 ; 会田弘継『破

綻するアメリカ』岩波現代全書、二〇一七年、二三－六三頁。

(10) Ibid., pp. 103 - 140.

(11) "The Remarks by President Trump to the 72nd Session of the United States General Assembly," The White House, Sep. 19, 2017.

(12) "Our Mission Statement," JAGRecovered. <http://jagrecovered.blogspot.jp/p/our-mission-statement. html> accessed on Feb. 2018.

ＪＡＧはネット上から消滅したが、愛読者らによってほとんどが回復されて読める。

(13) "Our Mission Statement," *American Affairs*, Vol. 1, No. 1 (Spring, 2017), pp. 3-6; "Our Policy Agenda," *American Affairs*, Vol. 1, No. 2 (Summer, 2017), pp. 3-8.

(14) "The Weekly Standard, Pugnacious to the End, Cease Publication" *The New York Times*, Dec. 14, 2018.

第6章 トランプ政権を取り囲む思想潮流

「レーガン主義」を全否定した国民保守主義の台頭

長引くアフガニスタン・イラクでの軍事行動、リーマン危機で噴出した格差問題をはじめとするアメリカ経済の諸矛盾を背景にしたトランプ政権の出現は、同じ背景から生まれたオバマ前政権以上にアメリカの変化を印象づけている。オバマ前政権はそれまでの民主党政権と一定の継続性のうえで改革を目指したのに対し、トランプ政権は二〇一六年以前の共和党保守政権と断絶するようにして出発していることが、急激な変化を感じさせる一因だ。その断絶は個々の政策の内容もさることながら、政権が国民に向けて見せるスタイルや、使うレトリックに強く表れている。それらがアメリカはこれまでと違う方向に向かっているという印象を国民と世界に与えている。その印象が自己実現を図るかのように、アメリカ社会全体も変わりだしている。

トランプ政権が出現する以前から、民衆レベルでは社会思想の変化が起きていた。その変化には主として国民経済の状況が反映されていた。そうした変化に連動して、より自覚的に、明瞭に言語化された政治思想や経済思想、さらには宗教思想の変化も起きている。これらの変化には、アメリカの対外姿勢の転換も伴う。外からはアメリカが「国のかたち」を変えていくようにも見える。共和党側だけでなく、民主党側にも同様に変化が起きている。二〇一六年、二〇二〇年と二回にわたり、大統領候補選びで民主社会主義者を自称するバーニー・サンダース上院議員が善戦したことがその象徴であり、これも上記のような構造の中で起きた同根の変化ともいえる。

　トランプ政権三年目は、こうした変化が一段と激しくなり、ついには一九五〇年代に始まった「戦後保守思想運動」（ジョージ・ナッシュ［一九四五〜］）の政治的総決算としての「レーガン主義（Reaganism）」を全否定する動きが、保守思想界内部から出現した。こうした動きを受けて、トランプ時代の新しい保守思想形成を目指す会合「国民保守主義会議（National Conservatism Conference）」が二〇一九年七月に開かれ、保守系知識人らが五〇〇人も集まった。有象無象が政治目的で集まる保守政治活動会議（CPAC）でなく、知識人がこれだけ大きな動きを起こしたのは戦後保守思想運動において異例だ。戦後保守思想史研究の第一人者であるジョージ・ナッシュは二〇一六年春にトランプが共和党の大統領候補争いで躍進していた時点で、保守思想界はかつてない内乱状態となり決着が見通せないと指摘し、再編過程に入ったとの見方を示していた[1]。その動きが一段と加速したのがトランプ政権三年目だった。保守思想界で「国民保守主義会議」開催に至るまでに起きた事態を時系列で追って、思想潮流の方向性を考えてみる。

T・カールソンの市場原理主義批判

二〇一九年七月の「国民保守主義会議」に至るまでの保守論壇における出来事は、まるで計画されたように進んだ。水面下でさまざまなやりとりがあったと想像される。ナッシュの指摘する再編過程は一九年が明けてすぐの一月二日、視聴率の高い保守系ＦＯＸニュースのゴールデンアワーの政治トーク番組「タッカー・カールソン・トゥナイト」で、加速した。人気政治コメンテーター、タッカー・カールソンが自身の見解を述べる「モノローグ」に普段の倍以上の時間を費やし、激しい「市場原理主義」批判を繰り広げた。

カールソンの批判は次のような内容だ。アメリカの市場経済がもたらす「格差」のためアメリカの「家族」は崩壊し、労働者階級は貧困のため結婚さえできない状況がもたらされる一方、絶望から薬物濫用まで起きている。かつては大都市中心部のスラム化に伴って起きた諸問題が農村部にまで広がった。富裕層のエリートたちは労働者を踏み台にして脱工業化経済の中で繁栄を享受し、労働者の苦境には見て見ぬふりをしている。「すさまじい怠慢ぶりだ」と、カールソンは激越なまでにエリートらを批判した。女性の権利拡大とか環境保護などはエリート世界の話で、まずはまともに家族生活のできるアメリカを取り戻せ、とカールソンは訴えた。特に批判の対象とされたのは、「小さな政府」や規制緩和といった、いわゆるネオリベラル経済政策を主導してきたリバタリアン（自由至上主義者）らだった。[2]

カールソンは前年一〇月に『愚者の船』（*Ship of Fools*：未邦訳）を出版、そこでこうした主張を繰り広げて、単に経済政策についてリバタリアンを批判するだけでなく、アフガニスタン・イラク戦争をはじめとする冷戦以降の対外介入政策も「愚か者」が始めた「愚かな戦争」だと非難。[3] 対外介入を主導してきたウィリアム・クリストルやマックス・ブートら著名なネオコン公共知識人らを糾弾した。カールソンは同書で、トランプ大統領がアメリカ国民によって選ばれたのは「利己的で愚かな指導者らの利己的で愚かな決定が何十年も続いた結果」であり、「幸福な国はドナルド・トランプを大統領に選んだりしない。絶望している国だから選んだのだ」と述べている。[4] また、共和党だけでなく、民主党に対しても「金持ちの政党だ」と厳しい批判を投げつけている。

カールソンの「モノローグ」を受けて四日後、保守派論客J・D・ヴァンス（のちに上院議員）も保守系論壇誌『ナショナル・レビュー』への寄稿で、市場経済を過度に重視する従来の保守主義に疑問を呈するなど、主要メディアも含めてさまざまな反響が起きた。[5] ヴァンスは中西部ラストベルトの貧困崩壊家庭からはい上がって、自身の半生を『ヒルビリー・エレジー』[6]（原著二〇一六年、邦訳二〇一七年）という本にまとめて注目され、その後、保守側の論客として活躍していた。

カールソンとヴァンスはともに「国民保守主義会議」に合流することになり、カールソンは「大企業は家族を嫌う」というテーマで基調講演のうちの一つを、ヴァンスは「リバタリアニズムを超えて」というテーマで全体会議講演を受け持つことになる。同会議は、後述するようにアメリカ保守思想界に生まれた新しい諸潮流の合流の場となる。カールソンやヴァンスは、とりあえず二〇一六年大統領選挙前後に興隆した「右派ポピュリスト」ないしは「ナショナリスト＝ポピュリスト」の代表例とみるのが妥当であろう。

左派ポピュリストと右派ポピュリストの境はあいまいで、たまたま共和党支持者あるいは民主党支持者として生きてきたか、あるいはそのどちらかになる社会的環境にいたか、などによるところが大きい[7]。一方はトランプ嫌い、他方はサンダース嫌いだが、リバタリアンのネオリベラル政策やネオコンの対外介入を批判し、アメリカの労働者階級を重視する主張は極めて近似する。カールソンに対しては、保守派内部から「バーニー・サンダースやエリザベス・ウォーレンと同じではないか」という批判が出た[8]。

実際、左右ポピュリストの共闘のようなことも起きている。政治専門紙『ザ・ヒル』のネットテレビ部門で二〇一八年に始まり、オルタナティヴ・メディアの政治トーク番組として人気が急上昇していた「ライジング（Rising）」は、左右のポピュリストを代弁する男女ホスト、クリスタル・ボールとサーガー・エンジェティが民主・共和両党の既存エリート（「エスタブリッシュメント」）を批判しまくり、右はトランプ、左はサンダースを応援する。ホスト二人は二〇二〇年二月に共著『2020年ポピュリスト・ガイド』を出している。共同見解としての「序文」で、左右のポピュリストである二人は、二〇一七年一月トランプ大統領の就任演説でキーワードとなった「アメリカの殺戮（American carnage）」を、アメリカの労働者階級の状況を示す「真実」だとし、そこに至った責任は民主・共和両党の無策にあると断罪している。また、左右のポピュリストは「社会通念」を打破して、労働者の利益を守るように二大政党を改革すると宣言している[9]。左右のポピュリズムに共振するところがあるのは、その発生にまでさかのぼっていえることかもしれない（注7参照）。

「無効なるコンセンサス」

「国民保守主義会議」が開かれる前に保守思想界の再編に絡んで起きた重要な出来事としてはさらに、二〇一九年三月二一日付で保守カトリック系論壇誌『ファースト・シングス（*First Things*）』に掲載された「無効なるコンセンサスに抗して」という声明があり、アメリカの保守思想の変容を象徴している。[10] 声明は、大学教授やシンクタンク幹部らを含む一五人が署名している。ほとんどが、日本ではこれまで注目されてこなかった知識人だが、『ニューヨーク・タイムズ』の保守派コラムニスト、ロス・ダウサットは「著名な保守派言論人」と形容している。[11] 注目されるべき何人かがおり、うち一人は後述するノートルダム大学教授のパトリック・デニーンだ。声明は前文でまず、「二〇一六年大統領選は、アメリカの保守派知識人の間で長い間隠されてきた深刻な思想的分断をさらけ出した」と前置きする。この「隠されていた思想的分断」が何を指すかは、検討の余地がある（のちに検討する）。つまり、戦後保守派知識人がリバタリアン、伝統主義者、新保守主義者（ネオコン）……という水と油ほどに思想傾向が異なる集団の連合体であったことは知られており、「長く隠されていた」とは言い難い。保守派知識人には二〇一六年大統領選で、トランプが巻き起こした政治的反乱を強く支持した者、いやいやながら投票した者、「トランプ絶対反対」の立場をとり、民主党のヒラリー・クリントン候補に投票した者に分かれた、と声明は続ける。「しかしながら、二年以上を経て、われわれ（注：一五人の署名者）は一致して声を上げる。『トランプ以前の保守主義のコンセンサスに戻ることはあり得ない。それは二〇一六年に崩壊した』」。戻ろうとするのは誤りであり、有害だとまで言う。

そのコンセンサスについて、声明は次のように言う。古いコンセンサスに基づく保守主義により「ルールに基づく国際秩序を拡大」して共産主義に勝利し、全体主義から「人間の尊厳」と「自然権」を守った。ただ、「個人の自律（individual autonomy）」を指針として仰ぐという点ではリベラリズムと一致することが多かった。個人の自律を重視するあまりに、保守主義が忌み嫌う専制を生み出してしまったのは皮肉だ――。

その「専制」については、声明は次のように説明する。今日のアメリカの公共哲学は「人間生命の神秘について、その概念を定義する」のは個々人の権利であるとみなし、リバタリアン保守のアンソニー・ケネディ元最高裁判事はそうした言葉を用いて、妊娠中絶の「合憲的権利」を支持する意見を述べた。だが人間存在の意味についてそこまで解釈の余地を広げると、他者の自由を破壊するばかりか生命を奪う（中絶は胎内児の生命を奪う）ことまで許しかねない――。

このあたりの議論はやや哲学的で、ここで「リベラリズム」という言葉で扱っているのは、民主党左派の「大きな政府」のリベラリズムでなく、「個人の自律」すなわち個人主義に基づく自由主義である。リバタリアニズムはその延長としての極端な自由主義として位置づけられる。声明はさらに、旧来の保守主義のコンセンサスが金科玉条（sacred dogmas）としてきたものとして、「あらゆる分野での自由貿易、国境を越えた人の自由な移動、『小さな政府』の目的化、万能薬としての技術進歩」を挙げる。「家庭の安定」や「共同体の連帯」について口先だけは守ると言ってきたが、これらは衰退していると懸念する。さらに保守主義は「日常生活のポルノ化」「死の文化」「競争信仰」にも屈してきたと批判する。

以上が声明の現状認識で、続いて本文となり、これまでの保守コンセンサスは「第一義的なこと(the first things)」の追求をやめてしまったが、声明署名者らはそれらの追求を続けるとして六項目を挙げている。

六項目は次のとおりだ。①個人的富の追求ばかりの無情社会に反対②アメリカ市民の側に立つ③人間の尊厳の絶対的護持④専制的自由主義に対し抵抗⑤労働者のための国家⑥家庭こそ大切——いずれも平たい言葉で書かれており、さらに各項目の説明がある。①では、独身者や夫婦だけの高学歴者ではなく、子どものある家族やその信仰、「政治的共同体」を重視。ポルノ、デザイナーベイビー、性とジェンダーの切り離しなどを「解放」とみなす勢力は「人間性剥奪」を行っているとして拒否する姿勢を示す。②で具体的に示されているのは、移民制限だ。③では、妊娠中絶反対、ネオリベラル経済政策(経済リバタリアニズム)反対が強調されている。④では「イデオロギー化した自由主義」によって外交を行い、それに振り回されれば、結果は国内外とも専制政治になると警告する。⑤では、トランプの出現で、共和党が経営者よりも労働者重視の政治運動に目覚めたことを歓迎している。⑥は、グローバリゼーションという「ユートピア思想」は世界的規模の専制(universal tyranny)をもたらすと警告し、そうした思想に対抗する「新たなナショナリズム」を支持すると宣言している。声明は最後に、トランプ現象をどう評価するかにかかわらず、こうした問題をさらけ出したことは事実で、それに向き合わなければならないとし、「レーガン主義」の立て直しを図る勢力とは縁を切ると述べている。ここで声明が「コンセンサス」と呼ぶのは「レーガン主義」であることが明確にされる。

六項目を中核とするこの声明の思想史的な解釈は次のようになろう。レーガン主義は、本章冒頭で述べたようにアメリカの戦後保守主義運動の総決算と位置づけられている。既述のように戦後保守主義運動とは、①リバタリアニズム、②伝統主義、③ネオコン――の連合体である。[12] ただし、レーガン時代に至るとネオコンが圧倒的な優位を示すようになり、ネオコンと経済リバタリアニズムが中心的な思想となった。他方、民主党も一九八〇年代以降は中道化（右傾化）路線を歩み、対外政策においては少なからずネオコン的な民主主義拡大・介入路線、経済政策においては「小さな政府」論や規制緩和論の影響を受けざるを得なかったのが冷戦後のアメリカ政治である。九・一一テロ（二〇〇一年）―アフガニスタン・イラク戦争―リーマン危機（二〇〇八年）を経て、このネオコン対外介入路線と経済リバタリアニズム（いわゆるネオリベラル政策）は破綻したと、アメリカ国民に受け止められ、改革への要求が高まった。初の黒人大統領として改革への期待を担ったオバマの登場はその帰結であり、医療保険制度改革などが行われたが、中産階級の所得は伸びず、貧富の格差は縮まらない。破壊的なトランプが登場したのは、そうした背景があったからだ。カールソンの言葉を借りれば、「絶望している国」だからトランプを選んだということだ。二〇一六年九月、のちに一時トランプ政権高官となるマイケル・アントン（一九六九～）が匿名で書いたエッセー「フライト93選挙」で訴えたのは、その「絶望感」である。[13]

　こうした国民の抱くパーセプション（印象）ないし社会思想状況の中で、それに応えるように知識人社会での思想再編が本格化し、まずレーガン主義の中核である新保守主義と経済リバタリアニズムが排撃された。声明項目で見ると、前者は④⑥で、後者は①②③⑤⑥で否定されている。特に前文と④⑥による、個人主義に基づくイデオロギー化した自由主義の否定、そうした自由主義による「国境なき世界」（グローバリゼーション）という「ユートピア思想」がもたらすのは「専制」であるとする考え方は、二〇世紀後半、特に冷戦後にアメリカが進めてきた政策を根本から否定している[14]。さらに言えば、単に新保守主義と経済リバタリアニズムだけでなく、ルイス・ハーツが『アメリカ自由主義の伝統』で述べたような建国以来の自由主義の伝統をも否定しようとする側面がある。声明の前文でいう「長い間隠されてきた深刻な思想的分断」とは、建国思想をめぐるものと考えられる。もう一つ重要なポイントは、自由主義が帰着した「国境なき世界」がもたらした「専制」に対抗するために「新しいナショナリズムを支持する」としていることだ。これらの点については次節で詳述する。

声明に署名した「著名な保守派言論人」の主なメンバーを挙げると、ノートルダム大学教授パトリック・デニーン、保守系論壇誌『アメリカン・コンサーヴァティヴ』編集者ロッド・ドレーアー、クレアモント研究所副理事長マシュー・ピーターソン、『ニューヨーク・ポスト』紙オピニオン欄編集長ソーラブ・アーマリらである。声明に表れたような反自由主義（リベラリズム）の思想傾向は「ポスト・リベラリズム」と呼ばれ、それを支持する「ポスト・リベラル」たちも七月の「国民保守主義会議」に合流していく。

ハゾニーとデニーンの著書

ナショナリスト・ポピュリストを代表するタッカー・カールソンの著書『愚者の船』は著者が人気政治評論家だったこともあって評判になったが、同じ二〇一八年に出版され、保守系知識人に衝撃を与え、主流派メディアも含めて大きな論議を巻き起こした本がさらに二冊あった。著者の一人は「国民保守主義会議」の主催者であり、もう一人とともに全体会議で講演を行うことになる。これら二冊は今後も、保守主義再編に絡めて論議され続けると思われるので、その概要と今日的意味について考察しておく。

まず『ナショナリズムの美徳』（*The Virtue of Nationalism*）[15]。二〇一八年九月に出版された。著者はイスラエル系アメリカ人の政治学者・宗教学者ヨラム・ハゾニー。「国民保守主義会議」を主催した「エドマンド・バーク協会」（二〇一九年一月発足）の会長である。ハゾニーは同書で次のように主張する。ナショナリズムが否定的に見られるようになったのは、この三〇～四〇年のことだ。それまでは支配された民族に「独立と民族自決」を与える「解放する力」とみなされていた。W・ウィルソン米大統領の「十四箇条」とF・D・ルーズベルトとW・チャーチルの「大西洋憲章」は、二〇世紀に英米の革新派が国際社会の針路を示したものだが、虐げられた民族の民族自決と独立を約束するナショナリズムを承認した点に意義があった。人類の歴史は、エジプト、バビロニア、ローマといった帝国の支配に立ち向かった古代イスラエルから始まり、常に「ナショナリズムと帝国主義」の闘争である。「自由主義に基づく国際主義（liberal internationalism）」こそ、現代の「帝国主義イデオロギー」であり、ナショナリズムから正当性を奪い去ろうとしている、と論じる。ハゾニーはナチズムもナショナリズムなどではなく、アーリア人種優越論に基づいた帝国主義思想だったとみなす。

ハゾニーによれば、二〇世紀にナチズムとソ連という帝国主義が敗れたあと、帝国の専制への警戒が緩み、ナショナリズムによる独立維持の意志の弱まりが見られ、そこに表れた新たな帝国の専制がグローバリズムだという。その帝国を生み出す思想的枠組みを「自由主義体系（liberal construct）」と呼ぶ。「個人の自由(individual freedom)」を政治秩序の基礎とするもので、ジョン・ロックの『統治二論』の第二論に依拠しているという。個人主義に基づく自由主義(liberalism)を批判して、その結果としてのグローバリズムを否定する思想は、「無効なるコンセンサス」声明と共通する。ただ、ハゾニーの場合は、ユダヤ教と(国民国家形成の基礎となった)プロテスタンティズムを援用して、ナショナリズムを説くのに対し、声明に署名した一五人の場合はカトリック思想を基礎に反グローバリズムの立場をとっていると思われる。この点は以下にパトリック・デニーンの著作について論じる中で考察する。

　ハゾニーの『ナショナリズムの美徳』が出版されたのは二〇一八年九月はじめだったが、同年一〇月二二日、トランプ大統領はテキサス州ヒューストンでの中間選挙応援演説で突然、「使ってはいけない言葉だが、私のことを本当はなんだと思う？　ナショナリストなんだ。分かったか。ナショナリスト！　この言葉を使え！　この言葉を使え！」と叫び、聴衆ばかりかメディアをも驚かせた。一〇月二三日付の『ニューヨーク・タイムズ』紙は「この言葉を使え！　トランプが『ナショナリスト』を自称」という長文の記事で、アメリカの政治家が自称するのに使用を避けてきた言葉をトランプが堂々と使い出したことへの驚きを示し、背景を分析している[16]。ただ、ＮＹＴ記者は、このころすでにトランプ支持の保守派知識人の間でハゾニーの新刊が大きな波紋を広げていたことに気付いていない。この演説は、トランプ周辺でナショナリズムに関する議論が起きていたことを想像させる。ハゾニー自身ただちに、トランプの演説を「ホワイトナショナリズム(白人民族主義)」と結びつけるＮＹＴの分析を批判するエッセーを、『タイム』誌に寄稿している[17]。

　次に『ナショナリズムの美徳』と並んで注目され、声明「無効なるコンセンサスに抗して」や「国民保守主義会議」と密接な関係を持つ重要な書籍として、パトリック・デニーン著『リベラリズムはなぜ失敗したのか』（*Why Liberalism Failed*, 原著二〇一八年、邦訳二〇一九年）について考察してみたい。ノートルダム大学教授のデニーンは「国民保守主義会議」全体会合での講演者の一人となる。保守系知識人であるが、この本についてはNYTも好意的に書評し、オバマ前大統領も自身のフェイスブックへの投稿で「思索を迫る本」と評価した。[18] ここにはポピュリズムとは別の次元での、左右の共振が見られる。

　同書は現在のアメリカの左右の思想を厳しく断罪するだけでなく、合衆国建国の礎となった近代リベラリズム（自由主義）をベーコン、ホッブズ、ロックといった初期の啓蒙思想家にまでさかのぼって批判。個人主義に基づく自由主義に代えて、小さな「共同体」の復権から政治を立て直すよう訴える。約五〇〇年近く前に生まれた政治哲学としての自由主義は「成功したがゆえに失敗」し、「非自由主義的所産」をもたらしている。非自由主義的所産とは、激しい貧富の差や教育格差、白人労働者の苦境や若者の抱える負債であり、モラルの崩壊だ、とデニーンはいう。

　本書ではリベラリズムという言葉は多義的に使われる。デニーンが批判を加えているのは、伝統的規範から解き放たれ、自由な意思を持ち合理的判断をする個人が「社会契約」で国家に生命、財産権の保護を委任する一方で、自由と富の拡大を追求する仕組みだ。そのうち「古典的リベラリズム」とされるのは、市場原理主義で個人に自由と平等の機会をもたらそうとする立場で、「リバタリアニズム」とも呼ばれる。これに対し「革新的リベラリズム」は政府の規制の力で社会・経済的平等を保障し「自立した個人」をつくろうとする。後者は今日一般に「リベラル」と呼ばれる人々の立場だ。両者は左右に分かれ対立しているようで、実はひそかにつながって近代リベラリズムを形成し、国家権力と個人主義の両方を拡大強化してきた。その発展過程で、国家と市場が「自然」と「文化」を破壊してきたとデニーンは主張する。この近代リベラリズムに対置して、デニーンは「リベフルアーツ(教養教育)」の語源となった古代ギリシャ・ローマの「自由」を賞揚する。それは「欲望や欲求からの自由」を意味し、その自由すなわち自制を教えるのがリベラルアーツであった、という。

既述のように、デニーンのように近代自由主義(リベラリズム)を否定する思想家たちを「ポスト・リベラル」と呼ぶ。著者の主張はカトリック思想に基づく共同体主義(コミュニタリアニズム)だとみなされている。プロテスタンティズムと個人主義に基づいて生まれたとされるアメリカでこうした思想が台頭していることは、注目されてよい。

本稿では詳述できないが、デニーンはアメリカ・カトリック教会内の二つの潮流の影響を受けている。一つは、同じノートルダム大学の名誉教授で世界的に著名な共同体主義者アラスデア・マッキンタイアの思想と、カトリック教会内の統合主義(integralism)である。後者は政教統合をめぐる思想でアメリカ・カトリック内ではごく少数派だ。しかし、『民主的資本主義の精神』(一九八二年、未邦訳)の著者マイケル・ノバック(Michael Novak〔一九三三~二〇一七〕)を代表例とする自由主義に寛容で、冷戦期にネオコンなどと連携してきた有力なカトリック保守派論客らが亡くなったことで、影響力を増している。(19)

ネオコン衰退と改革派保守

本稿では二〇一九年七月の「国民保守主義会議」に至るまでのメディア、知識社会での重要な出来事について分析した。「国民保守主義会議」には、①本稿で論じたタッカー・カールソンらのナショナリスト・ポピュリストの系譜、②「無効なるコンセンサス……」署名者をはじめとする「ポスト・リベラル」の系譜のほか、すでに本書で言及した、③ジュリアス・クレイン（一九八六～）が主宰する論壇誌『アメリカン・アフェアーズ』に依拠する公共知識人ら、④トランプ政権になって影響力を増している西海岸のシンクタンク、クレアモント研究所に依拠する学者・研究者ら、が中心的な役割を果たした。③④は、いわゆる「シュトラウス派」だ。会議から排除されたのは、ネオコン系知識人、リバタリアン系知識人である。冷戦期の保守思想連合では、伝統主義者系がトランプ時代の再編の動きの中に残っている。また旧来の保守派の生き残り戦略が働いている気配もある。

　すでに触れたように、ネオコン系保守の代表的存在でウィリアム・クリストルが一九九五年に創刊し、一時は最有力の保守系論壇誌だった『ウィークリー・スタンダード』は発行部数半減のうえに親会社が資金を引き揚げ、二〇一八年末に廃刊となった。ネオコン衰退を象徴する出来事であった。二〇二〇年大統領選でクリストルは民主党の大統領候補選びで積極的に動き回り、中道派のバイデン候補を支援した。トランプ派勢力とは敵対関係だ。

　トランプ時代の保守再編でもう一つ重要なことは、マルコ・ルビオ上院議員を軸に形成されたリフォーモコン（Reformocon：改革派保守）と呼ばれる集団の動きだ。二〇一六年大統領選でルビオが敗北したことでこの運動は衰退したように見えたが、反レーガン主義の流れの中で、政府の役割を見直すかたちで再興しつつある。特に「産業政策」導入によって、レセフェール資本主義を改造し、製造業復活で労働者階級を救済しようという動きをつくり出しており、トランプ派のポピュリストや、カトリックの多いポスト・リベラル知識人と共闘する構えを見せている。

ポスト・リベラルとルビオ上院議員周辺にはカトリックという共通項もある。ルビオは現在のアメリカの資本主義の課題に立ち向かうに当たって、一九世紀末に当時の資本主義を批判したローマ教皇レオ一三世の「回勅」に言及したこともある。アメリカのカトリック信者は約七〇〇〇万人、国内人口の四分の一に近づいている。二〇一九年現在、アメリカ最高裁の判事は長官を始め九人中五人、数え方によっては六人がカトリックであり、連邦議会下院議長、民主党の最有力大統領候補もカトリックという状況だ。今後のアメリカの思想潮流、とくに保守側を考えるときカトリック思想界で起きている現象に目を向けることが重要になってくる。中期的な国際社会への影響としては、経済グローバリゼーションと「自由な国際秩序」を否定する思想が保守派知識人の間で強まっており、さらに民主党系の左派とも共振していることを見逃すわけにはいかない。長期的に日本や世界への影響が出てこよう。

追記 「小さな政府」の終焉

アメリカの新型コロナウイルス感染症による死者は、本追記執筆の時点（二〇二〇年六月）で一四万人を超え、経済低迷によって失業者は数え方によっては一時四五〇〇万人に達した、と報じられた。アメリカ政府の対策予算は三兆ドル（三三〇兆円）に近い。一九三〇年代の大恐慌以来ともいわれる国難の中で、政府の役割を見直す声がいたるところから出た。NBCテレビと『ウォール・ストリート・ジャーナル（ＷＳＪ）』紙の世論調査（二〇年四月一九日）では「経済における政府の役割拡大」すなわち「大きな政府」を支持すると答えた人は六三％に及んだ。コロナ禍前の一月一〇日発表の調査では三九％だから、その変化は歴然としている。アメリカの保守層は、従来「小さな政府」と規制緩和を主張してきたが、このコロナ禍で「大きな政府」に傾き出しているという分析もなされた（『ＷＳＪ』同年四月二六日付）。「政府は解決をもたらすものではない。政府こそ問題だ」（レーガン大統領）、「大きな政府の時代は終わった」（クリントン大統領）。共和・民主両党で近年最も人気がある二人の大統領の言葉にも象徴される「小さな政府」を掲げる時代は、いよいよ終わりを迎える気配だ。

だが、これはコロナ禍によって始まったわけではない。二〇一六年にトランプ現象によって従来の保守本流への批判が始まった時点から「小さな政府」の見直しは動き出していた。それがコロナ禍で加速した状況だ。

保守思想史研究者のジョージ・ナッシュは、ナショナリズムとポピュリズムが融合したトランプ現象には以下の特徴があると当時から指摘していた。①小さな政府・自由市場・国境開放の原則を逸脱し、②アメリカ社会に対する宗教的・道徳的・文化的懸念には（選挙戦略以外に）ほとんど関心はなく、③国際主義や冷戦後に現れた「強硬派ウィルソン主義」を厳しく批判する。これは戦後アメリカ保守主義の総決算とされた、レーガン政権の思想枠組みの否定であった。

レーガン政権の保守思想の流れは、第二次世界大戦直後に勃興したリバタリアニズム（自由至上主義）、次いで現れた伝統主義、反共産主義運動、一九六〇年代以降左派から加わったネオコンサーヴァティズム（ネオコン、新保守主義）――が合流したものとして捉えられている。それが、一九三〇～

四〇年代のルーズベルト政権以来続いた革新優位のアメリカ政治を根本的に変えたといわれる。

トランプ現象は前記の①でリバタリアニズムを否定し、②で宗教・文化面で保守主義を支える伝統主義を否定、そして民主主義拡大路線でアメリカの対外関与を推し進めてきたネオコン外交を③で否定した。まさに、戦後保守思想の根底からの組み替えが始まったのである。

トランプが当選した背景を確認しておきたい。トランプ陣営は自由貿易と対外軍事介入を否定し、一方で「大きな政府」によって社会保障の維持を約束する、まさにレーガン主義を反転させた選挙公約を打ち出した。こうしたポピュリズムともいえる公約は特に高校卒業以下の低学歴の白人男性を引きつけ、この層においてはヒラリー・クリントンに対して実に三八ポイントもの支持率の差となった。これが中西部の「ラストベルト（錆びついた工業地帯）」などの接戦州をトランプが僅差で制する力となったのである。

レーガン主義を捨て去ることで、高卒以下の白人男性を引きつけたのには前例がある。一九九二年大統領選の共和党候補選びで現職ブッシュ大統領を揺さぶった政治評論家パトリック・ブキャナンの挑戦だ。その背後にはサミュエル・フランシス（一九四七〜二〇〇五）、ジェームズ・バーナム（一九〇五〜一九八七）という異端の保守思想家の世界観があった（詳細は第1、2章参照）。

簡潔に述べれば、一九七〇年代以来の産業構造の変化とグローバリゼーションによって、高卒以下の男性の労働者階級は完全に経済成長から取り残され、平均賃金が約四〇年間下がり続けたことへの反動である。すさまじい格差が生じ、労働者階級はアンダークラスに押し込まれ薬物中毒者や自殺者が増えた。先進国では死亡率が低下傾向にあるが、アメリカの白人労働者階級においては死亡率が増加している。

　近年、右派からはトランプ大統領が生まれ、左派からは社会主義者を名乗るサンダース上院議員が二度にわたって民主党の大統領候補の座を最後まで争うという、アメリカ史にかつて例のない異常現象が起きているのは、こうした構造的な変化を受けてのことだ。左右で似た政治変革が起きているのは、上下の対立こそが問題となっており、一種の階級闘争が生じていることを示す。それが左右の対立にすり替えられているのは悲劇である。

「自由市場」が国民を傷つけた

「大きな政府」の保守主義に関連して、「リフォーモコン」（改革派保守）について説明しておこう。この運動の起源はオバマ政権時代にさかのぼる。アフガニスタン・イラク戦争での失敗やリーマン危機を受け、疲弊した国内産業の立て直しや労働者階級の救済、黒人や中南米系の取り込みを目指してきた。二〇一二年大統領選ではロムニー候補、一六年の共和党大統領候補選びでは前述のようにルビオ候補を担ぎだした。

　彼らは二〇二〇年五月に政策立案集団「アメリカン・コンパス」（本部・首都ワシントン）を発足させた。その方針説明で、効率のみを追求する「自由市場原理主義」により、①国益を無視したサプライチェーンが形成され、②自国の労働者をないがしろにする経済文化が生まれ、国民の連帯が損なわれた——と批判する。市場重視の従来の保守思想はもはや「化石」で、コロナ禍を契機に新たな道を探るとして、次々と提言を発表してきた。

「アメリカン・コンパス」はルビオ、コットン両上院議員（共和党）と連携。ともに若手実力者で将来の大統領選出馬を視野に入れている。彼らは政府が積極的に「産業政策」を導入し、①中国との戦略的競争、②疲弊するアメリカ労働者階級救済――のため、中国依存のサプライチェーンの再編や、中小企業への積極的支援を求めている。コットンは「中国との戦略的共存はもう終わった。いまは新冷戦だ。コロナ危機により、多くの人がその現実に目覚めた」と述べた。リフォーモコンの「大きな政府」論は多分に中国との対決も意識した。

四〇年周期の地殻変動

コロナ禍の発生以前から、アメリカ市民がグローバリゼーション下での格差問題をはじめ、深刻な諸問題の解決のため「大きな政府」を求めてきたのは明らかだ。その結果、若者の間では「社会主義」への期待が高まり、一八年の中間選挙では民主党からオカシオ＝コルテスら二人の民主社会主義者が下院議員に当選。また、先述のサンダース上院議員も一六年に続き二〇年も民主党大統領候補選びで善戦した。

アメリカは一九二九年に大恐慌に直面し、「小さな政府」を打ち捨て、ニューディール・戦時体制の「大きな政府」時代に入った。それは民主党優位の政界の下で、三〇年代から七〇年代まで四〇年以上続いた。共和党のニクソン政権は環境庁を新設するなど「大きな政府」型だった。しかし、八一年のレーガン大統領就任により共和党保守主導による市場万能主義「小さな政府」の時代が始まり、四〇年ほど続いた。クリントン、オバマ民主党政権も、保守優位の「小さな政府」路線に押され続け、あるいはあえて言うままとなった。四〇年周期を経て、いま変革の地殻変動が起きているのかもしれない。その変革を後押ししたのはトランプと新型コロナウイルスである。

（初出　令和元年度「トランプ政権の対外政策と日米関係」日本国際問題研究所。
追記部分の初出『中央公論』二〇二〇年九月号）

注

（1）George H. Nash "The Conservative Intellectual Movement in America: Then and Now," *National Review Online* Apr. 26, 2016. <https://www.nationalreview.com/2016/04/conservative-intellectuals-george-nash/> accessed on Mar. 12, 2020.

（2）タッカー・カールソンの二〇一九年一月二日のMonologueは以下のサイトで視聴可能である。<https://www.realclearpolitics.com/video/2019/01/03/tucker_carlson_we_are_ruled_by_mercenaries_who_feel_no_long-term_obligation_to_the_people_they_rule.html> accessed on Mar. 12, 2020. また同サイトに英文transcriptも掲載されている。

（3）カールソンが批判するのは経済におけるリバタリアンの政策で、非介入姿勢をとるリバタリアンの外交政策ではない。

（4）Tucker Carlson, *Ship of Fools: How a Selfish Ruling Class Is Bringing America to the Brink of Revolution* (Free Press, 2018), p. 3, p. 28.

（5）J. D. Vance "Health of Nations," *National Review*, Jan. 7, 2019. <https://www.nationalreview.com/2019/01/tucker-carlson-health-of-nations-markets/> accessed on Mar. 12, 2020.

（6）J. D. Vance *Hillbilly Elegy: A Memoir of a Family and Culture in Crisis* (Harper, 2016)（J・D・ヴァンス『ヒルビリー・エレジー――アメリカの繁栄から取り残された白人たち』関根宏光ほか訳、光文社、二〇一七年）。

(7) 「ポピュリズム」というあいまいな言葉を、アメリカ史とアメリカ政治の文脈で使用する際、この言葉の発祥の背景となった一八九〇年代の中西部・南部の農民運動「人民党（People's Party）」のポピュリズムを念頭に置くのが良いと思われる。歴史家リチャード・ホーフスタッター（一九一六〜七〇）は、この時代を起点として叙述を始める『改革の時代』（一九五五年）で、ポピュリズムをアメリカの政治風土に特有の現象として扱い、①中央に対する地方の反感、②エリートに対する民衆の反抗・懐疑、③外来のものに対する土着主義（ネイティビズム）、④革新性——が特徴であると見た。つまり、④革新性と③反動（ネイティビズム）が同居している現象である。どちらが強く出るかで右派、左派と分かれるが、①②は共通する。

(8) Ben Shapiro "America Needs Virtue Before Prosperity," *National Review Online*, January 8, 2019. <https://www.nationalreview.com/2019/01/tucker-carlson-populism-america-needs-virtue-before-prosperity/> accessed on Mar. 13, 2020.

(9) Krystal Ball and Saagar Enjeti eds. *The Populist's Guide to 2020: A New Right and New Left are Rising, Strong Arm Press*, 2020, p. 9.

(10) "Against the Dead Consensus," *First Things*, Mar. 21, 2019. <https://www.firstthings.com/web-exclusives/2019/03/against-the-dead-consensus> accessed on Mar. 16, 2020.

(11) Ross Douthat "What Are Conservatives Actually Debating?," *The New York Times*, Jun. 4, 2019.

(12) アメリカの戦後保守思想史の決定版ともいえる *The Conservative Intellectual Movement in America Since 1945* (1976; 3rd ed. 2006) の著者George H. Nashは、これらに加え④冷戦期反共産主義⑤宗教右派、を加えた五潮流で戦後保守思想を考えている。ただ、知識人運動という視点から見た場合、④は五つの潮流全体に流れる思想傾向であり、⑤は少数の理論派知識人を戴く大衆（政治）運動と見るのが適切ではないかというのが筆者の立場だ。知識人運動としては①〜③が大潮流と考える。

(13) 冷戦期の保守主義と民主党の中道路線が行き詰まる過程については、会田弘継『破綻するアメリカ』（岩波書店、二〇一七年）第五、六章を参照。Publius Decius Mus "The Flight 93 Election," *Claremont Review of Books*, Sep. 5, 2016 はMichael Antonが匿名で書いたエッセーで、二〇一六年の状況を九・一一テロの際にテロリストに乗っ取られ、ペンシルベニア州の草原に突っ込んだユナイテッド航空九三便にたとえた。ハイジャックという危機的状況で、乗客らが操縦席を奪還しようとしたのと同様に、絶望的状況にある国家の破滅を逃れるには国家の操縦席であるホワイトハウスをトランプでもいいから奪還するほかないと主張した。<https://claremontreviewofbooks.com/digital/the-flight-93-election/> accessed on Mar. 15, 2020.

(14) グローバリゼーションがもたらす専制という議論は、フランスの哲学者アレクサンドル・コジェーヴとドイツからアメリカに亡命したレオ・シュトラウスが第二次世界大戦前後にかけて書簡で議論した「普遍同質国家」における専制の問題とかかわる。『ファースト・シングス』の声明にはシュトラウス派の牙城クレアモント研究所の関係者も加わっている。

(15) Yoram Hazony, *The Virtue of Nationalism* (Basic Books, 2018)（ヨラム・ハゾニー『ナショナリズムの美徳』庭田よう子訳、中野剛志・施光恒解説、東洋経済新報社、二〇二一年）。

(16) Peter Baker "'Use That Word': Trump Embraces the 'Nationalist' Label," *The New York Times*, Oct. 23, 2018. アメリカでは政治家はnationalistという言葉を避けpatriotを使うのは、ホワイトナショナリズムや極右と結びつく言葉だからである、と解説している。

(17) Yoram Hazony "How Americans Lost Their National Identity," *Time* Oct. 23, 2018. 筆者はトランプのヒューストン演説の前後に中西部に滞在、保守系学者から今後の保守主義の方向を示す本としてハゾニーの本の寄贈を受けた。

(18) オバマ前大統領は『リベラリズムはなぜ失敗したのか』を二〇一八年の夏の読書に推薦した。思索を迫る本だが必ずしもすべてに同意しているわけではないと留保もしている。<https://www.facebook.com/barackobama/posts/10155941960536749> Jun. 16, 2018. accessed on Mar. 17, 2020.

(19) アメリカ・カトリック教会内の思想闘争については、カトリック系メディアで散発的に報じられてきた。アメリカ外でもイエズス会系の報道にはアメリカのカトリック統合主義派とプロテスタント福音派の連携に対する批判的論調も見られる。闘争の概観は最近では以下の記事が詳しい。Park MacDougald "A Catholic Debate over Liberalism," *City Journal*, Winter 2020.

第 III 部

地殻変動の後景

第7章

福音派はなぜ政治を動かせるのか

——アメリカの「政教分離」が意味するもの

ティーパーティー×福音派

トランプ前大統領を支持する熱心な（福音派と呼ばれる）プロテスタント信者たちは、いまは「クリスチャン・ナショナリズム」の名を付され、主要メディアから厳しい非難を浴びている。彼らは二〇二〇年大統領選挙ではトランプ氏が勝ったと信じ、Ｑアノンと呼ばれる陰謀論に同調する。妊娠中絶やＬＧＢＴＱと呼ばれる性的少数者の権利拡大には反対し、コロナ・ワクチンにも懐疑的だ。何よりも特徴的なのは、政教分離に反対し、神から特別の使命を与えられたキリスト教国家としてのアメリカを取り戻そうと主張する点であろう。

一九七〇年代以来、キリスト教原理主義者や福音派と呼ばれる人々は共和党保守派によって政治的に動員され、巨大な投票ブロックを形成しアメリカ政治を揺り動かしてきた。その定義にもよるが、福音派は総人口の二五％ともいわれるから、一挙に動員できれば大きな政治力になる。その動員に成功してきたのが八〇年代以降、レーガン保守革命を経て大きく変貌した共和党であった。他の先進諸国では見られない規模の宗教勢力の政治的動員だろう。七〇～八〇年代、原理主義者や福音派は主として七三年の連邦最高裁による妊娠中絶容認判決への反対運動で共和党保守派により政治的に動員され、「宗教右派」「宗教保守」と呼ばれた。時代の趨勢によってテーマは微妙に変わりながらも、保守派政治活動家らは福音派の人々の感情を巧みにすくいあげ動員してきた。

二〇〇三年に始まったイラク戦争の失敗が明らかになってきた〇四年の大統領選でブッシュ（息子）大統領が再選を果たせたのは、「道徳問題」（当時は主として同性婚を指した）で宗教右派を結集させたからだ。〇八年のリーマン金融危機を受け、オバマ政権誕生前後から起きたティーパーティー運動にも多くの福音派がなだれ込んだ。「小さな政府」論を軸とする経済的要求に福音派が動員されたと見ることもできる。「小さな政府論」と妊娠中絶反対は、連邦政府による州や個人への介入拒否という共通項を持つ。

このティーパーティー×福音派ミックスの「仕掛け」にはオバマ大統領をイスラム教徒とする陰謀論もカギとなった。この陰謀論の主唱者トランプが、本人は信仰とは無縁であるにもかかわらず、一六年大統領選で福音派の支持を得ていく背景にもなった。ティーパーティー×福音派はその後「トランプ支持者」の「嘆かわしい人々」（ヒラリー・クリントン）と呼ばれたりもした。二〇年大統領選後でのトランプ敗北後に起きたトランプ支持者による連邦議会襲撃事件以降は「クリスチャン・ナショナリスト」の呼称がさかんに使われるようになった。

つまり、一九七〇年代から共和党保守派により動員され今日までさまざまな呼称——宗教右派、ティーパーティー、トランピスト、クリスチャン・ナショナリスト——を付されて時々の政局を揺るがしてきた勢力は、基本的には同じ熱心なプロテスタント信者、すなわち福音派を主軸とする集団だ。七〇年代に登場した突出した手腕を持つ保守派政治活動家（リチャード・ヴィゲリー、モートン・ブラックウェルら）が最初はダイレクト・メールを使い、妊娠中絶反対や「家族の価値」などを政治的争点にして福音派動員の技術を獲得した。以来、リベラルな主流派メディアに対抗するメディア（ケーブルテレビ、ラジオ、SNS……）を使って、この五〇年、先進社会ではまれなほど大規模な宗教の政治動員が続いてきた。

公民権運動を推進した福音派

近代社会は脱宗教（世俗化）が進むと一般に考えられてきたが、最先端の近代国家アメリカでは逆である。依然、宗教的で、時にそれが強まる。主要先進国で世論調査に「自身の人生において宗教はとても大切」とこたえる人は、英独仏など西欧では一〇〜二〇%なのにアメリカでは五〇%を超える。毎週教会へ行くという人は西欧諸国では一〇%前後だがアメリカでは四〇%近い。

近代国家として最も早く政教分離（国教禁止と信教の自由）を憲法で定めながら、先進諸国の中でこれほど宗教によって政治が動いてきた国はないのではないか。前述のような宗教右派の動きだけを指していうのではない。自由な信仰を求めた清教徒らによる建国を「神話」とするアメリカには、その始まりから福音派と呼ぶべき人々に満ちていた。近代の世俗化圧力が強まるほど、それに抵抗して純粋な信仰を守ろうとする反動も起きた。近代的な自由主義神学に対抗し二〇世紀初頭に「原理主義（ファンダメンタリズム＝根本主義）」という言葉が生まれ、その名の運動が起きたのはこの国である。

宗教右派やトランプ派のことばかりがアメリカのみならず世界的にメディアで話題になるから、アメリカの福音派と政治とのかかわりについては否定的なイメージが広まるばかりだ。だがアメリカにおいて宗教が政治に及ぼす力を次のように考えてみることもできよう。

福音派はもちろん保守政治活動家に誘導された「宗教右派」となる前から存在した。〇四年にブッシュ（息子）大統領が宗教右派の圧倒的支持を得て再選を果たした直後、ワシントン市内で開かれた全国女性民主党員クラブの会合でのことだ。アメリカ政治を半世紀以上観察してきた著名な政治ジャーナリスト、デビッド・ブローダー（一九二九～二〇一一）が気落ちする聴衆に語りかけた。筆者もそこに居合わせた。

「アメリカを大きく変えた政治運動は、いつも教会から始まった。教会がなければ、黒人解放運動もなかった……。黒人のキング牧師が運動の中心にいただけではない。かつて民主党の政治家らは、南部の黒人教会で黒人らに『教会の言葉』を使って語り掛けていたではないか。民主党はもう一度、その言葉を取り戻しなさい」

もっともだと思った。公民権運動を推進した黒人の多くも福音派、聖書の言葉を字義通り受け入れ救済を信じた熱心な信仰者だった。ブローダーの講演の数日前に、『文明の衝突』で知られる政治学者サミュエル・ハンティントン（一九二七～二〇〇八）を自宅に訪ねて聞いた話も忘れられない。この二人の話を聞いて以来、福音派と聞くと軽侮し、見下げるような主要メディア（日本でもその傾向がある）には与したくない、福音派らの論理をもっと知りたい、と従前よりも強く思うようになった。

アメリカ政治を転換させる「大覚醒」

「アメリカの歴史を見ると『大覚醒』と呼ばれるキリスト教信仰復活運動が幾度か起きているが、いままたそれが起きていると見ることができる」。現在起きている動きは宗教右派の台頭として否定的に見られているが、歴史は別のことを教えている、とハンティントンは続けた。一八世紀半ばに起きた大覚醒はアメリカ独立革命に、一九世紀前半の第二次大覚醒は南北戦争を経て奴隷解放につながっていった、という。確かに、『アンクル・トムの小屋』で奴隷解放運動に大きな影響を及ぼしたストウ夫人も、聖職者の家庭に生まれ、聖職者と結ばれた熱心な信仰者であった。

考えてみれば、その次の第三次大覚醒は一九世紀末に起きているが、その政治的帰結はセオドア・ルーズベルト大統領の下で始まった「革新主義」政治だといえそうだ。「改革の時代」と呼ばれ、アメリカ資本主義の改造が始まり、反トラスト法などが生まれた。それはやがて南北戦争期以来の大改革ともいえるニューディールにつながることになる。

その次の大覚醒については議論があるものの、一九七〇年代に始まったといわれる。その波はいまに至るまで長く続いているのかもしれない。その帰結としての政治的改革が起こるのだとすれば、すでにレーガン革命＝新自由主義革命というかたちで起きたのかもしれない。あるいは、現在も続くトランプ現象を含めて、いまだ大改革への助走であり、これから独立戦争、南北戦争、ニューディールに匹敵する大変化が起きるのだろうか。

こう考えると、政教分離を最初に打ち出した近代国家アメリカの政治と宗教は分離するどころか、むしろダイナミックに連関しながら動いてきたといえそうだ。キング牧師に限らず、アメリカ史における改革者たち、特にリンカーンや一九世紀末の人民党運動（ポピュリズム）の支持も吸収した民主党大統領候補ウィリアム・ジェニングス・ブライアンといった政治家は、強い信仰心を持って政治に臨み、信仰の言葉で人々に語りかけた。アメリカ政治の日常には宗教的言説が溢れている。福音派が共和党保守派に大規模に動員される直前、政治に福音派的要素を色濃く持ち込んだのは、人権外交でその名を残すことになった民主党のカーター大統領（任期一九七七〜八一年）だったことも忘れてはなるまい。

復古も進歩も生む強い信仰

アメリカ憲法の定める政教分離は「国教禁止と信教の自由」（修正第一条）だが、重点は後者の「信教の自由」である。欧州諸国のようにすでに特定の教会が広く覆っていたところで、その教会による政治への介入を排除したのではない。さまざまな信教宗派（デノミネーション）があって、それらの信仰の自由を保障するために、国教の制定を禁じるという論理である。平たくいえば、建国当時はプロテスタントに限られていたが、何をどのように信じようが自由ではないか、ということである。

なぜアメリカでは大小さまざまな宗派が賑わって併存し、その布教競争の中で人々の信仰活動がさかんになる状態が維持されているのか。教会へ通う人とその頻度は欧州の数倍である。そういった宗教環境の中で聖書を字義通りに受け取り、個人的信仰復活を体験する福音派が数多く存在し、その中から「戦闘的」な原理主義運動まで起きた。

そうなったのは、アメリカでは独立以降、自由な信仰を保障する環境の中で、プロテスタンティズムと民主主義、自由市場経済が手を携えてともに発展してきたからだ。宗教は国家に依存せず、国家や州も特定宗教への支持を早くからやめるようになっていったので、多くの宗派が競い合う一種の宗教の自由市場が生まれた。原理主義・福音派研究の第一人者ジョージ・マースデン（ノートルダム大学教授）はそう分析する。

宗派間競争でも自由市場であれば、「あれかこれか」という単純な選択肢を示した方が人々に受け入れられやすい。布教も極めて近代的にテレビやラジオを利用し、広告技術を駆使する。原理主義が力を持つのは、選択肢を「あれかこれか」と単純化して問題を提示するからだ。進化論か創造説か、というのもそれだ。非宗教的な世界観と宗教的世界観の対立という極めて複雑な問題をも単純化する。

原理主義運動が始まったころ、大騒動となったのは進化論教育をめぐってテネシー州で起きた「サル裁判」だ。高校教師が州法に違反して、キリスト教の創造説を否定する進化論を教えたため有罪となった。当時、進歩的な人々はテネシー州の後れた民度を笑い、いまでも原理主義者や福音派を見下げる材料のようになっている。だが、この裁判で進化論教育否定を弁護する側に立ったのは、かつて困窮する農民らの絶大な支持を受け大統領候補となり、革新政治を牽引したブライアンであった。このことの意味もしっかりと考えた方がいい。

ジャーナリストのブローダーも述べたように、また奴隷解放や公民権運動の歴史が示すように、復古的だと見られる福音派が大改革の原動力にもなりうるし、実際になってきたのだ。現在起きている福音派の右派的動きの背後から、革命的進歩が生み出されないとは言い切れない。強い信仰とはそういう契機をはらむものではないだろうか。

かつてマースデン教授を訪ねたときに、彼が語った言葉に忘れられない一節がある。

「キリスト教原理主義者は、進化論が真実だから宗教は真実でないとするような『宗教否定の原理主義者』と戦っている。このせめぎ合いの中で、宗教をまったく排するのでなく、宗教者が牛耳るのでもない社会が見つかればいい。（宗教的にも）均一化されていない多元的な社会を維持するのが望ましい」

（初出『表現者クライテリオン』二〇二四年一月号を改稿）

第8章 アメリカ白人社会の格差と病

——アン・ケース、アンガス・ディートン著『絶望死のアメリカ——資本主義がめざすべきもの』など

バイデン政権が発足し、アメリカはなんとか正常に復帰しつつあると、多くの人は安堵のため息をついているだろう。その一方で、政権発足二週間前の一月六日にはトランプ大統領（当時）の支持者らが連邦議会を襲撃し死者まで出した。そのこともあって、つい最近まで彼らの思考と感情を理解しようと努めていた主流派メディアや知識人は再び、彼らを妄想にかられ常軌を逸した〝哀れな愚か者〟だと見下すのが当たり前のようになってきた。

扇動した者たちを許してはならない。だが、扇動された者たちに対するそうした視線にこそ「トランプ現象」が起きた原因の本質がある。

二〇一五年末、アメリカ大統領選挙の二大政党候補者選びが本格化するのに先立ち、共和党候補のナンバーワンの人気となり、異様さを見せつけていたトランプ候補登場の意味について、筆者も考え込まされた。そのとき、二つの論考に注目した。

一つは、亡くなってから二〇年近かった社会学者ドナルド・ウォレン（一九三六〜九七）の著書『ラディカル・センター』（一九七六年、未邦訳）であり、もう一つは「二一世紀における非ヒスパニック系

白人米国人の中年期疾病率、死亡率の上昇」と題された六ページほどの論文だ。後者の論文は、ともにプリンストン大学の経済学者であるアンガス・ディートンとアン・ケース夫妻が連名で発表した。大きな波紋を広げ、その後いくつかの追加論文が発表されて、二〇二〇年に著書として公刊された。その邦訳が『絶望死のアメリカ』(みすず書房刊)である。

二〇一五年末の時点ではトランプだけでなく、民主党側では民主社会主義者を名乗るサンダース候補に支持が集まりだす現象も起きていた。二大政党の主流派とは無縁の左右のポピュリストがアメリカ政治を大きく揺さぶり、それはいまに至るも続いている。ディートンらの論文は、その背景にある根源的問題をいち早くうかがわせることになった。

増加する白人中年層の死

ウォレンの著書には後ほど戻ろう。ディートン夫妻はアメリカ人の死亡率や疾病率を調べる中で、偶然、異様なデータにぶつかった。働き盛りである四五歳から五四歳の白人中年層の死亡率が一九九〇年代末期から上昇している。あり得ないことだった。医療・衛生の発達で、スペイン風邪流行など特殊状況を除き、二〇世紀には一貫してアメリカ人全体の死亡率は下がってきた。その流れは今世紀に入っても続いていたが、分け入ってみると白人中年層だけ死亡率が上がりだしている。黒人やヒスパニック系など他の人種集団には見られない。他の先進諸国でも起きていない。

さらに死因を調べると、心臓病などでの死亡は減っているのに、自殺、薬物中毒、アルコール性肝疾患による死亡者数が増えている。主として学歴が高卒以下(含・大学中退、以下同じ)の白人中年層において、特に薬物中毒の死亡者数が急上昇している。短い論文が示したのは、これらの事実だけであったが、衝撃だった。ディートン夫妻はこうした白人中年層の死を「絶望死」と名付けた。やがて多くの識者が、これこそが「トランプ現象」の奥底で起きている本質的問題に関わるのではないか、と考えるようになった。

　そうした問題意識に基づき、夫妻は四年後に著書をまとめ、「絶望死」を生み出すアメリカ社会の病を子細に描き出した。アメリカはもはや努力すれば報われる社会ではない。「アメリカン・ドリーム」は消滅した。いま眼前にあるのは、信じられないような格差社会だ。『21世紀の資本』の著者トマ・ピケティらがつくる「世界格差データベース（ＷＩＤ）」によれば、近年でもっとも個人資産の格差が開いたオバマ政権時代の二〇一四年には、上位一〇％の富裕層が総個人資産の七三％を占有、下位五〇％はたった一％だけだった。

　ディートンらはさらに、アメリカン・ドリームを支えていた「世代間移動性」が失われていることも指摘する。『絶望死のアメリカ』にも引用される、ハーバード大学のラジ・チェティ教授らの調査によれば、一九四〇年生まれのアメリカ人は三〇歳代になれば九割以上が親の所得を超えていったが、いま三〇歳代にあるアメリカ人で親の所得を超えている者は五割程度だ。親より豊かになることがアメリカン・ドリームの核心だとすれば、それを遂げる者は半数しかいない。いまの潮流が続けば、その数はますます減っていくだろう。仮に親を超えても、大多数にとって目の前に立ち塞がるのは絶望的なほどの格差の壁だ。

　さらに、絶望死の背景にある問題は学歴格差であることにディートンらは気付く。白人中年層の絶望死の急上昇は高卒以下が引き起こしていた。大卒以上にはほとんど見られない。高卒以下の場合、世代が下がるほど絶望死は急増しており、中年に限らず若い年齢でも高い率を示している。

絶望死の死者数は二〇一七年で一五万八〇〇〇人。これは「ボーイング７３７ＭＡＸ機が毎日三機墜落して、乗員乗客が全員死亡するのと同じだ」。アフガニスタン、イラク戦争の一八年間の米兵戦死者に相当する数の人々が、絶望死によりたった二週間で亡くなっている計算になる。まさに見えない戦場だ。

なぜ、白人低学歴層が絶望死に至るのか。一九七九～二〇一七年の賃金の動きを見ると、白人労働者全体では年平均〇・四％伸びているが、高卒以下の白人男性では年平均〇・二％ずつ下がっている。この間にアメリカ経済は年平均二・五％成長している。つまり、高卒以下の白人はまったく成長の恩恵にあずかれないばかりか貧しくなっている。大卒以上との賃金の差がどんどん広がっている。

ディートンらは、絶望死の原因を単純に経済格差に帰しているわけではない。経済格差をもたらしたのは、一九七〇年代以降進む産業構造の変化（サービス産業化・金融化・ＩＴ化）だ。製造業全盛時代のアメリカには、何代にもわたり大工場で労働組合に守られ中流生活を謳歌した「高級ブルーカラー階級」が数多くいた。腕一本で大家族を養い、自分は受けられなかった大学教育を何人もの子に与えることができた。人々は次々とその階層にはい上がっていった。

そうした製造業雇用は一九七九年からリーマン危機前の二〇〇七年までに五〇〇〇万以上失われ、同危機以降にも二〇〇万が一挙に失せた。労働組合も崩壊した。現在、民間部門の組合組織率は六％台にすぎない。労働者は流通・運輸などサービス産業で福利厚生もなく低賃金の非正規就業者となって浮遊し、やり甲斐のなさに絶望し求職さえしなくなる。失業率にも反映されなくなる。

　製造業と労働組合の崩壊は、職業への誇り、組合を軸に形成されたさまざまな社交やコミュニティ活動も奪う。派遣の非正規雇用では仕事先との一体感も形成されず、低賃金で家庭生活も崩壊していく。高学歴層世界と低学歴層世界に分かれる「階級社会」が形成され、後者から前者に移動する希望は持てない。従来の社会は崩壊した。これを「封建化（feudalization）」と呼ぶ社会学者もいる。

オピオイド禍——人の死で儲けた企業犯罪

　ディートンらが著書で厳しく断罪するのは、そうして絶望の淵に沈んだ人々を食い物にするように薬物中毒に誘い込み莫大な利益を手にした大手製薬会社の「企業犯罪」と、他の先進諸国に比べて圧倒的に高い医療費を国民に強いながら、平均余命をはじめ国民の健康は最低レベルというアメリカの医療制度だ。

　低学歴白人の絶望死のうち最も数が多く、急増傾向を見せたのは薬物中毒死であり、その原因となった代表的な薬物はオピオイドである。二〇一七年の薬物中毒死者七万二三七人（ベトナム戦争での米兵死者数を上回る）のうち四分の一は医師が鎮痛剤として処方したオピオイドに起因する。このオピオイド禍をもたらしたのは、一九九五年の製薬会社パデュー・ファーマによるオピオイドの商品化であり、食品医薬品局（FDA）の安易な承認だ。さらに医師による意図的な過剰処方を取り締まりしにくくした製薬業界ロビイストと連邦議会議員らの責任もある。「企業がここまで直接的に人の死で儲けることなどめったにない」とディートンらは断罪する。

結局、パデュー社に対しては多くの訴訟が起こされて同社は敗訴し、二〇一九年に破産申請して、一兆三〇〇〇億円相当の依存症対策費を支払うことになる。それでも一九九〇年代からのオピオイド商品の売り上げ三兆八五〇〇億円の三分の一程度であり、約四〇万人の死者と四〇〇万人の依存症患者を考えれば、罰は見合わない。オピオイド禍を描く米地方紙記者のノンフィクション『DOPESICK』（光文社）の翻訳にあたったジャーナリスト神保哲夫は、同書の解説でその不条理を突いている。

ディートン夫妻が鳥瞰図としてマクロに描き出す絶望死の世界を、顔のある人々の生活の場に降りて、地をはう虫の目で追いかけているのが、『ニューヨーク・タイムズ』紙記者ニコラス・クリストフ、同シェリル・ウーダン夫妻の『絶望死』（朝日新聞出版）だ。

同書は一九五九年生まれのクリストフが高校時代までを過ごしたオレゴン州の小さな町ヤムヒルの隣人家族たちの軌跡を追う。六〇年代、彼らはアメリカの豊かさを確かめるように中流家族の道を歩んでいた。それが七〇年代以降の産業構造の変化で、職場を失い、浮遊する。町の手袋工場は閉鎖され、製材所もなくなり、農場は統合され機械化していく。かつての友人やその家族は職を失い、家庭は崩壊し、アルコール漬けからオピオイド中毒に向かう。これがアメリカか、というような世界が悲惨な姿の人々の写真とともに描かれる。

この間、アメリカ経済は五倍に、企業利益は一〇倍に成長した。総個人資産は四六兆ドル増えた。しかし、普通の労働者は逆に貧しくなっている。進んだのは極端な富の集中だけだ。裕福になったのは上位一〇%だけ、下位九〇%はみな下降に転じている状況であり、「ジェフ・ベゾス、ビル・ゲイツ、ウォーレン・バフェットのたった三人のアメリカ人の資産額の合計が、国民の下位五〇%の合計資産額に並ぶ」という。

クリストフらの描写は、同じ富の集中を描くのにも、ディートンらと違って人の顔が見え、迫真性がある。ハーバード大学の政治学者ロバート・パットナムがふるさとの小都市ポートクリントン（オハイオ州）の高校同級生らの軌跡を一九五〇年代末から追って、平等化の時代から格差社会へと反転していくアメリカ社会を見事に描き出した『われらの子ども』（原著二〇一五年、邦訳二〇一七年、創元社）の手法を踏襲している。

疎外された人々——「見下し」への反動

クリストフらの『絶望死』には、ディートンらの『絶望死のアメリカ』では扱いきれなかった問題も登場する。一つは、控えめに見積もっても五〇万人というホームレスだ。ホームレスはトランプ支持者の目立つ窮乏した地域に多いというわけではない。むしろ豊かで進歩的と見られるニューヨーク州、カリフォルニア州などでホームレス比率が高い。民主党の強い州だ。豊かだから中低層向けの住宅難でホームレスに追い込まれる人々が出てくる。カリフォルニア州サンノゼでは少なくとも一二人の警官が警察本部そばの駐車場で車をねぐらに生活しているという。アメリカという国はどこかが狂ってしまったとしか思えない。

もう一つは「刑務所国家」といわれるほどの収監率の高さの問題だ。アメリカの収監者は一四〇万人で、世界の四〇%を占める。いわゆる大量収監問題で一〇万人あたりの収監率は先進国では群を抜いて高い。カナダやフランスの六倍、スウェーデンの一二倍だ。しかも約半数の州で民営刑務所が使われ、刑務所が民営化されビジネスになっている。民営刑務所では公営に比べ暴力事件も頻発している。さらに稼働率を高め収益を上げるために、より厳しい判決を求めてロビー活動までしているというのだから、これもホームレス警官同様に開いた口がふさがらない。

こうしたことすべてが、アメリカの絶望死増加の大きな背景となっている。

ディートン夫妻が絶望死現象に気付いて最初の小論文を公表してから三カ月で、二〇一六年大統領選挙の二大政党候補者選びの州ごとの予備選挙や党員大会が始まった。一部のジャーナリストが注目したのは、絶望死とトランプ支持率の関連であった。白人中年層の死亡率データなどを手掛かりに分析していくと、明らかに関連が見えた。

高卒以下の白人は圧倒的にトランプ支持で、その割合は三分の二に及ぶ。『ワシントン・ポスト』紙は二〇一六年三月段階で予備選における郡レベルでのトランプ票の動向と白人中年層（四〇歳から六四歳）の死亡率をグラフ化し、明らかに関連性があることを見つけた（同年三月四日付同紙）。ディートンらの著書が掲げる白人中年層の死亡率の郡別地図と大統領選の結果の郡別投票動向地図を重ねても、同様の傾向に気付く。

彼らを死に追いやり、そうならずともトランプのもとに走らせるのは絶望的な格差や貧困、家庭と社会の崩壊……だけなのか。もっと厳しい状況にもある黒人やヒスパニックらは死には向かっていない。

そのことを考えるうえで重要なことを早くに示唆したのが、冒頭に紹介したウォレンの『ラディカル・センター』だ。ウォレンは一九七〇年代に「サイレント・マジョリティー（声なき多数派）」と呼ばれ、ニクソン大統領や第三党候補として南部から大統領選挙に挑んだジョージ・ウォレス候補を支持した白人労働者階級について徹底的なフィールド調査を行った。そこに描かれる、二大政党の枠組みでは捉えきれない、政治から疎外された人々こそ、トランプ支持者の前身であった。ウォレンは九〇年代に亡くなったが、その代表作は「トランプ現象」の最中に鋭敏な知識人らによって再発見されていった。

『ラディカル・センター』の冒頭、前書きの代わりにウォレンは一通の手紙を掲げた。フィールド調査に参加した研究者からの苦悩の告白の手紙だ。そこで表明されているのは、政治哲学者マイケル・サンデルがいま、差別問題の最後の課題として突き付けている能力主義・学歴差別の問題である。ウォレン宛ての手紙で研究者はこう述べた。

「成果（学歴）と道義性（善）を関連づけている限り、高い学歴を得たアメリカ人は他者との関係において、自己より学歴の低い者を道義性が低いと見てしまう……この溝を乗り越えて、研究者は白人労働者階級の抱く深い苦悩を読み解き、伝えていかねばならない」

この問題は能力主義・学歴偏重主義がますますはびこるアメリカ文化の核心に関わる。研究者のいうように、アメリカ人は成果（学歴）の高い者は道義的にも高いと考える。一九五〇年代末に能力主義（メリトクラシー）という用語をつくったイギリスの社会学者マイケル・ヤングは、能力主義を否定した。成果を生んだ勝者の傲りと、敗者の怒りを必ず生むからだという。怒りは、勝者が敗者を見下すことへの反発だ。

いまアメリカで起きているトランプ現象と絶望死は、この勝者の「見下し」への反動である。ディートンらによる絶望死に関する最初の小報告が出た直後、保守派論客ロス・ダウサットは「エリート・ネグレクト（elite neglect）」が根底にあると指摘した。学歴の高い社会のエリートたちに見下され、ないがしろにされているという感覚だ。トランプ支持者らを「人種差別主義者」とくくって見下げるような視点が戻りつつあるが、そこに陥穽はないか。

「絶望死」をタイトルとする二書は、そのことをあらためて問いかけている。

（初出『世界』二〇二一年七月号を改題）

第9章

ハイデガー「技術論」でアメリカ公共宗教を読み直す

——藤本龍児著『「ポスト・アメリカニズム」の世紀』

アメリカニズムの動因としてのアメリカ資本主義

『アメリカの公共宗教——多元社会における精神性』（二〇〇九年）で注目された著者による一二年ぶりの新著である。前著では社会（哲）学・宗教学の観点から現代アメリカに深く切り込んでいった。宗教右派や新保守主義（ネオコンサーヴァティズム）、多文化主義（マルチカルチュラリズム）といった現代アメリカ政治を揺り動かしている問題をも、ときに建国期以来のコンテクストに置きながら、大きな構えで論じた。

博士論文を基にした本だったにもかかわらず、公刊当時、広くマスメディアに注目されたのは、アカデミックな枠を乗り越えて、生々しい時局の問題にも取り組んでいった著者の姿勢による[1]。前著がそうした現実感を持った本となったのは、九・一一テロの衝撃により生み出された知的産物だったからだろう。本書もまた、九・一一テロの標的とされたアメリカ主導のグローバリズムの象徴ワールドトレードセンター（WTC）の廃墟から見つかった十字架状のH鋼の梁のエピソードから始まる。「W

TCクロス」と呼ばれた。著者の論考が九・一一の衝撃の影の下にありつづけ、アクチュアルなものであることを強く印象づける。[2] 前著執筆の目的について著者は、そのまえがきの最後で次のように述べていた。

……二十一世紀に入り、9・11テロや世界同時不況によって、現代文明のモデルとしてのアメリカはほころびが見え始めた現在、日本が〈ポスト・アメリカニズム〉の地平を切り拓き、近代という難問にたちむかうための一助になればと思う[3]

本書はそのタイトルから明らかなように、前著で意図したところを引き継いでいる。前著以降、さまざまな場で著者が発表してきた論考をベースにして、主に宗教社会学的な観点で、再び現代のアメリカを分析しているが、著者自身も「あとがき」で述べるとおり「文明論」の色合いが濃くなった。前著にはなかった切り口が加わり、それを思い切って正面に打ち出しているからだ。その切り口とはすなわち、後期ハイデガー哲学の「技術論」を用いてアメリカニズムの意味を整理し直し、さらにそれを前著で著者が行ったアメリカの公共宗教の分析につないで、アメリカ社会の現在を理解していく試みである。

第一章「『現代文明』の形成と動揺」、第二章「アメリカニズムとキリスト教文明」がその試みに宛てられ、第五章「ネオリベラリズムと福音派」が第一、二章での議論を現代アメリカの事象へとつないでいる。それらの中間である第三、四章は、第一、二章と第五章をつなぐ伏線となっている。この中間の二つの章では現代世界は俗に信じられているような「世俗化」の方向ではなく、むしろ逆に宗教が意味を増す方向に進んでいることについて、いくつかの解釈を提示している。

最後の第六、七章、エピローグではトランプ現象とポピュリズム、宗教右派の問題や、前著でも重要な論点として扱った多文化主義、さらに現下の世界的課題であるコロナ・パンデミックを宗教問題に絡めて議論するなど、時務論的展開となっている。

以上が本書の構造である。本稿では主として、著者のいう「文明論」の部分、つまり第一章から第五章までに焦点を当てて、論評してみたい。そこで本書のタイトルである「ポスト・アメリカニズム」あるいはアメリカニズムそのものの議論が集中的になされており、「宗教性」を媒介にしてハイデガーの「技術論」をアメリカニズムの動因としてのアメリカ独特の資本主義の有り様につないでいる。

そこに著者の独創性の高い思索がうかがえる。

グラムシからハイデガー「技術論」へ

ここにいうアメリカニズムは、二〇世紀、さらに限定すればホブズボームのいう短い二〇世紀に世界史的にもまれな隆盛を見たアメリカが、その内に生み出し、広く世界に投射したシステムである。そのシステムの中で生まれた人間存在のかたちをも包含する。多くの国々がそのシステムに取り込まれたり、影響下に置かれたりしている。そのアメリカニズムは、おそらく一九七〇年代以来、新たなフェーズに入っている。さらに二一世紀に入って、九・一一テロの衝撃に出合い、大きな振幅を見せ始めた。振り返れば「ポスト・アメリカニズム」の議論は一九七〇年代から始まっていた。ベトナム戦争での敗戦、同時進行した金ドル交換停止によるブレトンウッズ体制の崩壊、アメリカ国内での人種対立激化……は、九・一一以降の今世紀初頭の二〇年間に起きた様々な混乱に匹敵するくらい、あるいはそれ以上に深刻だったともいえる。[4]

そうした一九七〇年代の危機にもかかわらず、アメリカは再生し冷戦を乗り越えて一九九〇年代の繁栄を見た。しかし、その再生の中に孕まれていた矛盾が九・一一テロを契機に長期にわたるアフガニスタン・イラク戦争、二〇〇八年金融危機として象徴的に現れた。この矛盾がトランプ現象、サンダース現象という左右のポピュリズム運動を巻き起こし、再び「アメリカニズムの終焉」あるいは「ポスト・アメリカニズム」が議論されているのが、今日の状況である。[5]

二〇世紀、特に冷戦終結を経て勢いを増し世界を覆っていったアメリカニズムとは、まず「大量生産・大量消費に基づくリベラル・デモクラシー」であった。そのことの意味を最も早くに捉えたのはアントニオ・グラムシであり、その『獄中ノート』（一九三四年）で研究課題の一項目として「アメリカニズムとフォーディズム」を挙げ、思索を書き付けた。アメリカ的なものすべてが野卑で軽薄と見下げられる傾向が強かった一九世紀的視点が依然として残る中で、グラムシはヘンリー・フォードが自動車製造で始めた「大量生産・大量消費」のシステム（フォーディズム）が欧州にまで広がる様子に、いち早く「近代文明の転換」を見て、その思索をまとめた。

本書著者は、グラムシはフォーディズムのうちに「不気味な力」を見たと言い、そのグラムシの分析にハイデガーが展開する「技術論」やアメリカ観の先駆ともいうべき位置づけを与えている。グラムシのフォーディズムに関する思索は一九一九年にトリノのフィアット自動車工場にフォード式の労働・生産様式を見たことに始まっている。ハイデガーが技術やアメリカニズムに文明論的な思索を向け出すのは一九三〇年代からとみられるから、グラムシが先行している[6]。

　グラムシがアメリカニズムに「不気味な力」を見たと本書著者が指摘するのは、たとえばグラムシがアメリカニズムとフォーディズムを「計画経済組織に至る内在的必然から生まれたもの」としたところなどであろう。グラムシは一九二〇年代当時、フォーディズムとロシアで革命後に発展していく計画経済をひとつながりの流れとみていた。このグラムシの視点は、ハイデガーが一九三五年夏学期の講義で「ロシアとアメリカは、形而上学的に見れば、同じものである。枷をはずされた技術と平均的人間の根拠のない組織化が、同じように慰めもなく荒れ狂っている」と述べ、さらに一九四二年夏学期の講義で、ボルシェヴィズムも「アメリカニズムの一変種」とみた視点と通底する。本書著者は「ハイデガーは、グラムシ以上にアメリカニズムを哲学的にとらえていたが、そこに不気味な力を察知している点では共通していた」とみる[7]。

　この「不気味な力を察知」という表現はむしろハイデガーの方により当てはまろうが、それは講義当時のハイデガーとドイツの政治的立場が影を落としていたからだともいえそうだ。グラムシはより中立的にアメリカニズム＝フォーディズムを見ていたようにも思えるが、ボルシェヴィズムの実験が失敗に終わったことが明らかな今日から振り返ると、グラムシの文章にも不気味な響きがあるのは否定できない。

　本書著者が「ポスト・アメリカ」論の起点として第二章で詳述する、このグラムシ－ハイデガーによるアメリカニズムとボルシェヴィズムの一体視は、たとえば哲学者ジョージ・サンタヤナの同時代（一九二〇〜五〇年代）の思想にもうかがえ、二〇世紀前半の欧米知識社会における世界観のひとつの典型だったかもしれない。[8] ハイデガーは、本書著者も引用するとおり三五年夏講義で「ヨーロッパはロシアとアメリカとに挟まれて万力の中にある」と述べ、ヨーロッパはそこで自殺しようと身構えているという見方を示した。形而上学的視点から語っているのだが、大戦に向かう中でナチズムに傾斜するハイデガーが現実の世界情勢を見る視点を反映するような観察だ。他方で、その後の二〇世紀世界の構図を見通すようでもある。ハイデガーの中では、そのロシアとアメリカを比べるとアメリカが重視されていたことも留意しておきたい。ただ、この時代、こうした地政学的視座も、ハイデガーのみのものではなかった。[9] しかし、こうした視座が戦後「技術論」というかたちで文明論的展開をしていくところにハイデガー思想の重要性、今日性を見いだし、そこにアメリカの宗教性を結びつけて論じているのが、本書の意義だ。

ハイデガー哲学は前期（〜一九二七年）には存在論、後期（一九三六年〜）には技術論が大きな位置を占めるが、中期においてその橋渡しをするかたちで上記のようなアメリカニズム＋技術論が初期的な展開をみせる。技術論の主要なテキストは『講演と論文』（一九五四年）に収められている。一九四九年のブレーメン講演から一九五五年までになされた数回の講演が重要だ。[10]

本書著者はこうしたテキストを読み込みながら、ハイデガーが論じていたのは「技術の本質」であったと説明する。つまり文化の産物としての技術ではなく、文化、政治、宗教などと同列にあるものでもなく、「それらを規定する文明の根本要因」としての技術が持つ本質である。従って、そうした「技術の本質」から生じる「危機」も根本的なものとなってくる。それは単に核兵器技術が地球の文明を終わらせるというような表層的なことでなく、そうした技術をも生み出す本質、一切を技術によって染め抜いていくような力が人類文明（あるいは人間の精神）に危機をもたらすということである。ハイデガーは、そうした技術の本質を「ゲシュテル（Gestell）」という独自の用語で表現した。ゲシュテルは「追い立てるように挑発ないしは徴発して役立てること」を意味し、ハイデガーの技術文明論の文脈の中において「総かり立て体制」という訳語が一般化しており、本書もその訳語を用いている。本書の中で著者はハイデガーの「総かり立て体制」について次のように説明する。

> あらゆるものを「役に立つモノ」として仕立て、臨機応変に効率よく利用するために「固有な位置」を奪って機動性をたかめる。しかもヒトを強制的にではなく自発的に動く主体に仕立て、流動的な「作為構造」の中で循環させる。[11]

ここには、グラムシが「フォーディズム」の中に見たものを超え、「フォーディズム」以降の世界の哲学的本質あるいは危機をハイデガーが見ていたことが示されている。既述のようにアメリカとロシア（当時のソ連）の同質性と双方の危機に気付いた思想家たちが幾人もいた。グラムシの場合は、フォーディズムの先にソ連型計画経済の完成を見ていた。ただ、ハイデガーはあきらかにアメリカにこそ「総かり立て体制」のもたらす現代的危機がより深刻に現れているとみていた。本書著者は「ヘルダーリンの讃歌『イスター』」（一九四二年夏講義）の言葉を引用して、ハイデガーが「総かり立て体制」を進めるアメリカ(ニズム)を「デイノン(法外なるもの・休らいなきもの)」「不気味なもの」「故郷ならぬもの」と規定していたことを例示している。[12] その「ヘルダーリンの讃歌『イスター』」で、ハイデガーは次のようにも述べている。

> アメリカニズムは、無節制の本来的に危険なる形態である。なぜならそれは、民主的で中産階級的な考え方というかたちで、またそれとキリスト教精神が混ざって登場するからであり、そしてこのすべてが決定的な歴史喪失の雰囲気の中で起こっているからである。

本書著者によれば、ここに言う「キリスト教精神」について、ハイデガー自身は詳述していない。アメリカニズムが起きた「決定的な歴史喪失」の雰囲気とは、欧州の歴史伝統から離れて自らの政治理念をつくり出したこと、そこから二〇世紀に至って「数と量による思考」をデモーニッシュなまでに極端化させ「故郷」や「西欧的なるものの原初」を破壊してきたことを指す。その背後には、「自らの力で世界や人間、歴史を創ることができるとするアメリカニズム」があり、そのアメリカニズムには「キリスト教の創造論」が作用している、という解釈を示す。[13]

つまり、アメリカで「総かり立て体制」が極端なかたちで実現し技術大国になっているのは、アメリカにおけるキリスト教精神によるのだという。さらに著者は、アメリカニズム＝「大量生産・大量消費に基づくリベラル・デモクラシー」の根底に、アメリカにおける独特のキリスト教の発展を見ようとし、グラムシからハイデガーへと深まったアメリカニズムの考察をさらに深化させようと試みている。多くの読者が気付くように、ここでハイデガーの「技術論」とマックス・ウェーバーの『プロテスタンティズムの倫理と資本主義の精神』が接続する。そこに、本稿冒頭に述べたような本書著者の独創性がある。それをたどるには、読者はまず第五章に進んだ方がよい。

かり立て体制と創造説

第五章でははじめに、一九七〇～八〇年代からアメリカで隆盛となり、冷戦終結以降は世界を覆うようになった「新自由主義（ネオリベラリズム）」が論じられる。著者が引用する経済学者によれば、新自由主義は多義的で、いまや経済学用語としては使われなくなってきている、という。しかし、著者は社会思想としての新自由主義は重要だとみて、その概念がどのように変遷してきたかをたどり、新自由主義の中にキリスト教的世界観である「終末論」が隠れていることを明らかにする。その際に援用されるのは、フランスの哲学者ジャック・デリダやアメリカの政治学者ウォルター・ラッセル・ミードだ。

ミードは著書『神と黄金』で二〇世紀後半の新自由主義に至る一つの源流であるウィッグ史観を「アブラハムの物語（ナラティブ）と資本主義の物語（ストーリー）を力強く包括的に総合したもの」と論じた[14]。デリダは、冷戦の終わりをリベラル・デモクラシーと市場経済の勝利と定義して新自由主義の世界的拡大を支える理念となったフランシス・フクヤマ（一九五二～）の『歴史の終わり』に「福音」ということばがちりばめられていることに気付き、同書の主張は「形而上学的でキリスト教的な『終末論』である」と指摘しているという[15]。

裏に隠れたキリスト教的世界観という見方とはやや位相を変えるが、新自由主義は基本的に合理主義の否定を内包していることに留意しておいてもいいかもしれない。新自由主義には本書も検討しているようにいくつかの潮流があるが、そのうちでも最も重要な流れをつくったフリードリッヒ・ハイエク（一八九九～一九九二）の思想は、まさに計画経済の合理性に対し市場の非合理を対峙させ、合理主義の奢りを戒めるものだった。ハイエク思想の核をなすのは「法の支配」であり、「法の支配」の概念は宗教と切り離せない。[16] また、今日にまで至るアメリカでの新自由主義的政策は、レーガン大統領に先立つカーター大統領時代（一九七七～八一年）に始まったが、カーターは「ボーン・アゲイン」を公言した初めての大統領といわれる。

カーター、レーガン両大統領の時代を通じ、アメリカでは新自由主義と並行して福音派が興隆したことは両者の親和性を示すのではないか。著者はウェーバーの『プロ倫』を手掛かりに、そこへ論考を進める。ここで著者が注目するのは「脱魔術化」である。近代化の過程では科学的思考によって脱魔術化が図られると一般に考えられているが、ウェーバーはそれに加え「宗教」が果たした役割に光を当てた。他の主要宗教に比べ特に、プロテスタンティズムの場合、宗教倫理による脱魔術化が働く仕組みがあったとウェーバーは見た。

プロテスタンティズムの「天職（Beruf）」の概念と、救済の「予定説」が世俗的生活における積極的な態度と生活様式の合理化を促す一方で、世俗外すなわち神やあの世との緊張関係を生み、近代の合理化を発展させるエトスをもたらした、とウェーバーは考えた。この脱魔術化の過程の始まりは、古代ユダヤによる偶像崇拝や呪術の排斥にあり、一切の宗教的儀式を排する真のピューリタンの信仰のかたちで完成した。

さらにウェーバーに従えば、救済を目指し呪術的世界を打ち破り合理化を追求するプロテスタントの行為は倫理的・宗教的価値で意義づけられた「価値合理的」なものだった。だが、やがて「救済」という価値が見失われ、人間の社会的行為はウェーバーが「形式合理的」と呼ぶ制度に組み込まれていく。現代文明の「鉄の檻」である巨大な官僚制による資本主義的経済組織である[17]。

本書著者は第五章で以上のように『プロ倫』を読み直す。ウェーバーの描く現代文明の姿は、本稿二節の冒頭で述べた一九七〇年代に大きな危機を経てフェーズを変える前のアメリカニズムを考えるうえでは極めて有効だ。つまり巨大なテクノクラート集団を抱え巨大工場を動かして大量生産・大量消費に応じていくような製造業中心のアメリカを考えるうえでは、ウェーバー理論で納得できる。

だが、その後の新自由主義が隆盛となっていく時代に情報技術（IT）・金融、あるいはGAFAに代表されるプラットフォーム企業が経済の中心となってきた。そうした時代におけるアメリカニズムを考えるにあたり、著者は「技術論」を主題とした後期ハイデガーの主著とされる『哲学への寄与』に依拠しながら、ウェーバーの文明論を修正していく。

ハイデガーはウェーバーとは逆に現代を「魔術化」の時代だととらえ、「この魔術化はどこから来るかを知らなければならない」と問い掛け、「答えは、作為性（あるいは作為構造）のとどまることのない支配からくる」と述べている（『哲学への寄与』59「全き問いのなさと魔術化の時代」）。

『哲学への寄与』は筋道を追うのがまったく困難な書だが、本書著者は同書の59節を軸に、ハイデガーの「技術論」によるアメリカニズム解釈を進めている。「作為性のとどまることのない支配」とは技術による支配を意味していると解釈できる。同じ59節で、ハイデガーは現代に起きているのは「技術という魔法をかけること」とも述べている。

著者はハイデガーとウェーバーはまったく逆のことを言っているのではなく、二人には共通性があると見る。ハイデガーは、あらゆる事象を数字化して算定することも魔術化として批判的に見ていたが、ウェーバーもすべての事象を算定することで支配できると考えるのは脱魔術化ではあるが「信仰」だとも述べている（『職業としての学問』）。こうして著者は、ウェーバーが「形式合理性」と呼んだものとハイデガーが「作為性」と呼ぶものに近似性を見る。さらに著者は『哲学への寄与』を読み込むことで、「作為性（作為構造）」とは、あらゆる存在を数値化してとらえ、利用可能なものとして動員していくことであり、それこそが「総かり立て体制」にほかならないと理解する。こうして数値化と算定を用いて、技術により不確実性を縮減していこうとするのが、今日のＩＴ・金融産業の世界であり、人工知能（ＡＩ）により人知を超えていける（シンギュラリティ）とする発想こそが、ハイデガーが指摘した「現代の魔術化」であると著者は結論づけている。ここで著者が注目するのは『哲学への寄与』67節にある「作為性（作為構造）」と宗教に関する叙述である。ハイデガーが、作為性には「有るものを創造サレタモノens creatumとするキリスト教的――聖書的な解釈が含まれている」と述べている点である。このハイデガーの叙述に従えば、今日現前で展開するＩＴ・金融世界あるいはシンギュラリティを目指すＡＩ技術世界の「総かり立て体制」は、ユダヤ－キリスト教の創造説と親和性があるということになる。[18]

金融資本主義やＩＴ産業隆盛の背景

以上が、本書著者がアメリカニズムに関して加えた新たな考察の中心部分である。本稿の冒頭で述べたように、一九七〇年代にアメリカニズムは大きな屈折点を迎えた。アメリカ資本主義は産業革命以来初めて、先陣を切ってポスト製造業＝ポスト・フォーディズムの世界に突入した。他方、アメリカではキリスト教の信仰復興運動が定期的に起きてきたが、一九七〇年代以降アメリカは新たな信仰復興運動の波の中にあると考えられている。現在の信仰復興は、フォーディズム登場に先立ち一九世紀末に起きた信仰復興以来の波である。そこで金融資本主義やＩＴ産業が大発展している背景は何なのか、本書はその理解を助けるものであろう。紙幅の都合で本稿では詳述できなかったが、ハイデガーとウェーバーを軸に本書が論じる現代世界の「魔術化」については、ユルゲン・ハーバーマスの「ポスト世俗化」論やホセ・カサノヴァの「公共宗教」論によっても補完されている。本書は上述したようなアメリカニズムの現状への考察を軸にして、トランプ現象や多文化主義（マルチカルチュラリズム）などアクチュアルな事象にも切り込んでいる。では、著者がすでに兆しがみえると言う「ポスト・アメリカニズム」は、いかなるかたちで訪れることになるのか。そこにおける「技術」と「宗教」はどんな意味を持つことになるのか。今後の著者の思索の発展に注目していきたい。

（初出　『一神教学際研究』二〇二一年を改題）

注

（1）藤本龍児『アメリカの公共宗教——多元社会における精神性』ＮＴＴ出版、二〇〇九年は二〇一〇年二月二八日付「毎日新聞」朝刊読書欄書評（評者・松原隆一郎）、同年二月六日付「読売新聞」夕刊「次世代人」欄での著者紹介など主要新聞で取り上げられた。なお、当時は次作として著者による「日本の公共宗教」執筆が期待された。

（2）藤本龍児『「ポスト・アメリカニズム」の世紀』筑摩選書、二〇二一年、一四－一六頁参照。

（3）同上、九頁。

（4）一九七二年四月、当時のニクソン大統領は思想家ラッセル・カークを招いて「（この国に）希望はあるか」と尋ねて議論した。カークはビザンチン帝国を例に挙げ大国の消長を論じた。当時の政治指導者の危機感を象徴するエピソードである。Russell Kirk, *The Sword of Imagination* (Grand Rapids: Eerdmans, 1995) pp. 330-335.

（5）一九七〇年代のアメリカのフェーズ転換は本書（藤本 二〇二一）も指摘し（三〇頁）、古矢旬『グローバル時代のアメリカ』（岩波新書、二〇二一年）も第一章で論ずるところだ。拙著・会田弘継『破綻するアメリカ』（岩波現代全書、二〇一七年）、第一章でもさまざまな経済指標や社会指標を用いて説明した。藤本（二〇二一）が扱うのはアメリカ衰退論よりスケールの大きな「文明論」だが、会田（二〇一七）序章では、二〇世紀後半から今世紀にかけての衰退論の系譜も通観しているので参照されたい。

（6）グラムシのフォーディズム論から二〇世紀アメリカニズム、あるいはポスト・アメリカニズムを論ずる視点は、佐伯啓思『「アメリカニズム」の終焉』（ＴＢＳブリタニカ）、一九九三年、古矢旬『アメリカニズム』（東京大学出版会、二〇〇二年）も参照されたい。両氏の諸論考はともに本書著者に影響を与えてきた。なお、両氏が本書著者の司会で行った対談「『アメリカ』とは何か?」『ひらく 5』（エイアンドエフ、二〇二一年）も本書と相前後して公刊された。

（7）グラムシの引用は山崎功監修『グラムシ選集3』（合同出版、一九六五年、一五頁）。ハイデガー引用は本書六四－六五頁のほか、岩田靖夫、ハルトムート・ブフナー訳『ハイデッガー全集第40巻形而上学入門』(創文社、二〇〇〇年)も参照した。なお、一九三五年講義は『形而上学入門』として刊行され、四二年講義は「ヘルダーリンの讃歌『イスター』」と題されている。

(8) ジョージ・サンタヤナ(一八六三〜一九五二)は一九二〇年代以降、世界文明は「産業自由主義」によって「たった一種の安っぽくてつまらない型に格下げ」されていくと見た。それを「共産主義」と呼ぼうが「アメリカ式生活」と呼ぼうが、「無限に抑圧的で単調な未来の支配体制」が差し迫っていると考えた。Russell Kirk, *The Conservative Mind* (Regnery Books: 1953)の第一二章参照。

(9) たとえば、トロツキーと親交を持ちながら独ソ不可侵条約締結で共産主義を捨て、新しい世界観を形成して戦後アメリカ思想界に大きな影響を及ぼしたジェームズ・バーナム(一九〇五〜八七)は、アメリカも共産ロシアもテクノクラート支配という点で変わらないとみた。世界はアメリカ・西欧、ロシア、東アジアを核に三つの抑圧的なテクノクラート支配圏に分かれて争うというバーナムの未来世界像は、冷戦戦略だけでなく、戦後アメリカに現れた各種のエリート支配論に影響を与え、トランプ現象の底流ともなっている。ハイデガーの「技術論」とも通底するところがある。会田「ジェームズ・バーナム思想とトランプ現象」アメリカ学会『アメリカ研究』52、二〇一八年、四一－六三頁参照。なお、こうしたアメリカとロシアについての洞察のごく初期のものは、「アメリカニズム」の重要エレメントであるデモクラシーを考察したトクヴィルにみられることに留意したい。トクヴィル『アメリカのデモクラシー』松本礼二訳、岩波文庫、二〇〇五年、第一巻(下)四八－四九頁参照。

(10) このうち三講演は簡便なかたちで日本語でも読める。マルティン・ハイデガー『技術とは何だろうか』森一郎編訳(講談社学術文庫)が「物」「建てること、住むこと、考えること」「技術とは何だろうか」の三講演を収めている。Ge-stellなどハイデガー独特の言葉使いで、極めて重要なものについて本書著者は、森一郎の訳語を用いている。

(11) 藤本(二〇二二)八一頁。

(12) 現代欧州思想における反アメリカニズムの系譜をたどったジェームズ・W・シーザーも著書で、アメリカとロシア（ソ連）の国家体制の「形而上学的な」類似性を述べていたハイデガーは一九四二年（『ヘルダーリンの讃歌『イスター』』となる講義が行われた年）ごろからアメリカニズムこそ近代性の危機の唯一のシンボルとみるようになり、戦後は技術主義を最大限に体現したアメリカこそが強く危機感を持っていたと指摘している。James W. Ceaser, *Reconstructing America: The Symbol of America in Modern Thought* (Yale University: 1997) pp. 189-190.（ジェームズ・シーザー『反米の系譜学』村田晃嗣、伊藤豊、長谷川一年、竹島博之訳、ミネルヴァ書房、二〇一〇年、二〇一-二〇二頁）。

(13) 藤本（二〇二一）八三-八四頁。

(14) Walter Russell Mead, *God and Gold* (Vintage Books: 2007)（ウォルター・ラッセル・ミード『神と黄金』寺下滝郎訳、青灯社、二〇一四年）下巻一五三頁。

(15) 藤本（二〇二一）一七五-一七六頁。

(16) F・A・ハイエクの合理主義・科学主義批判は、*The Counter-Revolution of Science: Studies on the Abuse of Reason* (Free Press: 1952) 参照。「法の支配」の発展と宗教の関連についてはフランシス・フクヤマが Francis Fukuyama, *The Origins of Political Order* (Farrar, Straus and Giroux: 2011) で詳述している。

(17) 藤本（二〇二一）一九三-二〇二頁。

(18) 藤本（二〇二一）二〇二-二一七頁。なお、『哲学への寄与』からの引用については、藤本（二〇二一）内からの再引用に加えて、邦訳『ハイデッガー全集第65巻哲学への寄与論稿』創文社、二〇〇五年からも引用した。なお引用にあたっては、一部訳語は藤本（二〇二一）が使用した訳語に変えた。

第10章

トランプ現象は終わらない
——建国にさかのぼる孤立主義

日米安保「廃棄」発言の背景

二〇一九年一〇月、トランプ大統領の突然の米軍のシリア撤退表明に、世界は唖然とした。「アメリカ・ファースト（米国が第一）」がトランプの標語であることは百も承知だ。だが、「ここまでやるのか」という思いであったろう。きのうまで肩を並べ戦ってきたクルド人勢力を見捨て、平然とトルコの猛攻にさらす。自国のメディアからさえ「裏切り」と激しい言葉を投げつけられても、トランプは「七〇〇〇マイル（一万キロ）も向こうの話だ」と、どこ吹く風だ。

その後、ペンス副大統領らによる尻ぬぐいがあったが、「ことによると……」という想像が、さまざまなシナリオで日本人の頭をよぎったとしても不思議でない。トランプは二〇一六年米大統領選挙の候補選びの段階から、日米安全保障条約や北大西洋条約機構（ＮＡＴＯ）といった、アメリカのグローバルな安全保障戦略の主柱である同盟関係を不必要とみなす発言を繰り返してきている。

日米安保条約については、一九年六月にも私的な会話で「破棄」に言及したと伝えられた（同月二四日付ブルームバーグ通信報道）。その直後のG20大阪サミット出席後の記者会見では「破棄」には言及しなかったが、「アメリカが攻撃されても日本が戦わなくていいのは不公平だ」と言って、見直しを求めた。忘れられたかもしれないが、大統領選中にはトランプは在日米軍撤収も辞さぬと言い、日本が自衛するなら核武装しても構わないとまで言っていた。米大統領がここまで公然と日米安保への不満を述べ変更や破棄を求めたのは、異例どころか、異常事態だ。

　トランプのこの種の発言（一種の世界観）の背景を、①冷戦終結後に見られた保守派内論争、②二〇世紀前半における外交路線論争、③建国期以来の歴史に通底する思考――の三点から考えてみたい。トランプの発言は一見奇矯だが、そうした視点を加えてみると、アメリカの歴史においてはむしろ「初期設定」ともいえる対外姿勢の表明であるともいえる。

　さらにトランプの足下で起きている新たな思想運動との関連も考えてみる。留意が必要なのは歴史的にも、現状においても、こうした対外非介入の動きは右派だけでなく、左派にも見られ、左右がその点で合流する動きもあることだ。つまりトランプ政権が終わって民主党政権になっても、この傾向は継続する可能性が高い。

ブキャナン路線を踏襲した二〇一六年のトランプ

　トランプ現象は一九九二年大統領選で起きたブキャナン現象の再来だ。討論番組などで広く知られていた政治評論家パトリック・ブキャナン（一九三八〜）は、共和党の大統領候補選びで湾岸戦争（九一年）に勝利した現職の父ブッシュ大統領に挑んで異例の名乗りを挙げ、善戦した。予想外の出来事に共和党は混乱し、本選挙でブッシュ大統領が民主党ビル・クリントン候補に敗北する一因となった。

その時ブキャナンが用いたスローガンが「アメリカ・ファースト」である。それだけではない。ブキャナンは日米安保条約破棄、NATO離脱・在欧米軍撤退、日独核武装容認などアメリカの対外関与の全面的縮小を訴えた。貿易面では徹底的保護主義を打ち出し(当時の標的は日本)、中南米系移民を規制し、製造業の白人労働者階級救済を掲げた。

二〇一六年のトランプは、まさにこのブキャナン路線を踏襲したものだ。ブキャナン路線の背景になったのは一九九一年の湾岸戦争をめぐる保守派内の思想闘争だった。

ブキャナンら「伝統保守派」と呼ばれる知識人集団は当時、冷戦という「第三次世界大戦」を終えたアメリカは二〇世紀初頭、第一次世界大戦からの長い戦争の時代を終え、やっと「故郷に帰るときが来た」と見ていた。つまり、第一次世界大戦からの長い世界的関与の時代は、アメリカ本来の姿ではなく、冷戦終結でやっと本来の姿に立ち戻るときを迎えたと考えた。

こうしたブキャナンの思想を最もよく表していたのは、外交論壇誌『ナショナル・インタレスト』一九九〇年春号に寄稿したエッセー「一にも、二にも、三にもアメリカ」(America First－Second, and Third)であった。ベルリンの壁が崩壊し、ブッシュ米大統領とゴルバチョフソ連共産党書記長がマルタ島で冷戦終結を宣言した直後のことだ。民主主義の防衛を掲げて第一次世界大戦に参戦して以来、父祖の遺訓に背いてきた過ちの時代に終止符を打つべきだとブキャナンは激越なトーンで訴えた。

その年の夏にイラクがクウェートに侵攻して始まった湾岸危機では、当然非介入を訴えた。伝統保守派の重鎮だったラッセル・カーク(一九一八～九四)もブキャナンとともに九一年の湾岸戦争に反対した。カークは第二次世界大戦中も反戦の立場で、原爆使用の際も強い怒りを表明していた。さらに、小さな政府論を主張し、戦争は肥大化した政府を生むと考えるリバタリアン（自由至上主義）知識人らも、これに合流した。

ネオコンの台頭と衰退

この伝統保守・リバタリアン連合に対し、冷戦終結はアメリカがグローバルに一極覇権を達成する好機の到来だと見て同連合と対決したのが、一九七〇年代以降の冷戦後期から保守思想界の中で台頭し影響力を強めてきたネオコン（新保守主義者）集団であった。

ブキャナンのエッセーが発表される半年ほど前、まだベルリンの壁崩壊以前、同じ『ナショナル・インタレスト』一九八九年夏号に発表されたのがフランシス・フクヤマ（一九五二〜）のエッセー「歴史の終わりか？」である。人類の統治形態は自由と民主主義、市場経済に収斂すると論じたこのエッセーは、冷戦終結を予知し、その意義を示したとして世界的反響を巻き起こした。やがて著書『歴史の終わり』（原著一九九二年）となってまとめられ、冷戦後の民主化拡大路線を主導するネオコン知識人らに「バイブル」として扱われた。

政権内外のネオコンらの影響も受けながら一九九一年一月クウェートからイラクを追い出すためアメリカ主導で始まった湾岸戦争は、短期に圧倒的勝利で終わった。ブキャナンの介入反対に対し、ネオコンの立場から開戦を最も強く訴えたのは論客チャールズ・クラウトハマーであった。同戦争勝利により、クラウトハマーは論壇の寵児となり、持論であるアメリカの「一極支配」を外交論壇誌『フォーリン・アフェアーズ』や『ワシントン・ポスト』紙などを通じて主張し続けていく。他方、ブキャナンは翌九二年大統領選共和党予備選で戦勝大統領であるブッシュ（父）に挑戦し、善戦しながらも挫折したことで、保守派内論争はいったんネオコンの大勝利で終わった。

一九九〇年代を通じ保守派内でのネオコン優位が続く中で起きたのが二〇〇一年の九・一一テロだ。ネオコンはこれを念願の中東民主化実現のチャンスととらえ、アフガニスタン攻略からイラク侵攻に踏み出すが、今日まで長期にわたる中東の泥沼状態を招き、多くの米軍将兵の命も失った。ネオコンがその著書をバイブルのように扱っていたフクヤマも、イラク戦争が始まった段階でネオコンとの決別を宣言した。ネオコンは『歴史の終わり』を誤読しているとの理由だった。

他方で、一九八〇年代のレーガン政権期以来進められてきた小さな政府・規制緩和のリバタリアン的経済政策（ネオリベ政策）も金融・情報化、グローバル展開の末に二〇〇八年リーマン危機で破綻を露呈。右に反税のティーパーティー、左に格差批判のオキュパイの大衆の反乱を招いた。

保守派内論争で見れば、ネオコンが敗退し、ネオリベ経済路線も挫折し、伝統保守の系譜パレオコン（paleocon, paleoconservative の略、旧来保守）が優位に立った。つまりブキャナン型思想が残り、現実に適用する好機が来たのである。トランプ陣営が二〇一六年にブキャナンの選挙戦術をそのまま使った理由だ。そして、成功を見た。二〇一六年以降は、民主党も含めて、アメリカ全体が「アメリカ・ファースト」モードに入っているといえる。

他方、対外関与を積極的に求める第一次世界大戦以降の流れを近年において代表し、一九八〇年代以降は「主流派」となっていたネオコンは、トランプ登場とともに少なくとも共和党陣営・保守陣営では凋落の憂き目をみることになった。そうした潮流の変化を象徴する出来事の一つはクラウトハマーの死去だ(二〇一八年六月、六八歳)。クラウトハマーは九・一一テロ後もイラク侵攻・民主化を主張する急先鋒となり、外部からのイラク体制転換強制について否定的なフクヤマと激しい論争を起こした。

トランプが去っても終わらない「トランプ現象」

この図式から左派はあえてはずしたが、随伴する動きが起きてきた。一九九二年大統領選には民主党側の予備選挙にもブキャナンと似た主張をする候補が出て(トム・ハーキン上院議員)、クリントン陣営の選挙戦術にも一定の影響を及ぼした。しかし、クリントンは政権を握ると安全保障はネオコンの影響を受け、経済は完全にネオリベ路線へと転換した。いわゆる「第三の道」だ。

息子ブッシュ政権のネオコン路線を脱却し内向き路線に向かい出したオバマは、民主党内に冷戦終結直後から兆していた内向き傾向の伏線に乗って出てきたともいえる。内向きという意味ではトランプ登場の前座ともいえる。黒人大統領登場を理想の実現と見ることは否定しないが、オバマ時代は経済失政で中産階級を崩壊させたことで、結果的に人種対立を深め、その意味でもトランプ登場の下地をつくった。

トランプ現象は冷戦終結直後のブキャナン現象に始まるわけだが、さらにさかのぼれば第一次世界大戦後のアメリカの国際連盟加盟拒否に至る。当時のウィルソン大統領(民主党)は一九一四年の大戦勃発後も孤立主義を維持し、一六年大統領選でも非戦を掲げ再選されるや、翌一七年には「民主主義を守る戦争」「戦争を終わらせるための戦争」を標語に参戦に踏み切り、戦後処理で国際連盟を提案し実現させた。ネオコンはこの民主化路線の流れを汲む。

しかし、海の向こうの欧州の戦争で一〇万の若者を死なせたウィルソンの背信にアメリカ国民は憤り、はやくも開戦の翌一八年中間選挙では対外非介入派の野党・共和党が連邦議会上下両院を押さえ、大戦後のベルサイユ講和で決まった国際連盟への加盟をはねつける。その際に加盟反対派を率いたウィリアム・ボラー上院議員はアメリカ孤立主義者の代表例だ。ボラーは「連盟に加盟すればアメリカは自由と自治、民主主義の魂を失う」と主張し「旧世界」との交わりを断つよう訴えた。ここに、ブキャナン-トランプ現象の二〇世紀初頭における源流がある。

ボラーの孤立主義の系譜と、それを支持する国民感情は一九四一年末の真珠湾攻撃まで四半世紀近く続いた。典型は第二次世界大戦開戦（一九三九年）の翌年に、参戦阻止を目指し飛行家リンドバーグらが結成した「アメリカ・ファースト委員会」である。当時は絶大な支持を得ていたが真珠湾攻撃で状況は逆転し、アメリカは参戦する。ただ、直前の一九四〇年大統領選まで非戦を誓っていたＦ・Ｄ・ルーズベルト大統領（民主党）の方向転換の背景をめぐっては、大戦中から今日まで議論は絶えない。

つまり、二〇世紀前半期の基調となっていたボラー-リンドバーグの系譜は、伏流となって大戦期、冷戦期をくぐり抜け、冷戦終結後にブキャナン-トランプに引き継がれた。その系譜の表出を抑え込んでいたのが冷戦体制であり、第二次大戦後に今度はアメリカが加わり率いた国際連合・ブレトンウッズ（ＧＡＴＴ・ＩＭＦ）体制による「自由な国際秩序」（ＬＩＯ）であった。ただ、その間も、この体制を揺るがしたときがあった。ベトナム戦争撤退からブレトンウッズ見直しでアメリカ覇権を修正したニクソン時代である。ニクソンをトランプの「アメリカ第一主義の起源」とする見方もある（故・松尾文夫氏）。ブキャナンはニクソンの側近の一人であった。

ボラー‐リンドバーグの系譜は、建国期に初代大統領ワシントンが離任時の「告別の辞」で「旧世界のごたごたに巻き込まれるな」と訴えたこと、あるいは第三代大統領となったトーマス・ジェファソンの農本主義的国家像にうかがえる対外観、さらに第五代大統領モンローが宣言した孤立主義（欧州との勢力分割論）、宣言起草に当たったジョン・クインシー・アダムズ国務長官（のち第六代大統領）が「アメリカは怪物退治を求めて海外に行くことはしない」との名言で記憶されていること——などと結びついている。合衆国の最優先課題は常に合衆国の統一（The Union）を維持することにあり、対外進出や関与ではないという考え方だ。トランプ的対外姿勢がアメリカの「初期設定」だと述べた所以だ。

いま、その初期設定に戻そうという力が強く働き、トランプ政権が登場した。それだけでなく、これを好機ととらえパレオコンなどが率いる国益第一で内向きの思想運動「国民保守主義」が勃興している。アメリカは「理念の共和国」だとする考え方は否定され、むしろ生活の慣習や「生き方（the way of life）」こそ、その本質だという考え方が勢いを増している。トランプ現象はトランプが去れば終わるものではない。

（初出『表現者クライテリオン』二〇二〇年一月号を加筆・改稿）

第IV部

文化戦争と「キャンセル・カルチャー」

第11章 アメリカに吹きすさぶポリコレの嵐

『ニューヨーク・タイムズ』で起きた二つの「事件」

最近では「キャンセル・カルチャー」と呼ばれる現象になっている。一九八〇年代から始まるポリティカル・コレクトネス（PC、日本語略称ポリコレ）の発展系である。それをさらに腑分けしていくと「トリガー警告」「マイクロアグレッション（microaggression：微妙な侵害）」「セフティズム（安全第一主義）」など、さまざまな事象が指摘できる。かくして、四〇年以上続くアメリカのポリコレの嵐におさまる気配はない。背景はアイデンティティ政治の暴走だ。『歴史の終わり』のフランシス・フクヤマ（一九五二〜）にいわせれば、自由民主主義においても残る「対等願望（アイソサミア）」と「優越願望（メガロサミア）」にどう対処するかの問題である——。

と、カタカナ語ばかりの前置きになった。具体的事例に即して、ポリコレの現状を観察してみよう。『ニューヨーク・タイムズ』（NYT）紙で起きた最近の事件は象徴的な意味を持つ。二〇二一年二月一一日、本来はNYTに掲載されるはずだったコラム（評論記事）がライバル紙『ニューヨーク・ポスト』

に掲載された。NYT専属コラムニストによるそのコラムはサルツバーガー社主により掲載を差し止められた。ポスト紙は当該コラムを筆者の同僚から入手し、掲載を決めたという。同月はじめに突然退社したNYT紙コロナ禍取材班キャップのベテラン科学記者の退社経緯が、今日のポリコレ状況を反映することを示し、批判する内容だった。

　科学記者は二年前にNYT紙が私立進学高校と共催したペルー見学旅行に社命で同行。最近になって、その際に学生らの前で人種差別的な言葉を吐いたとオンラインメディアなどで報じられた。NYT紙幹部は状況から意図的な差別語使用でないとして処分に値しないと判断した。だが、社内で百数十人の記者らから抗議文が出され、社幹部は「いかなる意図であれ、差別語使用は許されない」と判断を変更。科学記者は怒って辞職したという経緯だ。

　科学記者が差別語を使った状況については、本人の詳細な報告が公開されている。旅行中に生徒から自作ビデオの中で黒人に対する差別語を使って停学処分を受けたが、処分は妥当と思うかと尋ねられた。「ビデオの中でどういう状況でその差別語を使ったのか」と聞き返した際に生徒が用いた差別語をそのまま反復した。旅行後、一部の父母らにそれをとがめられた。

　ポスト紙が掲載したコラムは、まじめな議論の中で差別の意図なく使われた差別語が処分に値するのかという問題提起だったが、社主命令でボツとされた。筆者は「またか！」と落胆せざるを得なかった。昨年（二〇二〇年）六月の事件の繰り返しだからだ。コットン上院議員の寄稿掲載をめぐって、オピニオン欄のベネット編集長が辞任した事件である。

　NYT紙オンライン版は、警官によるフロイドさん殺害事件後のデモが各地で暴徒化し警官の死傷者が出る中で軍の出動検討を提案する保守派有力議員の意見の寄稿を載せた。多様な意見を伝える新聞の使命を果たすのに重要だというのが、ベネットの判断だった。議員の寄稿に対し抗議が相次いだが、NYT幹部は当初ベネットの判断を支持した。ところが、掲載に反発し社内で多数の記者らが職場放棄を始め、連動してデモ支持者らから同紙不買運動が起きて、サルツバーガー社主は判断を一転、掲載は問違いだったと表明。これを自身に対する不信任とみたベネットは辞職した。

事件はこれでおさまらなかった。ベネット辞任の経緯に抗議して、今度はNYTの女性コラムニスト、バリ・ワイスが社主への辞表を自身のホームページで公開して辞職、波紋を広げた。その辞表はツイッター（当時）や社内メールが一種の「言論暴徒化」し、それによって記事掲載が決められているような状況、中道右派であるワイスに対し「ナチ！　人種差別主義者！」といった非難が社内メールで浴びせられる様子を暴露している。ワイスはユダヤ系であり、そうしたメールはむごいとしかいいようがない。

ポリコレの現状を批判する「書簡」

世界的なメディアであるNYT内部で起きた、これら二つの事件は、今日のポリコレの様相を示している。一つは「キャンセル文化」である。PCにそぐわないと判断されたものに対しSNSで抗議が殺到し、NYTのように不買運動圧力などから、非難対象者を事実上解雇したり、行事を中止したりする――つまりキャンセルすることが日常的に起きるようになった。反セクハラ・パワハラの#MeToo運動と反黒人差別のブラック・ライブズ・マター（BLM）運動が後押しするかたちでキャンセル文化は近年激化した。

もう一つはマイクロアグレッション（微妙な侵害）とセフティズム（安全第一主義）だ。微妙な侵害には、たとえば「みな同じ人間だ」という言葉も含まれる。マイノリティには差別を受けてきた歴史を無視されたように聞こえるからだという。最近問題となっているのは古典的文学作品などを扱う際に、そこに含まれる差別語をどうするか、などである。これはトリガー（引き金）警告と安全第一主義の領域に入る。トリガー警告とは、作品の中の表現が引き金となって差別などを感じる人がいるといけないので、あらかじめ警告することだ。微妙な侵害も含め、これが限りなく広がっている。米文学の傑作『グレート・ギャツビー』には女性嫌悪があるから警告が必要とされたりする。

どこに差別を感じる引き金があるか分からないから、いっそのことなんでも取り扱い禁止にするという安全第一主義がはびこる。こうした事態についてはリベラル派の社会心理学者ジョナサン・ハイトらが『傷つきやすいアメリカの大学生たち――大学と若者をダメにする「善意」と「誤った信念」の正体』（原著二〇一八年）などで詳細に分析している。ミレニアル世代（一九八一～九六年生まれ）以降が育てられた「過保護」環境とも関連する。ハイトらが懸念するのは知的世界が萎縮してしまうことだ。

ＮＹＴの科学記者はキャンセル文化、マイクロアグレッション、安全第一主義で職を追われたといえる。昨年の保守派上院議員の寄稿も、実際に読めば分かるとおり、軍による暴徒弾圧ではなく、かつてアイゼンハワーやケネディらが人種暴動に対して実行した例を挙げ、連邦軍の威嚇による事態沈静化を呼び掛けたものだ。ＮＹＴ社主はツイッター（当時）や社内メールでモブ化した社員の職場放棄とＢＬＭなどの新聞不買運動に屈したとみるのが妥当だ。キャンセル文化に負けたことになる。ワイス記者はそれに抗議して、オピニオン編集長ベネットを追い、社主に辞表を叩きつけた。

事態が世界的反響を呼んだのは、ワイス辞職から間もなく昨年（二〇二〇年）七月七日付で伝統ある総合誌『ハーパーズ』の公式サイトに米英の著名知識人一五〇人以上が署名する「公正と開かれた議論についての書簡」と題された文書が掲載されたことによる。仏代表紙『ル・モンド』や独代表紙『ディー・ツァイト』にも転載された。書簡は社会正義を求める運動の高まりの中で、アメリカでは「イデオロギーの同調を求めるあまりに、開かれた議論や違いを許容するという規範が弱まり」文化の中に「検閲的傾向（censoriousness）」が広がっていると警告している。具体的例として、批判を浴びた組織の長がパニックを起こして、「議論を呼ぶような記事を掲載した編集者を解任する」例を挙げた。コットン議員オピニオン事件を指しているのは明らかだ。

書簡には、左派の代表的な論客である言語学者ノーム・チョムスキーから中道右派の政治学者フクヤマ、ハリー・ポッター・シリーズの作家、J・K・ローリングら英語圏の著名知識人の多くが左右を問わず署名しており、ポリコレの嵐の現状を批判した。書簡に対しポリコレ派から強い反発が出た。だが、自由の国であるはずのアメリカで検閲文化が生じているという共通認識が世界で広く共有され、多くの文化人が懸念しているのは事実だ。

アイデンティティ政治が生んだ民主主義の危機

そもそも大学教育における「言葉狩り」が激しくなり、ポリコレがアメリカの主要メディアで論議されだした一九九〇年代はじめには、左右を問わず厳しい批判が起きた。当時は『ワシントン・ポスト』紙傘下だったリベラル派のニュース週刊誌『ニューズウイーク』はポリコレを「思想警察」として、批判する大特集を組んだ（一九九〇年一二月）。思想面での批判の基調を決めた一つは、同年一〇月にＮＹＴ紙の「思想潮流」欄に掲載された分析だ。「ポリティカル・コレクトネス」という言葉自体が「正統派スターリニズム」を示唆し、マルクス主義と文芸評論の脱構築理論の産物で、客観的学術研究を否定すると断罪した。当時のリベラル派知識人の重鎮だったアーサー・シュレジンガー・ジュニアが『アメリカの分裂』（一九九一年）を著し、ポリコレ主導型多文化主義でアメリカはバベルの塔のように崩壊して分裂すると警告した。

三〇年前の民主党系知識人らは、ポリコレによりアメリカは分裂すると懸念していたのである。にもかかわらず、クリントン政権以降の民主党がこの三〇年間、むしろポリコレの発展を手助けしてきた。原因はアイデンティティ政治の利用だ。ニクソン、レーガン以降、共和党は経済政策と文化・価値観政策（家族・宗教の重視）で、ニューディール以来民主党を支持してきた白人労働者を次々と共和党支持に鞍替えさせた。

これに対し、クリントン、ゴア、バイデンら「ニューデモクラッツ」と呼ばれた当時の若手グループは、民主党の大改造を図った。「第三の道」である。共和党が古くからの製造業と結びつくのに対し、民主党は新興のＩＴ・環境産業、さらに金融・軍需と結びつく「企業政党」に変貌し、ニューディール期以来の党を支えてきた労働者を見切った。代わってマイノリティ、新移民、ジェンダー内のさまざまな集団それぞれに応える、多文化主義に基づくアイデンティティ政治を採った。各集団それぞれの「対等願望」「優越願望」を利用して選挙に動員する一方で、新産業の要望に沿った経済グ

図 — オバマ政権下での中間層崩壊／富の格差（1996～2019年）

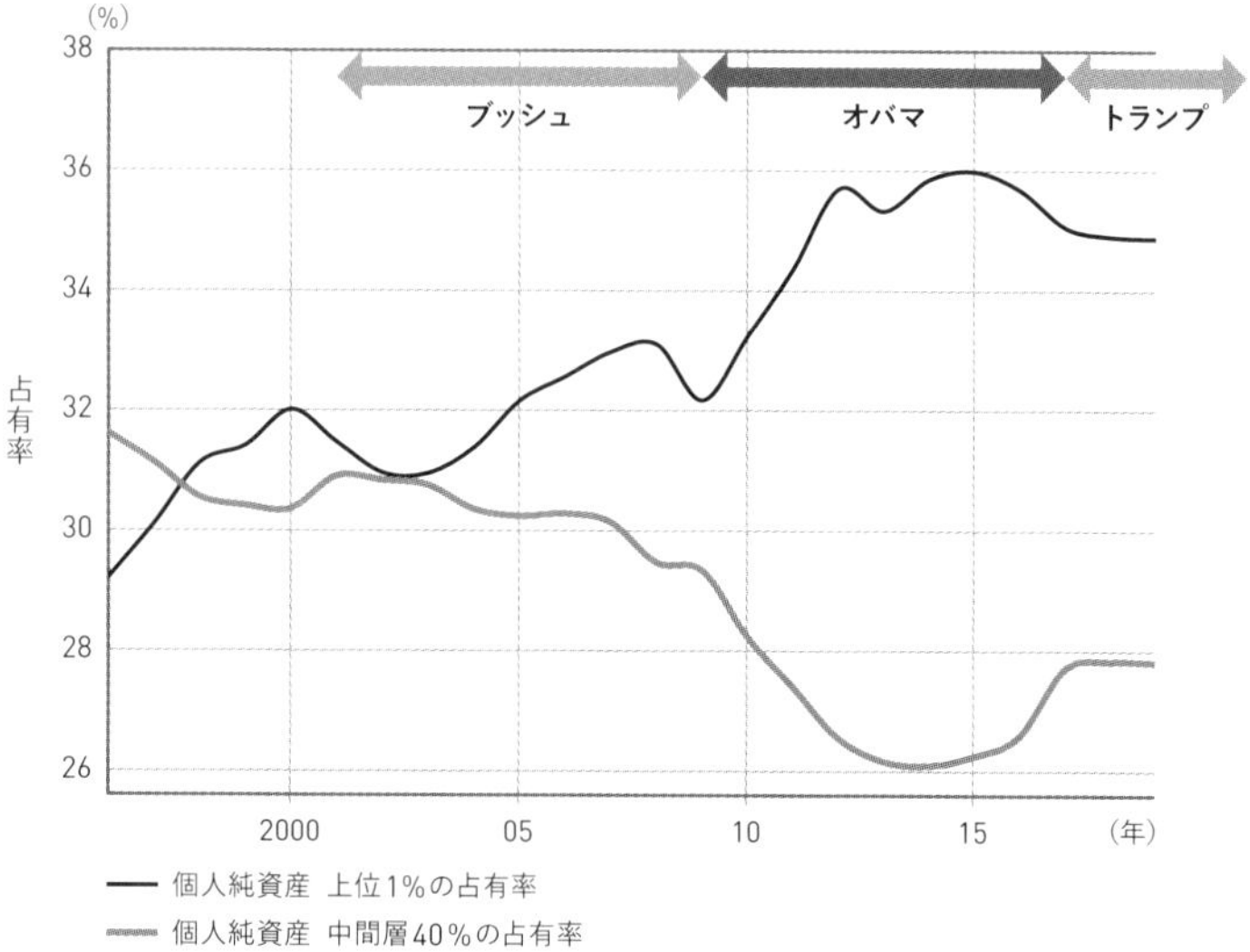

（出所）World Inequality Database

ローバル化とネオリベ政策を推進した。

　経済グローバル化・ネオリベ政策と多文化主義・アイデンティティ政治の相性がいいのは、いうまでもない。グローバル企業は人種・国籍・ジェンダーにおいて多様な価値観のエリート人材を国境を越えて使うからだ。グローバル企業に多文化主義は必須だ。しかし、グローバル化から取り残され、ネオリベ経済の底辺に留め置かれた者たちはどうだろうか。グローバル化時代に必須である多文化主義・ポリコレを押し付けられた時に、グローバル化に苦しむ彼らの憎悪が燃え上がるのは当然といってよいだろう。

　オバマ政権というのはアメリカ多文化主義の象徴のようにして登場したが、同政権下の八年でアメリカ中産階級とネオリベ・グローバル化路線に乗った最上層との格差は、凄まじいまでに拡大した（図）。怒りの政治であるトランプ政権登場は、その帰結といえる。バイデンはそうした格差社会を生み出した元凶ともいえる民主党改造・ネオリベ化・ポリコレ推進に当初から関わって、今日のアメリカ分裂と民主主義の危機を導いた一人だ。大統領となって、それを反省し、どこまでアメリカの「正常化」に貢献できるか、それともグローバル大企業に奉仕しアイデンティティ政治を続けるだけに終わるか、注視すべきである。

（初出『表現者クライテリオン』二〇二一年五月号）

第12章 『ニューヨーク・タイムズ』が突き進んだ歴史歪曲

一線を越えた歴史キャンペーン

いったい、米紙『ニューヨーク・タイムズ』（ＮＹＴ）の中はどうなっているんだ——。果敢に反トランプ論陣を張る進歩派新聞の内部の混乱に、よその国の新聞ながら心配を禁じ得ない。

原因は同紙が二〇一九年に試みた「１６１９プロジェクト」と呼ばれるアメリカ史の「読み替え」特集だ。プロジェクトの動機はおそらくトランプ現象への反発だったろう。しかし、いかにアメリカの知性の最も高い一角を占める報道機関といえども、矩《のり》を踰《こ》えたように思える。

「１６１９プロジェクト」は、ブラック・ライブズ・マター（ＢＬＭ）運動の大躍進を思想的に後押しし、今年（二〇二〇年）の米大統領選に大きな影響を与えてきた。ＢＬＭ運動は時に右派から「１６１９暴動」とも呼ばれる。

そのプロジェクトが結局、トランプ大統領による反撃だけでなく、右翼過激派の増長を招き、結果的に数多くの暴力沙汰まで起きている。目前に迫った投票日とそれ以降に、大躍進したＢＬＭや左翼過激派と右翼過激派の激しい衝突で、投票結果が長く得られなくなってしまう怖れが強まっている。

将来、歴史を振り返って、大統領選にも影響を与えたＮＹＴ紙の「１６１９プロジェクト」は、その功罪のうち罪の方を問われることになりそうだ。それは当初から問題ある試みだったからだ。

米建国は１７７６ではなく１６１９？

「１６１９プロジェクト」の１６１９とは、アフリカ黒人奴隷が初めてアメリカ独立前のバージニア植民地に連れてこられた年を指す。その年の八月だった。

それからちょうど四〇〇年に当たる二〇一九年八月、ＮＹＴ紙は一二本の特集記事を掲載するＮＹＴマガジンの特別号を出した。特集は、アメリカの「真の建国」は一六一九年だとし、アメリカ史は黒人迫害を軸に展開してきたという視点をとり、一七七六年のアメリカ独立の主要な動機の一つは奴隷制維持だったとまで断じた。歴史学会のみならずアメリカ社会に賛否両論の波紋を広げた。

特集は警官によるフロイドさん殺害事件の発生と相前後して、二〇二〇年五月に論説部門でピュリッツァー賞を受賞した。

その後のＢＬＭ運動を見ると、広がりだけでなく、質的な違いさえうかがえる。歴史に根ざす「制度的人種差別」に対する抗議が前面に出て、以前はリー将軍ら南北戦争期の南部側の軍人や政治家が主な標的だった銅像引き倒しが、奴隷解放の立役者リンカーンや建国の父祖ジョージ・ワシントン、ジェファソンらにまで広がり、欧州に飛び火して各国の植民地主義者にまで及んでいる。

米欧近代の全否定といった様相さえうかがえる。

ＢＬＭ運動を後押ししたもの

二〇一三年に発足したＢＬＭ運動は、これまで何度もフロイドさん殺害と同様の事件に出くわしたが、それほど大きな運動にはならなかった。それがフロイドさん事件後、一時は全米で二千数百万人が参加し、アメリカ史上最大ともいわれる抗議運動に発展した。

大統領選の年に当たったという政治的背景はある。だが、それだけでなく、「１６１９プロジェクト」という大きな思想的支柱を得たからだと見るのが妥当だ。その結果、上記のような運動の変容が起きた。

そうした中で、「１６１９プロジェクト」が強引ともいえる「歴史読み替え」で歴史を歪曲していた事実が次々と明らかになった。最初に問題を指摘したのは進歩派メディアで、さらに著名な歴史学者らからも批判を浴びた。

そこを逆手にとられて、大統領選挙戦が本格化したこの九月、トランプ大統領がＮＹＴ紙とプロジェクトを名指しで攻撃する演説を行い、学校教育から「歴史偏向教育」の締め出しを宣言するに至った。

「１６１９プロジェクト」の特集がＢＬＭ運動によって推奨され、高校の歴史教育の副読本として採用が広がっていたのが背景だ。ＮＹＴの試みは、結果的に敵に塩を送ることになったといえる。

そのためＮＹＴ社内の混乱も引き起こし、一〇月九日に自社のコラムニスト、ブレット・スティーブンスが「１６１９プロジェクト」への包括的批判を繰り広げる大型コラムを掲載するに至った。その掲載をめぐってすったもんだした挙げ句、掲載後も社内から不満が噴出、サルツバーガー社主が不満社員のなだめに入るという事態にも至った。

一連の経緯は、一国の代表的な進歩派新聞による歴史事実の歪曲が社会の困惑や混乱を引き起こして、政治問題に発展し、右派の伸張をもたらすという、日本人が経験した課題をアメリカ人にも突きつけている。

「１６１９プロジェクト」を社内から批判したスティーブンスは、ジャーナリズムには、事実を探って記録し「歴史の第一稿を描く役割を担うことがあっても、事実を選択して最終稿を描く立場にはない」と警告する。耳を傾けたい。

進歩派言論人からの相次ぐ批判

「１６１９プロジェクト」は当初から野心的な試みだった。発表前からピュリッツァー財団と連携して高校の副読本採用を画策し、教育現場への浸透を図ろうとしていた。

そうした中、論争はまず左派からの批判で始まったことは特記しておきたい。特集発表直後の二〇一九年九～一〇月に、まず『世界社会主義ウェブサイト』がブラウン大名誉教授で建国期研究の権威、ゴードン・ウッドら著名な歴史家八人とのインタビューを次々と掲載し、一七七六年のアメリカ独立が奴隷制維持を主たる動機としたという歴史叙述と背景説明などについて事実誤認や曲解を指摘した。

次いで、代表的進歩派雑誌である『ニューヨーク・レビュー・オブ・ブックス（ＮＲＢ）』も建国期の奴隷制問題で本を執筆中だったプリンストン大学の歴史学教授ショーン・ウィレンツの講演記録を掲載。その中でウィレンツは「１６１９プロジェクト」の事実に対する「いい加減な姿勢」を指摘し、厳しく批判した。

ウッドとウィレンツを含む著名な歴史家五人は二〇一九年一二月、ＮＹＴに事実誤認などを指摘する詳細な書簡を送ったが、ＮＹＴは事実上はねつけている。そのため、有力誌『アトランティック』がウィレンツによる事実誤認の詳細で学術的な指摘と、ＮＹＴとのやりとりの経過説明を掲載。

さらに二〇二〇年三月に入って、今度はＮＹＴが特集の掲載前にファクトチェックを依頼したうちの一人、ノースウエスタン大学の女性黒人教授も、ＮＹＴがファクトチェックを無視して掲載に踏み切ったと告発する手記をオンライン政治ニュースサイト『ポリティコ』に寄せた。

ＮＲＢも『アトランティック』も『ポリティコ』も進歩派系であり、いわば仲間からの忠告意見だ。学者たちも含め、黒人の視点に立って歴史を見直す試み自体を否定しているわけでなく、ＮＹＴの姿勢は評価している。そのうえでの厳しい批判だ。

にもかかわらず批判を聞き入れなかったのは、ピュリッツァー賞がちらついていたためか。すでに教育現場に副読本として行き渡っていたためか。かたくなな姿勢に関し説明はないが、まるで引き際を見極められなくなった、先の大戦での日本の姿に似たところさえある。進歩派のそうしたかたくなな姿勢の背景をうかがわせるような事件も起きた。

異論を受け付けない社内環境

「１６１９プロジェクト」のリーダーだったニコル・ハナジョーンズ記者が、ピュリッツァー賞を受けて間もない二〇二〇年五月下旬、フロイドさん殺害事件が起きる。たちまちBLM運動の抗議は全米に広がり、上記のように総参加者は二千数百万人、全米二〇〇〇カ所以上でデモなどが行われた。一部は暴徒化し、そこに紛れ込んだ過激派は略奪や破壊行為に及び、また警官による黒人殺害事件がさらに発生して、事態は悪循環の傾向を見せた。

その中で、奴隷解放のリンカーン大統領の銅像引き倒しまで起きた背景に、リンカーンの時代状況における複雑な思考を無視し、黒人差別主義者と断定して描く「1619プロジェクト」の影響を見ないわけにはいかない（リンカーン解釈の問題も歴史学者らが早くに指摘した）。

そこで起きたのが、六月はじめのタカ派トム・コットン上院議員（共和党）のNYTへの寄稿問題だ。コットンの寄稿は、各地で一部が暴徒化するデモの鎮圧に軍の出動を提案したもので、デジタル版NYTに掲載された。

これに対し、黒人記者を中心に社内から猛反発が起き、社説・オピニオン欄編集長ジェイムズ・ベネットが辞任に追い込まれる。当初は「多様な意見」の掲載を支持していたサルツバーガー社主も、一転、寄稿内容と編集過程に問題があったとの立場に変わり、辞任を受け入れた。

しかし、その後に明らかになったところでは、デモを支持する社員ら五〇〇人がツイッター（当時）や社内チャットシステムで辞意を掲げて起こした「反乱」と、それに呼応して記録的な数で押しよせた購読キャンセルの圧力に、社の幹部らが耐えられなくなった結果と見るのが妥当だ。

差別発言などを受けて起きる、いわゆる「キャンセル文化」の攻勢に、進歩派NYTまでがさらされた。

「1619プロジェクト」の価値観

それから一カ月ほど経ち、七月中旬、今度はＮＹＴ所属の中道の女性コラムニストとして活躍していたバリ・ワイスが突然、サルツバーガー社主に長い辞表を書いて辞職、その辞表を公表した。それを読むと、アメリカ社会の激しい「分断」を緩和すべく、意見の多様性を重んじなければならないはずの言論機関ＮＹＴ内部が、「モブ」支配状態になっている様相がうかがえる。

ワイスのような中道派に対し多くの同僚がＳＮＳで激しい個人的中傷を浴びせかける背景に、ＮＹＴがある価値観にとらわれている状態がある。その価値観とは、仲間の進歩派メディアの忠告までも問答無用のようにしてはねつける「１６１９プロジェクト」の価値観であることが、分かる。

ワイスは辞表の中で、アメリカを代表すべき新聞であるＮＹＴが、実は大多数のアメリカ国民とはまったく無縁な価値観の世界で生きており、その価値観において、アメリカはナチス・ドイツと同じレベルの人類史上最悪の人種差別国家とされている、と批判している。暗に「１６１９プロジェクト」を批判しているのは間違いない。

ワイスの辞職の一週間前、「開かれた議論と違いを認める寛容」が弱まり、イデオロギーの同質性を要求する「非自由主義」が強まっていると警告する著名知識人ら一五〇人が署名する書簡が、『ハーパーズ』誌を通じて公表された。

フランシス・フクヤマからノーム・チョムスキーまで、左右を問わぬ知識人らによる書簡は、名指しこそしていないが、ＢＬＭ運動が非自由主義的な傾向を強めていることに警鐘を鳴らした。

自分たちの意見を容れないものを「公然と辱めて、村八分にする」傾向を戒め、そうした事例として「論争を呼ぶような記事を載せた編集者を辞任させる」場合を挙げている。これは、社内の「人民裁判」のようなかたちで、大急ぎでベネットを辞任に追い込んだＮＹＴの事件を指しているのは明らかだ。この書簡には辞職直前のワイスも個人の資格で署名している。

記事改竄に手を染める

こうした動きの一方で、外部からの忠告をいっさいはねつけてきた「１６１９プロジェクト」は、自身で問題を引き起こすことになった。オンライン版で記事の主張の根幹ともいえる部分をこっそりと書き換えだしたのだ。

書き換えは、九月半ば、オンライン雑誌『キレット』が報じて、広く知られるようになった。

論争の中心となっていた、一六一九年こそが「真の建国である」という表現が、特集の導入部分からすっぽりと削り取られていた。

さらに、別の箇所で一六一九年八月に最初の黒人奴隷が連れてこられた時、「それまでアメリカでなかったアメリカが、アメリカとして始まった瞬間である」という表現も削り取られていた。

また「学校で教えられている（一七七六年が建国の年だという）事実は間違いだ」という部分も消され、ピュリッツァー賞受賞のハナジョーンズ記者のツイッター（当時）も一部削除された形跡がある。

ここには重大な倫理違反問題がある。まずＮＹＴでは記事を削除・修正するときは、元の記事はどうであったか、どのような理由で削除・修正したかを、修正された記事と一緒に記しておく。「透明性義務の原則」だ。早い時期に修正されたとの解析があるが、隠された行為で不透明だ。

先のコットン上院議員の寄稿も問題があったという結論になったが、その経緯を冒頭に記して、デジタル版に寄稿はそのまま残っている。

こうした看過できない報道倫理の問題が露見したのにあわせるかのように、トランプ大統領は九月一七日に国立公文書館で「歴史教育」について演説。ＮＹＴと「１６１９プロジェクト」を名指しして、真実を無視した左派による洗脳教育であり「危険なプロパガンダ」と非難し、愛国教育を取り戻すために「１７７６委員会」を設立すると発表した。

「１６１９プロジェクト」は過ちを逆手にとられて、体よくトランプ再選戦略に利用されるはめに陥ったのである。

圧殺されかけた自己反省

こうした左右双方からの批判や倫理違反暴露の結果、ＮＹＴ自身が「１６１９プロジェクト」への対処を迫られた。それが、冒頭に掲げた自社の中道派コラムニスト、ブレット・スティーブンスによる「１６１９プロジェクト」全面批判の大型コラム掲載であった。

コラムはプロジェクトが始まって以来の各方面からの批判を網羅し、こっそりと記事書き換えをしたことについてのハナジョーンズ記者とのやりとりの詳細も記録している。

批判の掲載が決まった時、ハナジョーンズは青ざめ、掲載中止工作をしたという。ＮＹＴ記者労働組合名でスティーブンスの処分を求めるツイートが広まり騒ぎとなったが、偽造とされ、出所はハナジョーンズかとの噂も出た。

コラム掲載後も、社内ではスティーブンス処分要求の声がおさまらず、サルツバーガー社主が社員向けメッセージを出し、一、「１６１９プロジェクト」への支持は変わらない、二、賛同できない意見でもオピニオン欄に載せることは大切だ――と述べて、理解を求めた。

スティーブンスは、七月に辞めたワイスと一緒に、二〇一七年に『ウォール・ストリート・ジャーナル』から引き抜かれ、ともに中道派コラムニストとしてＮＹＴに採用された。採用はコットン議員寄稿問題で辞任したベネットの意向だった。

二〇一六年大統領選報道でトランプ当選をまったく見通せなかった失敗を反省し、保守派の行動や思想を理解して報道したいというのがベネットの狙いだった。

ベネットが辞任しワイスが去ったとき、スティーブンスも辞めるのではないかという観測もあった。

自浄能力を喪失した

そのスティーブンスが、ある意味で期待されていた職責を果たすことになった「１６１９プロジェクト」批判コラムだが、サルツバーガー社主らが奇策を弄したという見方もある。

事実歪曲による歴史改竄と、事後の記事書き換え、その隠蔽という報道倫理違反なら、しかるべきチームで社内調査をして詳細な報告をつくり、それを公表するのがＮＹＴの習わしのはずだ。

二〇〇三年のイラク戦争開戦に当たって、政権の言いなりになって事実上の誤報を続けたＮＹＴは、そのようにしてけじめを付けた。

それを避けて、自社コラムニストによる批判のオピニオンを掲載して終えるのだとすれば、ＢＬＭ運動の推奨で歴史教育現場で採用されている、修正の施されていないプリント版の特集記事で学んでいる高校生たちに対し、どう責任をとるのか分からない。

社主が「１６１９プロジェクト」への支持は不変といっているのだから、こそこそとオンライン版を書き直してお茶を濁せばいいと思っているのだろうか。

スティーブンスの言うとおり、そもそもジャーナリズムが「歴史の読み替え」をするという考え方がおかしい。ジャーナリストは歴史の第一稿となる事実を書くが、それらも含む大量の事実の蓄積から、時間をかけて決定版の「歴史」叙述を求めていくのは、むしろアカデミアの仕事だ。

さらにスティーブンスが「１６１９プロジェクト」批判のオピニオンの最後で述べたことも、重たい。

「アメリカ内外で、ジャーナリストはフェイクだ、バイアスがある、党派的だ、左翼過激派の手先だと批判され、執拗な政治的攻撃を浴びている。攻撃の多くは根拠がない。だが、根拠がある場合もある。１６１９プロジェクトは背伸びをしすぎて、『ニューヨーク・タイムズ』の批判者に塩を送ることになった」

（初出　講談社『現代ビジネス』二〇二〇年一〇月二三日https://gendai.media/articles/-/76613）

追記

右の論考記事から約三年後、世界の知識人が読む英国の週刊誌『エコノミスト』が『ニューヨーク・タイムズ』をはじめとするアメリカの「進歩派」メディアの偏見を断罪する小特集を組んだ。それに関連して、次のようなコラムを執筆した。日本ではNYTを金科玉条のようにしてアメリカを論じる風潮が強いが、あらためたい。

＊　＊　＊

英『エコノミスト』誌の二〇二四年の年初号は、今年の世界的リスク要因であるアメリカ大統領選挙で民主党のバイデン大統領を勝たせるには、役立たずのハリス副大統領が再選候補から降りるべきだと論じ、関心を集めた。その少し前に同誌が米メディアを論評し、保守派メディアだけでなくリベラル派の代表、『ニューヨーク・タイムズ』（NYT）紙の偏見に苦言を呈したのも興味深い。

NYTが米リベラルの代表格を自任すれば、エコノミスト誌も英リベラルの伝統を誇ってきた。英米二国は「特別な」深い関係を持つとされるが、リベラリズムの解釈にはずれがある。

エコノミスト誌は米メディアに関する小特集で、アメリカ政治に生じた亀裂を修復するにはジャーナリズムの刷新が必要だと訴えた。主流派メディアは「非リベラルな偏見にとらわれている。『ニューヨーク・タイムズ』も例外でない」と論じる。英リベラルの代表が米リベラルの代表に向かって「あなたは非リベラルだ（illiberal）」と言い渡したことになる。

こんにち的な文脈で「非リベラル」と言えば、ロシアのプーチン体制や中国の習近平体制など「権威主義」を意味する。つまり、エコノミスト誌はＮＹＴに対し全体主義ではないか、と詰問したに等しい。

「自由主義」と訳されることの多いリベラリズムだが、その意味は複雑だ。近年の優れた研究成果であるヘレナ・ローゼンブラット著『リベラリズム　失われた過去と現在』は「寛容」に焦点を当てリベラリズムを解説する。政治思想家フランシス・フクヤマは平等な個人の権利、法の支配、自由といった要素を重視するのが「古典的リベラリズム」だと論じる。エコノミスト誌のリベラリズムは創刊時（一八四三年）の大英帝国の自由貿易主義を反映したものだろうから、フクヤマの言う古典的リベラリズムに近く、そのうちの（経済活動上の）自由に比重を置いたものといえる。

一方、アメリカのリベラリズムは英国と同じような概念だったのが、一九三〇年代の大恐慌期以降、社会主義的な施策、さらには多文化主義などに重点を置く言葉に変わっていった。戦後、オーストリアからアメリカへ移住し、英国型リベラルを自任した経済学者ハイエクが「保守派」と呼ばれて戸惑ったのは、よく知られたエピソードだ。

こうした英米間のずれがあるが、エコノミスト誌による米メディアの使用言語の分析では、トランプ政権時代以来、アメリカの保守派メディアが右傾化を強めているだけでなく、リベラルとされる主流派メディアの左傾化も激しい。

実は、エコノミスト誌のアメリカ担当の匿名コラムニストはＮＹＴを追放されたオピニオン編集長だ。米メディア小特集に当たって、追放の経緯を詳細に明かす長文エッセーを同誌オンライン版に寄せた。追放は、二〇二〇年に保守派上院議員のオピニオンを掲載したことが理由だった。この事件も含め、アメリカ社会で右派左派ともに偏狭かつ非リベラルになっていることに対し、フクヤマや言語学者ノーム・チョムスキーら百数十人の著名文化人が憂慮を表明する公開書簡を発表している。

米主流派メディアの影響が強く、その視点でアメリカを見る日本では右派メディアの偏向ばかりが報道される。だが、リベラルを任じる米主流派メディアの偏見を突くエコノミスト誌のリベラリズムはさすがだ。NYTではアメリカは見えない。

（初出　『週刊東洋経済』二〇二四年二月三日号）

第13章 国民を分断する歴史教育と左翼意識の「目覚め」

死者五人まで出したトランプ大統領（当時）支持者らによる連邦議会襲撃事件から一年となる二〇二二年一月、『ニューヨーク・タイムズ』（NYT）をはじめとする米主要紙の紙面がにわかにきな臭くなった。出版されたばかりの政治学者バーバラー・ウォルターの『How Civil Wars Start』（邦題『アメリカは内戦に向かうのか』）を軸に、論議が燃え上がったからだ。アメリカは内戦（新たな南北戦争）に向かっているのか？　議会襲撃事件の記憶も新しい中で、生々しい議論となったのである。

世界各地の内戦を研究してきたウォルターによれば、内戦は独裁政治と民主主義政治の中間状態の国で起きやすい。とすれば、独裁的なトランプ前大統領に揺さぶられ民主主義が壊れかけたアメリカは、その状態にあると言えるかもしれない。実際に右派過激派が起こす近年の事件で毎年数十人が死亡し、ゲリラ戦が始まっているようなものだとの見方もある。

暴力をともなうこの政治的分断状況を「内戦」と見るか、その前段と見るか、NYT、『ワシントン・ポスト』『ウォール・ストリート・ジャーナル』の三大新聞のオピニオン欄をはじめ、高級総合誌『ニューヨーカー』なども加わって喧しい議論が起きた。内戦論争の中で、その論争の構造自体を俯瞰するような議論を吹っかけたのがＮＹＴの保守派コラムニスト、ロス・ダウサットの論評だ（二二年一月一二日付同紙）。先のウォルターの著書や、それをきっかけに論議を始めたＮＹＴでの同僚コラムニストらには「深刻なリベラル特有の偏見」がある、と論じた。

つくり出された「内戦」

ウォルターの本は、二〇二〇年の大統領選投票日を間近にした時期に摘発された、右派武装集団のミシガン州知事（民主党）誘拐未遂事件から説き起こされる。コロナ禍に対してロックダウン措置が取られたことに反発した武装集団が、知事を誘拐して処刑しようとしたとされた。ただし、事件は連邦捜査局（ＦＢＩ）のオトリ捜査にはめられたことが明らかになり、公判が進まない有様だ。背後には大統領選投票日の直前だった当時の政治的力学も垣間見える。一連の論争では、右派ばかりがアメリカの分断を引き起こしているように論じられているが、暴力的な過激左派の問題がすっぽり抜けている。Ｑアノンの陰謀論が右派の間で広まるのは問題だが、かつて九・一一テロの際には、ブッシュ大統領（当時）がテロを仕掛けたなどのトンデモ陰謀論が左派の間で広まったと、ダウサットは内戦論争の欠陥を突いた。実際、過去には過激左派の暴力事件も相当あり、むしろそちらの方がずっと多かった。

二〇年六月に「民主主義基金」（本部ワシントン）が公表した、八〇〇〇人を対象に行った有権者調査によれば、対立政党が大統領選で勝利した場合、「暴力を行使して抗議してもいい」と考える人は、民主党支持者で二二％、共和党支持者で二一％と出ている。つまり、バイデンが勝ったからトランプ支持者の議会襲撃が起きたが、トランプが勝っていたらバイデン支持者による暴力事件が起きていても不思議ではない情勢だったともいえるだろう。

ダウサットは、オピニオン・リーダーたちが繰り広げる内戦論議は、左派の一方的な右派弾劾であって、いまアメリカが置かれている複雑な状況を反映していない。むしろ一方に偏り、「内戦」というテーマを使って分断を煽り、「文化戦争（culture war）」の当事者になっていると、リベラル色の強いアメリカの大学人やジャーナリズムの陥っている状況を批判した。その論評のタイトルが「内戦を（勝手に）つくり出すのはやめよう」だったのは象徴的である。

本稿では、ダウサットのように俯瞰的な視点を持っている論客や客観的データに依拠しながら、二二年一一月の中間選挙を前に分断を深めるアメリカの現状を「文化戦争」という視点から考えた。

全米を覆うキャンセル・カルチャー

先の内戦論争の盛り上がりが一段落した二二年一月末、バイデン大統領は、今夏に退任を表明したリベラル派のブライヤー最高裁判事の後任に黒人女性を指名する方針を示した。ブライヤーは高齢だが、最高裁判事は終身任用のためその職を続けられる。ところがこの時期に引退したのは、中間選挙での民主党敗北を見越し、その前にリベラルな後任を据えようという政治的思惑が働いたからである。というのも、大統領が指名する最高裁判事候補には、連邦議会上院での投票による承認が必要だからだ。最高裁判事のポスト獲得も、アメリカにおける政治闘争であり、思想・文化闘争でもある。

この黒人女性指名方針に対し、ジョージタウン大学（ワシントン市）の憲法学センター専務理事に二月一日就任予定だった法学者イリヤ・シャピロがツイッター（当時）でつぶやいた。その内容は、極めて適任のアジア（インド）系女性のワシントン地裁判事がいるのに、複雑な人種問題が絡む状況下でその女性判事より「劣る黒人女性（lesser black woman）」を選ぶのは残念だとの主張だった。

　このツイートに対し、左派黒人学生を中心に猛反発が起き、大学当局はシャピロのセンター専務理事就任人事を棚上げにした。抗議の「炎上」のきっかけをつくったのは左派のオンライン・ジャーナリストだった。シャピロ自身は差別などの意図はないが、言葉の選び方がまずかったとして、ツイートをすぐに削除し、翌日に長い謝罪文も公表している。ただ、判事候補の人種や性別をあらかじめ決めるのは「残念だ」、という立場は崩していない。しかし大学当局は、謝罪も無視するように人事棚上げ処分を決めた。主にネットでの抗議「炎上」を理由に、個人や企業の社会的地位を剥奪する、「キャンセル・カルチャー」事件の典型となったのである。

　ジョージタウン大学では、二〇一八年にある女性教授が、男性の保守系最高裁判事が任命された際、これを支持した上院議員らに対して、「惨めな死を迎えろ。息を引き取る時は笑ってやる」とブログで猥褻な言葉を使って罵り、抗議を受けたことがあった。大学当局はその時「たとえ汚い言葉でも個人の思想を表明することは禁じない」とおとがめなしだった。明らかに矛盾する。

　大学当局がシャピロへの処分を公表する前日、米ABCテレビが世論調査結果を発表している。それによれば、米市民の四分の三（七六％）は人種や性別に関わりなく「あらゆる候補を検討してほしい」と望んでおり、黒人女性とあらかじめ決めるのに賛成したのは二三％に過ぎない。つまり、シャピロのような考えが常識的な市民感覚なのに、言葉尻をとらえる「炎上」が起き、大学はそれに気圧され、処分したのである。

こうしたキャンセル・カルチャーを含む、市民の常識とかけ離れた言論思想状況が、いまや全米に波及している。NYTなど代表的リベラル系メディア内部でも同僚記者に対するキャンセル・カルチャー事件が何度も起きている。二〇年夏には事態を憂慮した言語学者ノーム・チョムスキーや政治学者フランシス・フクヤマら、左右を問わぬ有力言論人約一五〇人が公開書簡を発表して警鐘を鳴らしたが、それさえも批判され、事態はおさまる気配はない。動画配信プラットフォームのNetflixで二〇二一年に流行った米ドラマ「ザ・チェア　私は学科長」はまさにシャピロ事件のような大学内部の有様をコミカルに批判している。

ジョージタウン大の事件では、地元紙でリベラル系有力紙でもある『ワシントン・ポスト』が、シャピロを弁護する「教育における個人の権利擁護財団（FIRE）」代表らの寄稿を掲載したのがせめてもの救いだった。FIREは、伝統ある左派の人権擁護組織「米国自由人権協会（ACLU）」関係者によって二〇年以上前に創設された非営利の人権擁護団体で、シャピロのようにキャンセル・カルチャーの標的にされた大学教員らの救済にあたっている。伝統的リベラルが、いま新しい左翼の暴走と闘っている構図が垣間見える。

同財団代表の人権弁護士グレッグ・ルキアノフは、やはりリベラル派の著名な社会心理学者ジョナサン・ハイトとともに、キャンセル・カルチャーなどの背景を探ったベストセラー『アメリカン・マインドの甘やかし』（邦訳題『傷つきやすいアメリカの大学生たち』）を一八年に出版し、現在同書の改訂版を準備中だ。同書は、シャピロの事件のように、ほんの小さな言葉遣いに潜む差別の意図（マイクロアグレッション：小さな攻撃性）を感じる若者が増えたことによってこんにちの高等教育現場の混乱が起きていると指摘。それは、ミレニアル世代（一九八一〜九五年生まれ）以降の成育期の「過保護」環境と関連すると分析している。

ＦＩＲＥは昨年（二〇二一年）、全国の大学で起きているシャピロ事件のようなケース（思想を理由とした言論への「攻撃事件」と呼ぶ）をとりまとめた調査報告書を公表している。それによると、二〇一五年から二〇二一年七月末までに四二六件の事件があった。一五年には二四件だったのが、二〇年には一一三件、二一年には一〇三件（八月以降も追加）と、近年急増しているのだ。そして、事件の七四％は攻撃だけでなく、シャピロのように大学当局から解雇を含む「処分」まで行われている。

攻撃を受けた教員の発言を内容別に見ると、攻撃の六二％が左派からで、右派からの攻撃三四％。内訳は、一九八件が人種問題で、次いで一一〇件が党派性がらみ、九八件がジェンダー。大半（六三％）は「個人的意見」を述べたため攻撃された。攻撃のきっかけはフェイスブックやツイッター（当時）を主としたＳＮＳ上での発言が最も多く二七％、次いで教室での発言が二五％。そして、攻撃する主体は、学部学生が二一七件、同僚教員が一六五件、大学院生が九七件の順で並ぶ。

ＦＩＲＥは伝統的リベラルに属する人権団体で、新しい左派の巻き起こす教員らへの理不尽なキャンセル・カルチャーを大きな社会問題と位置づけている。シャピロのように被害者となった教員らを救済するため啓蒙活動を行い、法廷闘争も支援している。これがキャンセル・カルチャー先進国の現状だ。ＦＩＲＥはこの問題ある「文化」が数年遅れで日本を含む先進諸国に広がり、自由と民主主義を脅かしているとみて調査を各国に広げつつある。

新たな左翼意識の目覚め

そうした文化戦争の実態をさらに掘り下げる二つの興味深い分析がある。一つはリベラル派のニュース解説サイト「ＶＯＸ」の創設者の一人マシュー・イグレシアスが二〇一九年四月に発表した論考「グレート・アウォークニング」だ。タイトルはアメリカで植民地時代から定期的に起きる宗教上の熱狂を指す「大覚醒（グレート・アウェイクニング）」のもじりで「ウォーク（woke）」とは新たな左翼意識に目覚めることを指す流行語でもある。

論考によれば、一六年に右派のトランプ現象が起きて、アメリカは大激震に見舞われたとする見方は誤解であり、一〇年代に、白人エリートの主導で民主党支持者の白人らの間に急激に広まった人種問題に対する新たな考え方「制度的人種差別」に淵源があるという。資本主義や司法制度から始まりアメリカのあらゆる制度をracist（人種差別的）とみる考え方だ。民主党政治家の言説にも、そうした考え方が溢れだし、言論空間の変化が起きた。

さらに一四年にミズーリ州ファーガソンで起きた白人警察官による黒人青年射殺をきっかけに大規模暴動事件が勃発し、広く民主党支持者らの人種問題への考え方を左傾化させた。特に白人の民主党支持者の急激な左傾化には黒人知識人らも驚くほどだった。これが、「グレート・アウォークニング」である。

イグレシアスは、こうした左傾化がトランプ登場を後押ししたと指摘する。つまり、トランプは左派の急激な過激化への反動現象だということになる。この論考は、一五年以降に、過激な左派学生による言論攻撃事件が急増していることを示したFIREの分析とも符丁が合う。

もう一つの重要な分析は、リベラル系の非営利組織「モア・イン・コモン」がアメリカで行った世論調査だ。社会分断状況について、八〇〇〇人を対象に討論型調査も含めて行われ、詳細が一八年に公表されている。人種差別、ジェンダー、移民受け入れ、ポリティカル・コレクトネス問題など、文化的項目を中心にした意識調査である。

報告書は、意識傾向別に調査対象者を七グループに分けて考察する。「熱心な保守」に分類される最右翼が六%、「革新的活動家」に分類される最左翼が八%いる。最右翼の八〇%が白人なのは分かるが、最左翼も八〇%が白人で、ともに白人が圧倒的多数を占めた。意外なのは、七グループの所得を調べると、最左翼の「革新的活動家」が最も裕福で年収一〇万ドル以上が二五%、次に裕福なのは最右翼の「熱心な保守」で同二一%。左右の中間にいる無関心な層や消極的進歩派は貧しい人々だ。

そこに見えるのは、米社会の奇妙な実態だ。白人高所得層の左翼や右翼の過激派が、一般層を引きずり回して対立や分断を激化させている。FIREの調査によれば、大学でもエリート校ほど暴力的な言論攻撃を容認する学生の比率が高い。アメリカのエリート大学には富裕層の子弟が多いことは周知のとおりだが、前述の言論攻撃事件調査でも、エリート大学では事件発生の比率も高い。この構造には、文化戦争の派手な左右分断の陰に隠れた、上下の経済的分断が示唆され、下層階級は経済的に抑圧されるだけでなく、文化的にも言論の自由が奪われ、抑圧されている状況がのぞく。

争点は中学高校のＣＲＴ教育に

文化戦争はさらに初中等教育の現場に及び、政治に大きな影響をもたらしている「批判的人種理論（Critical Race Theory略称ＣＲＴ）」の問題である。ＣＲＴとは、一九七〇〜八〇年代に発展した法学の理論で、人種差別を個人の偏見ではなく、法体系や制度、政策に埋め込まれたものとして展開する。この理論が急に一般市民レベルの論争になってきたのは、人種問題を「制度的人種差別」としてとらえる「グレート・アウォークニング」からだ。

二〇二一年一一月のバージニア州知事選挙では、民主党の元全国委員長で元同州知事の大物候補に、共和党の新人候補が挑戦した。当初は大差で民主党候補がリードしていたが、最終局面で、共和党新人候補がＣＲＴに基づく初中等教育への批判を前面に打ち出して、大逆転で勝利した。選挙中に民主党候補が「教育内容に親が口出ししない方がいい」と失言したのも響いた。

ＮＹＴが二〇一九年八月に掲載した大々的な特集「１６１９プロジェクト」もＣＲＴの動きに加勢した。同特集は、バージニア植民地に初めて黒人奴隷が連れて来られた一六一九年をアメリカの建国の年と考えるべきで、一七七六年の独立の動機は奴隷制維持にあったと論じ、右派だけでなく著名な歴史学者や伝統的リベラルからも反発を買った。それにもかかわらず、黒人差別に抗議する、ブラック・ライブズ・マター（ＢＬＭ）運動の後押しを受け、多くの高校で「１６１９プロジェクト」が副読本に採用された。

トランプ政権は大統領選さなかの二〇二〇年秋、二つの措置でこれに対抗した。①１６１９プロジェクトを否定し愛国教育を推進する「１７７６年委員会」設置と、②ＣＲＴに基づく教育への連邦予算支出を禁じる大統領令だ。トランプ政権退場で①の委員会は成果なく終わった。だが、②は州や自治体に引き継がれ、二二年二月中旬現在、全米三六州でＣＲＴに基づく教育を禁じたり制限したりする法律や規則がすでに施行または審議中だ。これは、ＣＲＴに基づく教育が、保守派だけでなく広く市民の反発を受けていることを示す。

共和党側は「公立校でのＣＲＴ教育をやめさせる」と主張している。一方、リベラル派のＮＹＴなどの論評記事は「中学・高校で難解なＣＲＴの理論など教えていない」として、「フェイクだ」「妄想だ」と反論し、日本でもＮＹＴなどに追随した報道が目立つ。しかし、政治学者ヤシャ・モンクが指摘するように、ＮＹＴの「妄想だ」という反論は、現状を見ていない。確かに中学、高校で難解なＣＲＴの理論など教えてはいない。だが、生徒たちに肌の色に基づいて自身の「人種的特権」をランク付けさせたり、公立校管理職教育で、「個人主義」や「客観性」「完全主義」は「白人至上主義文化」につながると教え込む講座が開かれたりしているのである。多くの親たちは、こうした教育に強い違和感を抱いている。

『綻びゆくアメリカ』（原著二〇一三年）などで知られるリベラル派のジャーナリスト、ジョージ・パッカーは、自身の子どもをニューヨーク市の公立小中学校に通わせ、そこで体験した数年の記録を「文化戦争が子どもたちを襲う時」と題して総合誌『アトランティック』一九年一〇月号に寄稿している。ある中学では「特権チェック表」が導入され、特権項目として「白人」「キリスト教徒」「異性愛者」「健常者」「アメリカ市民」が挙げられている。生徒は「問題発言」を指摘されたら、この表に基づき特権項目を自身でチェックするよう迫られる。「公民」教育ではアメリカの先住民族虐殺や奴隷制の歴史ばかり教えられ、独立・建国期の歴史は除外されている。寄稿には、パッカーの強い違和感と、公表時期から見て、ＮＹＴの「１６１９プロジェクト」への反発が読みとれる。

　黒人迫害の歴史などはしっかりと教育されるべきだろう。だが、アメリカではいま、アメリカ史や制度をすべて奴隷制と人種差別で説明しようとするような左派教育が教育現場を覆い、一方で、それに対する激しい反動が右派から起きている。左右の深刻な文化戦争が、経済格差、すなわち上下の分断を覆い隠しているのだ（混乱の背景には、ＣＲＴのベースともなったポストモダンの「批判理論」がアメリカで急激に隆盛となったことがある。その経緯はまた別稿を要する大きな思想史のテーマとなる）。

　ＣＲＴ問題は、今秋に行われる中間選挙でも前面に出るとの予測がもっぱらだ。さらには二〇二四年大統領選まで引きずることになるだろう。

（初出『中央公論』二〇二二年四月号）

第 V 部

思想の地政学

第

14

章

バイデン政権が抱えた課題

「新冷戦」の起点？

アンカレッジでの米中外交トップ会談（二〇二一年三月一八日）の様子を報道で見聞きし、これは長く、忍耐を要する対決になるなぁ、という印象をあらためて強くした。根底には体制（レジーム）間の競争があることは、広く認識されているとおりだ。その意味で旧ソ連との冷戦に比して「新冷戦」と呼ぶことは差し支えないのだろう。ただ、欧州正面における旧冷戦の終結以降、米中間には経済を軸に幅広く深い相互利害関係が生じ、錯綜しているため、単純な対決構造でこの体制間競争に臨むことはできないのも確かだ。向かい合う中国の体制も旧ソ連の共産主義体制のように単純ではない。

旧冷戦の起点は第二次世界大戦後の国際体制を決めたヤルタ、ポツダム会談あたりにさかのぼるのだろうが、米外交官ジョージ・ケナンが任地モスクワから打電した「長文電報」（一九四六年二月）が重要なことも広く知られている。その内容を反映した匿名のX論文は外交論壇誌に発表された（*Foreign Affairs*, 一九四七年七月）。X論文は「封じ込め（containment）」という言葉を初めて使ったとされる。のちにもっと強硬な冷戦戦略を打ち出す国家安全保障会議（NSC）六八号文書（一九五〇年四月）によって、ケナンの戦略思想は上塗りされていったから、二一世紀のいまどき、なんでそんな古文書のことを持ち出すのだと、いぶかしく思うかもしれない。実は、初めて読んだときから強い印象を受けたことがあり、いま、あらためて重たい意味をもつと思っている。「封じ込め」のことではない。体制間競争に向かうアメリカ自身の責務だ。電文末尾、結論とも言える部分である。

「われわれの社会の健全性と力強さこそが大きくものをいう……米国社会の内部問題を解決し、自己への信頼、規律、団結心、共同体精神を向上させるため果敢に決定的な対策をとることが、一つひとつソ連への外交的勝利になる。一つひとつが千の外交文書や共同声明に値するほどだ」。X論文では次のように言い換えられている。「勝敗はほとんど、わが国自体にかかっている。米ソ関係という問題は、突き詰めれば、アメリカが諸国家の中の国家として価値ある存在なのかどうかの試金石だ」。

ケナンはこれを「外交と内政の交わるポイント」だと言っている。最大の危険は相手と対決するうちに、自身が相手と同じになってしまうことだとも警告している。トランプ前政権による内政・外交の混乱ののち、アメリカの再出発を図り中国と対峙していくバイデン政権の課題とは、大きく言えばこのケナンの問いかけだ。ソ連を中国に置き換えてみればいい。国内の諸課題を果敢に決定的に解決できなければ、中国との体制間競争に勝つのは難しい。

中国側もそこを突いている。アンカレッジでは楊潔篪《ヤンジェチ》・共産党政治局員（当時）から、自国の人権問題も解決できないのに、他人の国の人権や民主主義についてあれこれ言うな、と反論された。めずらしい発言ではない。旧ソ連もかつて同じ反論を続けただろうし、中国もことあるごとに言ってきたはずだ。だから、どういうことはない発言と言えるだろうか。トランプ政権四年間の前と後では、意味が違ってきたと考えるべきだ。国際世論の受け止め方も違うはずだ。民主主義への信望は米欧においてさえ損なわれ、権威主義的勢力が至るところで台頭している。楊潔篪は「世界の大部分の国はアメリカの言うことが国際世論だとは認めていない」とも難じた。これもいままでは、いつもの言い分だなどと退けているわけにはいかない。

「刑務所国家」化したアメリカ

右にトランプ、左にサンダースという二大政党の主流とまったくかけ離れた人物が大統領になったり、大統領候補争いで勝利しかけたりしたというのは異様なことである。しかも一方は、実質はどうであれ「社会主義」を掲げている。多くの論者が認めるように、これは突然変異ではない。長く続いた「病弊」の帰結である。アメリカの自由と民主主義は行き詰まっている。端的には、格差がその象徴だ。

個人資産の格差でみれば、上位一〇%の富裕層が総個人資産の七〇%を占め、下位五〇%が一%（二〇一四年）というありさまだ。中間層（中位四〇%）に至っては一九八五年には総個人資産の三五%を占めていたのが、二〇一四年には二六%にまで落ち込んでいる（World Inequality Database統計）。中間層は崩壊しつつある。一九八〇年代以降で資産格差が最悪となったのはオバマ政権時代であり、そうした格差状況を背景にトランプ、サンダースが登場した。米社会の激しい歪みを示す例をもう一つ挙げれば、「刑務所国家」である。一九八二年に二二〇万人だった受刑者は二五年後の二〇〇七年には七三〇万人に達した。世界の受刑者総数の四分の一はアメリカに集中した。これも一九九〇年代に犯罪率が下がっているにもかかわらず、厳罰化と警察官増員など司法関連支出増を図ったクリントン政権の政策の影響が大きい。

　実は、いずれも一九八〇年代以降の民主・共和両党の「合作」といえる政策の結果である。オバマ、クリントン両政権を特筆したのは、一般に民主党は格差解消に努め、犯罪に寛大という漠としたイメージをもたれるが、諸データをみれば両党とも一緒に今日の歪んだ米社会をつくり出してきたことは歴然だからだ。その一因は一九八〇年代からの民主党の変貌である。グローバル化する経済の中で、アメリカ自体の経済構造も大きく変わる中（サービス産業化・知識産業化）、製造業時代の労働者は組合崩壊で浮遊し、共和党の価値観政策に引きつけられていった。危機感を抱いた民主党は労働者を見捨て、新興の情報産業や環境産業、金融や軍需と強く結びつく「企業政党」へと性格を変えた。それを主導したのがクリントン、ゴア、そしてバイデンら「ニューデモクラッツ」であった。俗に言う「第三の道」である。

　あとは民主・共和二人三脚でネオリベラル経済政策を続け、犯罪厳罰化も進めてきた。もちろん、アメリカの自由と民主主義の行き詰まりにはまだまだ多くの問題が関わっている。少数の組織化された利権団体と跋扈するロビイストに政治が牛耳られ、人々は投票に駆り出されるだけで、政治的決定から疎外されている状況。アイデンティティ政治。低学歴白人中年層を中心とする「絶望死」問題。伝統メディアの衰退とソーシャル・ネットワーキング・サービス（ＳＮＳ）の発達による言論空間の混乱……。

突き詰めて言えば、上下に二極化した階層固定化社会が生まれ、多くの人がそこで閉塞感どころか絶望さえ感じている。旧冷戦初期の一九五〇年代には資産格差も所得格差もはるかに小さく、なによりも米国市民の九割は三〇歳代になれば親の所得を超えていった。いまはそれが五割、二人に一人は親を超えられない。逆に貧しくなる。さらに生涯、高等教育の学費ローンの返済に追いまくられたりする。「アメリカン・ドリーム」の消滅といわれる現象だ。若者たちがサンダースの「社会主義」にしがみつきたくなるのはもっともだ。旧冷戦初期の人種・人権状況は、南部のジム・クロウ体制の下でいまよりはるかに悪かった。ただ当時は公立学校での人種分離教育を禁じたブラウン判決（一九五四年）から始まり、一九六四年公民権法へ至る差別解消への動きが勢いを増していく時代だった。いまは、方向性が逆になり、右にはオルタナ右翼でくくられる異様な差別現象、左にはアイデンティティ政治の混迷と、状況は複雑化し悪化している。

このままでは「体制間競争」に勝てない

思想状況からみると、民主党側は一九八〇年代に「ニューデモクラッツ」が形成した主流派に対し敵視に近い感情をもつサンダースら左派の台頭がある。オカシオ＝コルテス下院議員らが所属する「アメリカ民主社会主義者」（ＤＳＡ）は、この数年間で数千人だった会員を約九万人にまで増やした。一一年前（二〇一〇年）に二〇〇〇部で発刊された社会主義系論壇誌『ジャコビン』も部数を三〇倍に伸ばしている。これらの数字の背後にはさらに相当数の同調者がいるとみていい。つまり、民主・共和両党協働のネオリベラル経済政策（小さな政府・規制緩和）やネオコン的な対外干渉政策に反発し、社会主義（実態は欧州型の社会民主主義）を目指すグループが、まだ小さいながらも猛烈なほどの勢いで膨らみだし、民主党を揺さぶっている。

他方、共和党側では、戦後保守思想運動の総決算として生まれたレーガン政権以来受け継がれてきた政策とその思想的基盤（レーガニズム）は約四〇年を経て、正統性と有効性を失い、放棄されつつある。レーガニズムとは端的にはネオリベラル経済政策とネオコン対外政策で、政権維持の基盤（集票装置）に大衆運動としての宗教右派を使った。ここでは立ち入らないが、日本の議論が思想運動と政治・大衆運動をごっちゃにして語るのはいただけない。

トランプ登場は大衆の絶望を起爆剤にして、またその力を借りて、それまでの共和党主流の思想的基盤を一挙に破壊しようとした現象だ。旧勢力の力はまだ強いから政治的にはレーガニズムがまだ抵抗を続けているが、保守思想界ではトランプの破壊的衝撃を好機とみて、レーガニズムを放棄して思想再編を行おうとする動きが高まった。その象徴が二〇一九年夏にワシントンで開かれた「国民保守主義会議」である。ただ、レーガニズムに至る戦後保守思想運動が多様な思想集団の呉越同舟であったように、会議に集まった保守知識人らも決して一枚岩ではない。会議から排斥されたのはネオコンとリバタリアン（ネオリベラル）だが、この運動を操作しようとする旧来勢力の影もみえる。一部の保守思想集団はネオマルキシズムを許容し、建国以来の自由主義自体が失敗とみる集団（ポスト・リベラル）がいることにも留意したい。

バイデン政権の課題とは、大きく変わりつつある思想状況をふまえながら、大統領自身もかつて関与した、上述のような行き詰まった政治経済状況を打開することだ。巨大ＩＴ企業や金融資本などとの癒着を断ち切り、アメリカの「健全性と力強さ」を取り戻すことである。それができなければ、ケナンが警告したように体制間競争に勝つことは難しい。

（初出『国際問題』二〇二一年七月号）

第15章 ウクライナ侵攻の「思想地政学」

ウクライナ侵攻で再認識された「ロシアの反自由主義工作」

アメリカのドナルド・トランプ前大統領は、二〇二二年二月二四日のウクライナ本格侵攻直前までロシア軍による同国包囲作戦をとるウラジーミル・プーチン大統領を「賢い、天才的だ」と褒めそやしてきた。そのため、侵攻開始後、批判のやり玉に挙がっている。トランプだけではない。保守系ケーブルテレビＦＯＸニュースの人気キャスター、タッカー・カールソンや、ラストベルト（錆び付いた工業地帯）の白人貧困層の生活を描き邦訳も出て評判となったＪ・Ｄ・ヴァンスらトランプ派の論客も、同様にプーチン讃美が批判の的となった。

トランプを筆頭にカールソン、ヴァンスも二〇二四年大統領選挙共和党候補選びへの出馬の観測があり、ヴァンスは一足先に今秋（二〇二二年）の中間選挙で上院議員（オハイオ州）を目指し出馬している。だが、プーチン称賛やウクライナ批判発言が、「孤立主義」などを掲げナショナリスト・ポピュリズム（国民主義ポピュリズム）の波に乗って登場したトランプら新しい右派の今後の選挙戦略にとって障害になりかねない。

代わって、勢いづいているのは、新しい右派の運動からはじき出されていたネオコン（新保守主義者）知識人らだ。ネオコン系やネオコンと思想が近いリベラル・ホーク（タカ派）といわれる米主要紙のコラムニストらがロシアのウクライナ侵攻を非難し、返す刀で親プーチン姿勢をとってきたトランプらを厳しく断罪し、気炎を吐いている。冷戦後のネオコン思想に大きな影響を与えた『歴史の終わり』の著者フランシス・フクヤマは、ウクライナ侵攻でロシアが敗れれば、世界の民主主義は後退期を抜けだし、「自由の再生」が起きて「一九八九年精神が生き延びる」と予想している。自由主義にとって正念場だということだ[1]。

一九八九年には冷戦終結で一挙に自由と民主主義が東欧圏などに広がったが、今世紀に入って民主主義国家が権威主義の強権国家に逆戻りしたりする現象が顕著になった。今回の戦争でウクライナが勝利すれば、それが反転攻勢に入るという観測だ。そんな観測の中で、ここ数年とってきた親プーチン路線の修正をすでに探り始めたのは、トランプらアメリカの右派ポピュリストだけでない。欧州でも、フランスのマリーヌ・ルペンの国民連合（RN）やハンガリーのヴィクトル・オルバン政権など、右派勢力や右派政権の去就に変化が見えだしている。

ウクライナ侵攻でのロシアの苦戦を受けて、自由と民主主義の拡大に努めてきた米欧の政治家や知識人が勢いを得る一方で、自由主義（リベラリズム）の失敗を批判し、強権政治への転換を図ろうとしてきた右派ポピュリズムが追い込まれる兆候が見えだした。

背景を探れば、プーチン政権や政権周辺でうごめく右派勢力がこの一〇年余り、主として米欧で仕掛けてきた、国際的な「反自由主義工作」が浮かび上がる。ロシアのウクライナ侵攻の理由はNATO（北大西洋条約機構）拡大の脅威という安全保障上の理由というよりも、自由と民主主義の拡大という西側の思想攻勢への反撃だったことが見えてくる。[2] 欧米での反自由主義工作が功を奏してきたのに、すぐ足下の兄弟国家ウクライナでは逆に自由と民主主義拡大の勢いが止まず、ロシア本国にも影響を及ぼす事態となっている。この足下の流れを力ずくで反転させたいというのがプーチンの侵攻決断の真の動機と考えるのが理にかなう。

　だが、足下のウクライナ侵攻に踏み切ったことで、今度はロシアからの工作（それが理由のすべてではない）もあって隆盛になった欧米での反自由主義（右派ポピュリズム）の動きの分が悪くなってきたのも事実だ。欧米の右派ポピュリスト政治家への各国の有権者支持はまだ大きく揺らいではいないものの、今後のウクライナ情勢が世界的に起きた右派ポピュリズムの隆盛にどのような影響を及ぼすか、注目される。[3] ウクライナ侵攻の奥深くで動く「思想地政学」は今度の戦争の重要なテーマだ。

　いま自由主義の反撃はウクライナ国民のナショナリズムの力に支えられ、アメリカの思想潮流の中に兆し始めたが、これがアメリカ政治を大きく動かし、世界中を覆いだした反自由主義（典型は反グローバリゼーション）まで反転させて行くかは未知数であろう。フクヤマのいう「一九八九年精神」の再興は希望的観測に終わる可能性もある。自由主義が抱えた問題自体は根深く、まだ修正の構想すらよく見えていない状態だからだ。

「反自由主義としての保守」が体制イデオロギー

この自由主義（リベラリズム）をめぐる近年の流れを振り返ってみよう。冷戦終結後、米英の先鋭化した自由主義に主導された経済や文化のグローバル化は今世紀に入って、自由主義の隆盛への反動のようにして起きた国際テロ、そのテロに対抗して米英主導で始められた中東での紛争の泥沼化、さらに経済グローバル化の挫折として起きた世界的金融危機、経済格差の拡大……といった難局に直面した。[4] こうしたグローバルな政治経済動向が各国での左右ポピュリズムの動きを生む一方、アメリカをリーダーとする世界秩序の再編を求めてロシアや中国が仕掛ける「体制間競争」で、両国を勢いづける素地ともなってきた。

そうした流れの中で行われたロシアの「反自由主義工作（民主主義攻撃）」は、二〇一七年のトランプ大統領誕生だけでなく、英国のＥＵ（欧州連合）離脱や欧州各国における右派勢力の伸張を、サイバー攻撃とソーシャルメディアを使った影響工作などで後押ししてきた。影響工作はトランプ政権のロシア疑惑解明の過程や、世界の民主主義動向を研究する学者らによってほぼ明らかにされ、[5] その意図についても西側のロシア研究者らによって分析されてきた。この問題はウクライナ紛争に深く関わる。

ロシアの反自由主義とその対外工作は、ロシア内部ではどのように動いてきたか。この問題について、西側で極めて精緻な研究をしているのはフランスの国際政治・政治思想研究者でロシア右派思想に詳しいマルレーヌ・ラリュエルだろう。その最近の研究も参照しながら、考察してみよう。

ラリュエルによれば、ロシアは二〇〇〇年代に入って徐々に「保守主義」を政権のイデオロギーとして定着させてきた。二〇一二年ドミトリー・メドベージェフ大統領時代の最後に、ロシアの立場は「保守中道」と宣言した後、同年に大統領として再登板したプーチン大統領が「保守」を政権の体制イデオロギーとして、明確に打ち出してきた。それは一九九〇年代にエリツィン時代のロシアが西側から押し付けられて経験した「自由主義（リベラリズム）」に対比されての「保守」であった[6]。

ロシアが西側に押し付けられた「自由主義の経験」とは以下のような事態を指す。冷戦終結後一九九〇年代のエリツィン政権下、ロシアはアメリカなどの支援を受け共産主義体制から資本主義国家への移行を進めたが、米英主導の新自由主義（ネオリベラリズム）経済政策による改革の結果、逆に激しい混乱をきたし、経済規模は一時ソ連崩壊前の六割程度まで縮小、ロシア人の平均余命も数歳も縮むという悲惨な状態となった（もちろん、ネオリベラリズムに同調するロシアのエリートらがいた）。この事態に対するプーチンの怒りの吐露が二〇〇七年のミュンヘン安全保障会議での演説で、アメリカ一極支配体制を激しく断罪し、出席した各国の政治家らに衝撃を与え、世界的に波紋を広げた[7]。

一九九〇年代の自由主義改革押し付けの結果として、冷戦時代はソ連国家を形成しアメリカと覇を競ったロシアは「二等国」に貶められたという認識がプーチンや政権の歴史観となり、「西側の自由主義（リベラリズム）」に対し「ロシアの保守主義」という対抗図式がつくられていった。プーチン政権は国内では野党の自由主義勢力と戦い、外では近隣国で「レジーム・チェンジ」を仕掛ける米欧からの攻勢と戦うという、政権の思想的図式である。

ロシア政府周辺には一九九〇年代から、「新ユーラシア主義」（後述）や「神秘主義的スターリニズム」など様々な「準ファシズム」的潮流が生まれて陰に陽に政権や軍部に影響を及ぼしてきたが、プーチン政権の「体制イデオロギー」となったのは「反自由主義」としての保守だ。その内容は、「アメリカ主導の世界秩序」を否定し、行き過ぎた自由主義を押し戻そうとする考え方である。[8]

この反自由主義について、ラリュエルは「リベラリズムを経験した後に、リベラリズムを押し戻すような、ポスト・リベラリズムともいうべきイデオロギー」と分析している。「ポスト・リベラリズム」は、ロシアが干渉した米大統領選を機にアメリカでも力を得て、親プーチンを掲げたトランプ政権下で起きた思想変化を考える上でもカギとなることは後述する。

反自由主義とはいかなる思想か

では、この体制イデオロギーとしての反自由主義はどんな内容なのか。アメリカ主導の世界秩序を否定し、自由主義を押し戻すという消極的側面だけではイデオロギーとして力を持ち得ない。

ラリュエルは①「道徳的保守」(アメリカ政治の用語では「社会的保守」)、②「反自由主義的価値観」、③「主権主義」から成り立つとみる。①は、いわゆる「伝統的な家族の価値観」であり、女性やＬＧＢＴＱと呼ばれる性的少数派の権利拡大を抑え込むことを目指す。そこでロシア正教の復権が意味を持つ。②は言論報道の自由や司法の独立を制限するカリスマ的指導者による強権政治、③は、自由主義によって進む政治・経済・文化のグローバリゼーションあるいはＥＵのような地域統合に対抗し、「国家主権」を取り戻すことを指す。「経済ナショナリズム」、貿易保護主義だけでなく、国家主権回復には国民国家形成で主体となった民族的多数派が少数派や移民に対し優位な文化的主役の地位を取り戻すという考え方も含まれる。これら①～③が、トランプ政権の周辺で動いた思想と同調することは後述する。

二〇一二年に再登板して以降のプーチン政権の体制イデオロギーとなった反自由主義は、ロシアの対外世論工作、影響工作として、多層的な手段（公式メディア、文化事業や文化交流……）を通じて拡散が図られた。それが政府機関だけに限らず、政府と微妙につながるような民間組織などを通じて動くのはどこの国の場合でも一緒だ。こうしたプーチン政権の反自由主義工作に並行して、あるいは相前後して、ポーランドやハンガリーで反自由主義的な強権政権が誕生、さらに英仏独をはじめとして西欧各国にも反自由主義政党が、ナショナリスト・ポピュリズムの波に乗って大きく力を伸ばしたり、新たに生まれたりした。そうした政権や政党は「右翼」あるいは「極右」、時には「ファシスト」と形容された。

ただ、これは単純にロシアの反自由主義工作の結果として起きたわけではない。こうした政権や政党はプーチン政権と関係を深めていくが、その登場はむしろ、プーチン政権が自由主義に対峙させる「保守」を体制イデオロギーとして固めていくのに並行して、各国それぞれに生じた現象だ。そうした政権・政党誕生には、ロシアで反自由主義思想が体制イデオロギーになっていったのと似た経緯がある。

ロシアは一九九〇年代に主としてアメリカが経済に介入し、ネオリベラリズムによって経済を破壊され、国民の死亡率が激しく上がったりし、平均余命まで縮み、その反動として自由主義への反発が起きた。同様に米欧では一九八〇～九〇年代から始まったネオリベラリズムの弊害が二〇〇〇年代になって金融危機（米ではリーマン危機、欧州では通貨危機）に至り、アメリカの場合はそこにネオコンに主導されたアフガン・イラク戦争も重なり、それらのしわ寄せは特に下層中産階級に及んだ。白人労働者階級の死亡率が上がるという異様な現象まで起きた[9]。

欧州の場合、アメリカ主導の戦争の影響は主に中東地域から難民が押しよせる現象となって現れた。それ以前にも自由主義的施策によるヒト・モノ・カネの域内移動が、東欧地域の著しい人口減などを引き起こした[10]。そうした状況への反動として、ナショナリスト・ポピュリズム運動が起き、右派政党の伸張や誕生につながっていく。

並行してプーチン政権の体制イデオロギーとしての反自由主義対外工作が進み、プーチン政権と西欧右翼政党との接触が増え出す。特に二〇一三～一四年は顕著で、フランス「国民戦線」（現・国民連合）党首のマリーヌ・ルペンは少なくとも二回モスクワを訪問、プーチンの側近セルゲイ・ナルイシキン下院議長（現・対外情報庁長官）らと会談、「イギリス国民党」（BNP）、イタリア「新しき力」と「北部同盟」、ギリシャ「黄金の夜明け」などの党首や幹部がモスクワ詣でをするなど、ロシアと西欧右派勢力の接触や連携が活発化した[11]。

二〇一四年クリミア併合の国内的動因

この反自由主義の国際連携の活発化は、ロシア国内での反プーチン運動とウクライナ情勢に並行して起きていることに留意したい。二〇一一年一二月ロシア下院選挙から一二年三月の大統領選挙、五月のプーチン大統領再就任にかけ、不正選挙が行われたと抗議する反政府（反プーチン）デモが一時はモスクワのみならず全土に波及し、欧州主要都市でも連帯のデモが起き、ソ連崩壊後最大と呼ばれる抗議行動になった。

二〇一〇年末から始まった「アラブの春」の影響も見逃せない。特にロシア下院選のひと月半前にリビアで独裁者カダフィ大佐が殺害されたことは、プーチンに衝撃を与えたといわれる。ロシアの反プーチン抗議デモに対しヒラリー・クリントン米国務長官が支持するような発言を繰り返したことへの反発が、二〇一六年のクリントン追い落としを狙ったアメリカ大統領選介入、本丸・アメリカへの反自由主義工作につながっていったと考えてよい。

他方、この二〇一一～一二年のロシア国内での反プーチン保守体制への抗議＝自由主義の攻勢に踵を接するように、二〇一三年一一月からはウクライナでＥＵとの連合協定締結を凍結した親ロシア派のビクトル・ヤヌコビッチ大統領に抗議する大規模デモがキエフ（現・キーウ）で発生、翌一四年二月には治安部隊とデモ隊の衝突で多数の死者を出す中、政権は崩壊し大統領はロシアに逃亡した（マイダン革命）。すなわち、「西側の自由主義（リベラリズム）」に対し「ロシアの保守主義」という対抗図式を掲げ、西欧右翼政党や東欧に生まれた右翼政権と連携し、自由主義を押し戻そうとするロシアの足下で自由主義の激しい攻勢が起きたわけだ。

それが二〇一二年に再登板したプーチン大統領の置かれた状況であった。マイダン革命直後の一四年三月にロシアによるクリミア半島併合、親ロシア派武装勢力によるドネツク、ルガンスク両州独立宣言が起きたのは、まさに足下の兄弟国家での「自由の拡大」に対する反撃だった。今回のウクライナ侵攻はその反撃を継承する戦争となる。つまり、問題はＮＡＴＯ拡大ではなく、自由主義の拡大であるということだ。

二〇一六年の米大統領選へのサイバー攻撃やソーシャルメディアを通じての影響工作は、少なくともマイダン革命の起きた二〇一四年ごろから準備されていた。プーチン政権の長期戦略はアメリカ主導による世界の自由主義秩序の破壊であり、その本丸であるアメリカは反自由主義工作の最大のターゲットになる。その舞台が二〇一六年大統領選となったわけだ。

影響工作では一億二六〇〇万人の米市民がフェイスブックでロシアによる偽投稿を受け取ったという推計もある。こうした大がかりなロシアの工作を調査した米情報当局の報告書は「クレムリンがアメリカ主導の民主主義秩序を損なうという長年の願望を進めようとしており、プーチンをはじめとするロシアの上級指導者たちは、自由民主主義秩序の促進を脅威と見なしている」と結論付けている[12]。

ただ、ここで強調したいのはロシアの反自由主義工作の手段として使われたサイバー空間での影響工作で反自由主義的なトランプ政権が生まれたというような、単純なことではない。一九九〇年代に自由主義がロシアに対して犯した過ちへの反動としてプーチンが登場し、反自由主義が体制イデオロギーとなった。まさにそれと同様のことが、ロシアの後押しとは別にアメリカ国内でも起きていた。自生的な反自由主義への動きである。

「ネオリベ・ネオコンの否定」から生まれたトランプ

アメリカでは激しいロシアの介入の中でのトランプ登場をチャンスとみて、二〇一六年大統領選挙前後から保守思想を再編しようとする思想（知識人）集団が登場し新たな保守主義形成の運動を始めた。

この集団は現在、「国民保守主義（ナショナル・コンサーヴァティズム）」の名の下に結集し、多くはウクライナ紛争への介入に消極的で、いま論壇で復権しつつあるネオコンやリベラル・タカ派の積極介入モードを批判している。[13]

思想史的な構造に目を向けよう。トランプの登場は、一九八〇年代以降の保守政治を支配してきた「レーガン主義」への反発であり否定である。

レーガン主義とは、①ネオコン主導の対外積極関与、②リバタリアン（自由至上主義者）主導のネオリベラル経済政策、③宗教右派主導の社会的保守主義、に要約できる。①によって冷戦「勝利」とアメリカ一極支配体制、②によって民営化・経済グローバル化・金融化（いわゆるグローバリゼーション）が推進された。③はすぐれて国内的役割（大衆運動・選挙戦略）を担った。トランプ登場はナショナリスト・ポピュリズムによる①②に対する破産宣告であり、こうした思想変化が起きたのは、一九九〇年代のロシアが極端な自由主義により破綻国家になりかけたのと同様に、世界の自由主義秩序を率いてきたアメリカ自体も二〇〇〇年代に入りネオリベラル・ネオコン政策で破綻の瀬戸際となったためである。

米「国民保守主義」は「ロシアの保守主義」に近似する

そうした中で登場した新たな右派諸集団は、レーガン主義の否定を通じて「イデオロギー化した自由主義（リベラリズム）」と、その根底にある「個人主義（individualism）」を批判し、宗教や共同体、「家族の価値」を重視。グローバリゼーションに対し「国家主権（national sovereignty）」や「国境」の立て直しを主張する。「国民保守主義」の下では、「ポスト・リベラル」と呼ばれる思想集団が動いており、アメリカ政治を建国以来支えてきたジョン・ロックの思想を基礎とする「自由主義」が行き詰まったとして、大きな思想組み替えを求めている。[14]

ロック思想の核は財産権を基礎とする個人主義にあり、その奥にはプロテスタンティズムの伝統があるが、ポスト・リベラルは二一世紀に至って、それらの限界が露呈したと見ており、（プロテスタンティズムへの対抗としての）カトリシズムや（個人主義への対抗としての）コミュニタリアニズムへの方向転換を主張する。この主張は邦訳もあるパトリック・J・デニーン『リベラリズムはなぜ失敗したのか』（本書にはバラク・オバマ元大統領までが関心を示した）などで展開され、アメリカ保守の新しい思想潮流とみなされている。

こうしたアメリカの新しい保守思想潮流は、ロシアが再登板したプーチン大統領の下で「体制イデオロギー」として形成した、「西側自由主義」に対峙する「ロシアの保守主義」に極めて近似している。つまり、自由主義がロシア国内で反体制ジャーナリストや進歩派市民らに浸透して反プーチン抗議行動などを活発化させ、さらにプーチン政権の足下のウクライナでマイダン革命などを引き起こす一方、反自由主義はアメリカの政権中枢近くに浸透し、トランプ政権を動かし親プーチン政策をとらせたりした。複雑に入り組んだ「思想地政学」がのぞく。

ただ、アメリカに生まれた反自由主義は、過激な自由主義であったネオコンやネオリベを否定しているが、アメリカの伝統である自由主義を再構築するための批判的プロセスと見ることも可能だ。ネオコンの思想的基盤を据えたフランシス・フクヤマは九・一一テロ後のイラク戦争に反発しネオコンと決別した。いま新著『リベラリズムへの不満』(二〇二二年、邦訳二三年)では、国民保守主義者の一部が唱える自由主義批判も取り込みながら、自由主義再興を図ろうとしている。

ドゥーギンとバノンの共感と接触

上記のような米ロの錯綜する地政学的思想戦の中で、トリックスター的な役割を担っているのがロシアの「新ユーラシア主義」の思想家アレクサンドル・ドゥーギン(一九六二〜)と、トランプ政権誕生の仕掛け人であるスティーブン・バノン(一九五三〜)だ。

この二人が狙っているのは、欧州大陸を軸に世界的規模で反自由主義あるいは「非自由主義(illiberalism)」を核とする思想を広げ、その思想を核とする地政学的な世界再編を図ることである。ドゥーギンの場合は二〇世紀前半に淵源を持つロシアの「ユーラシア主義」を、主に米英との対抗で再興していく戦略論でもある。バノンの場合は、文明衝突論的な論理でロシアをも取り込んで中国封じ込めを図る戦略だ。戦略的には一見すれ違う二人だが、一種の共感を持って互いに接触していることが明らかになってきた。[15] 共感の背景は「反自由主義」である。二〇一八年一一月、ローマで落ち合った二人は、高級ホテルの一室にこもり終日意見交換したという。ドゥーギンの著書の愛読者であるバノンは、ドゥーギンを「兄弟」と呼び掛ける間柄だ。[16]

ドゥーギンとバノンは、それぞれ両国の政治権力との位置関係や影響力が議論される。ドゥーギンとプーチンの接触は極めて限られている。バノンとトランプは前者の更迭以来、直接会う機会は限られた。他方で、ドゥーギンはプーチンの、バノンはトランプの「黒幕」だという議論が、たとえば

『フォーリン・アフェアーズ』のような知識社会に大きな影響を持つ雑誌に出たりもする。[17] 思想と政治や社会との関係は、もっと込み入ったものだ。彼らが学術的なものも含め広くメディアで議論されてきたこと自体が、その関係の重要な側面である。彼らの存在と思想がなぜ議論されるのか。いまの世界を覆う自由主義と反自由主義のせめぎ合いの象徴だからであろう。

　ドゥーギンの「新ユーラシア主義」は一九九〇年代から唱えられ、二〇一〇年代に始まるプーチンの「ユーラシア経済連合」やその拡大構想に先立ち、一九二〇年代のロシア革命後に亡命ロシア人思想家らの間で構想された「ユーラシア主義」に淵源を持つ。これら三つにはアジアとヨーロッパをまたぐロシアという国家の独特の位置づけから思考したり戦略を構築したりするという最低限の共通項はあるが、かなり異なるものだとされる。前述のマルレーヌ・ラリュエルによれば、一九二〇年代のユーラシア主義はスラブ系民族とテュルク系民族の交流の上に築かれた「ロシアの宿命」を思想として表現したものであるのに対し、ドゥーギンのユーラシア主義はアメリカ主導の国際秩序を徹底的に組み替えてロシアが主導国家となるという地政学思想だ。[18] 一九二〇年代のものと区別し「新ユーラシア主義」と呼ばれる。プーチン側近はドゥーギンの過激な思想を退けているが、軍部には深く浸透しているとされる。

　ロシア右派の緻密な研究を行っているラリュエルはドゥーギンの影響力を最も低く見積もるひとりで、大統領府のプーチン側近らでドゥーギンと人的つながりを持つ者は一人もいないとみる。それどころか、二〇二一年まで側近（「灰色の枢機卿」と呼ばれた）だったウラジスラフ・スルコフはドゥーギンの帝国主義的思想を毛嫌いしていたという。一方で軍人サークルでは、陸軍士官学校で教鞭をとり著書が教科書にもなったドゥーギンの影響力が大きいことはラリュエルも認める。[19]

『フォーリン・アフェアーズ』の論考に代表されるように、ドゥーギンが米欧で注目されるのは、その活発なメディア露出が背景だろう。主に欧州各地を飛び回り活発に論争を仕掛けている。欧州の極右勢力とも連携を図っている。ドゥーギンの「新ユーラシア主義」は大陸欧州から中国も組み込んで、米英自由主義の「大西洋主義（Atlanticism）」に対抗するものである。彼の活動は、「反自由主義」を旗印にするロシアがさまざまな手段を通じて多層的に行う対外工作に組込まれていると見ていい。アメリカのソフトパワー外交が、さまざまな組織と連携して知識人を海外派遣し、アメリカの視点・思想を広げているのと同じである。

トランプ政権誕生の仕掛け人であるバノンがロシアと接点を持つようになったのは、二〇一四年ごろと推定される。バノンは、二〇一六年大統領選挙で数千万のフェイスブックの個人データを盗み取り影響工作をしたケンブリッジ・アナリティカ社（ロンドン）に創設時（二〇一三年）から役員として加わった。同社はプーチンに近いオリガルヒ（新興財閥）である石油企業ルクオイルと関係を持っていたと内部告発されている。[20] このころ（二〇一四年）バノンは、ローマのカトリック系保守団体とのやりとりで自身の世界観を表明する中で、ドゥーギンのユーラシア主義への関心を示している。バノンの世界観は自身が制作・監督した二〇一〇年公開のドキュメンタリー映画『ジェネレーション・ゼロ』で表明されているが、西側文明の最後の敵はイスラム過激派と中国だという一種の文明衝突論だ。

「大西洋主義」と衝突する中国版「第四の政治理論」

ドゥーギンのユーラシア主義とバノンの世界観は中国を最後の敵とするかどうかで大きな違いがあるが、二人は欧州の右派勢力を糾合していくという同じ活動を通して接触してきた。バノンはドゥーギンの著書『第四の政治理論』（二〇〇九年）への関心を表明している。二〇世紀には①自由主義（リベラリズム）、②共産主義、③ファシズム――の三つの思想が争い、自由主義が勝ち残ったが、自由主義の勝利にはすでにその終わりが胚胎しており、「ポスト・リベラル」の世界が来る。「第四の政治理論」は自由主義、ポストモダニズム、ポスト産業化社会、グローバリゼーションを敵とし、近代が捨てた伝統や信仰を取り戻していく……という思想が展開されている。[21]

このドゥーギンの「ポスト・リベラル」は、トランプ大統領登場をチャンスととらえて動き出した、アメリカの「ポスト・リベラル」とシンクロしているのは明らかだ。そして「ポスト・リベラリズム」こそがプーチン政権の体制イデオロギーならば、その広がりにおいてそれは結果的に過去十数年かなりの成功をおさめてきたことになる。すべてが自らの力によらなかったにしても、である。

中国もまた、ドゥーギンの言う二〇世紀に激しくせめぎ合った自由主義、共産主義、ファシズムの三つを乗り越える「第四の政治理論」[22]を模索しながら、独自の「ユーラシア主義」（一帯一路）を展開しようとしていると見ていいだろう。そこには大陸欧州も包含されている。対峙するのは米英が基軸となっている自由主義の「大西洋主義」であり、その支脈としてのインド太平洋における自由主義連合だ。アジアの半島部・亜大陸部（インド、東南アジア）は大陸欧州と同様に二つの思想地政学的な力のせめぎ合いの場となっている。

ただロシアの場合は足下が大きく揺らいだ。ウクライナだ。中国もそうである。香港だ。ウクライナはまさにこの思想地政学のせめぎ合いにおける「関ヶ原」になった。本章冒頭に描いたように、これを自由主義の危機と見る思想集団（アメリカではネオコン、リベラル・タカ派）はアメリカ国内外で激しく言論戦を仕掛けてきている。しかし、アメリカでも足下で「反自由主義」思想が動いている。メディアを通じて国境を越え拡散するこれらの言説が、人々と、人々が選ぶ政治家や、政治家らにアドバイスする官僚・知識社会にどのような影響を及ぼすか。アメリカを舞台に繰り広げられる思想戦が、ジョー・バイデン大統領の頭の中に混乱を引き起こしているのがいまの状況であろう。

アメリカ軍のウクライナ派兵を頑なに拒み続けるバイデンはトランプとアメリカ国民の「孤立主義」を引きずるが、二〇二二年三月二六日のポーランドでの演説でネオコン戦略の体制転換（レジーム・チェンジ）を示唆するように、プーチンは「権力の座にとどまってはならない」と発言したのは、まさにアメリカ国内で自由主義と反自由主義がせめぎ合っている様相を映している。

（初出『フォーサイト』二〇二二年三月三一日）

注

（1）Francis Fukuyama "Preparing for Defeat," *American Purpose*, Mar. 10, 2022.

（2）F・フクヤマ「ＮＡＴＯ拡大がウクライナ危機を招いたのか?・」フォーサイト、二〇二二年二月二五日、Robert Person and Michael McFaul "What Putin Fears Most," *Journal of Democracy*, Feb. 22, 2011, Anne

Applebaum "Ukraine Must Win," *The Atlantic*, Mar. 22, 2022 など参照。

(3) Eric Kaufmann "Populists Are Losing this War," *UnHerd*, Mar. 14, 2022 の状況はあるが、支持は衰えていないとの分析は以下。Anthony Faiola"Putin's Praisers in the West Have Suffered Less than You Might Think," *The Washington Post*, Mar. 17, 2022.

(4) 拙著『破綻するアメリカ』(岩波現代全書、二〇一七年)参照。

(5) この影響工作についてはラリー・ダイアモンド、市原麻衣子監訳『侵食される民主主義』勁草書房、二〇二二年が参考になる。

(6) 以下、マルレーヌ・ラリュエルの引用は浜由樹子訳『ファシズムとロシア』東京堂出版、二〇二二年とMarlène Laruelle "Russia's Niche Soft Power: Sources, Targets and Channels of Influence," (*Russie. NEI. Visions*, No. 122, Apr. 2021) を主として参照。ラリュエルの論考は洞察に満ちている。

(7) "Speech and the Following Discussion at the Munich Conference on Security Policy," Feb. 10, 2007.

(8) 『ファシズムとロシア』六三頁。

(9) アン・ケース、アンガス・ディートン『絶望死のアメリカ』(松本裕訳、みすず書房、二〇二一年)。当初は白人中年層の異常現象と見られたが、低学歴層を見ると広い世代で死亡率が上がっていた。

(10) 以下はラトビアの人口減の例。ルーマニア、ブルガリアなどの凄まじいまでの人口減。西欧に流出した。Gordon F. Sander "Latvia, a disappearing nation," *Politico*, Jan. 5, 2018.

(11) 国末憲人「『欧州右翼』とプーチン政権『連携』の不気味さ」フォーサイト、二〇一四年六月一七日が詳しい。

(12) 『侵食される民主主義』(上)一四四頁、"Intelligence Community Assessment of Russian Activities and Intentions in Recent U.S. Elections," Office of the Director of National Intelligence, 6 Jan. 2017.

(13) 拙稿「トランプ政権を取り囲む思想潮流を考える——反レーガン主義とポスト・リベラルの興隆」『トランプ政権の対外政策と日米関係』日本国際問題研究所、二〇二〇年三月、第一章参照。

(14) アメリカのポスト・リベラルの思想表明文書としては以下参照。"Against The Dead Consensus," by

Various, *The First Things*, Mar. 21, 2019.

(15) ドゥーギンとバノンの接触を若手思想史研究者が調査報道的に追跡したのが Benjamin R. Teitelbaum, *War for Eternity* (Dey Street Books, 2020)。

(16) *War for Eternity* pp. 1-3, 95-96.

(17) Anton Barbashin and Hannah Thoburn "Putin's Brain," *Foreign Affairs*, Mar. 31, 2014

(18) 『ファシズムとロシア』六二頁。

(19) 同上、二一四－二二三頁。

(20) クリストファー・ワイリー『マインドハッキング――あなたの感情を支配し行動を操るソーシャルメディア』(牧野洋訳、新潮社、二〇二〇年)参照。

(21) Alexsandr Dugin, *The Fourth Political Theory* (Arktos, 2012).

(22) 福嶋亮大『ハロー、ユーラシア――21世紀「中華」圏の政治思想』(講談社、二〇二一年)がこの問題を深く探っている。

第 VI 部

思想家ラッセル・カーク再考

第16章

『保守主義の精神』出版七〇年とアメリカの分断

思想風景を大きく変えた書

アメリカの保守思想家ラッセル・カーク（一九一八〜九四）の主著『保守主義の精神』が出版されて、二〇二三年がちょうど七〇年に当たった。二三年の秋から年末にかけ、カークが生涯を過ごしたミシガン州メコスタ村と首都ワシントンで出版七〇年を記念する行事も行われた。

アメリカで保守思想を考える者なら、必ず一度は取り組んでみる本である。ただ、生半可に読み解ける本ではない。近代保守主義の始祖である英国のエドマンド・バーク（一七二九〜九七）から説き起こし、大西洋を挟んで米英両国で発展した保守思想の流れをたどり、その命脈が途絶えそうだという危機感を訴える。カークの生涯に分け入って、やっと意味が見えてくるようなところもある。

アメリカの保守思想については、この二〇〜三〇年で日本でもやっと理解が深まってきたが、難解なところもある。

まず、革命によって登場した国であるアメリカにそもそも保守思想はあるのかという根本的な疑問だ。七〇年前ごろ、アメリカには「リベラリズムの思想伝統以外はない」という言説が圧倒的に優勢だった。カークの『保守主義の精神』が登場したことで、そうした「アメリカの思想風景が、がらりと変わった」（思想史家ジョージ・ナッシュ［一九四五〜］）といわれる。カークが登場する以前は、保守といえば、徹底した経済自由主義や個人主義を主張するような思想（リバタリアニズム）を指すのが普通だった。

だが、それはリベラリズムの一種に過ぎない。他方、政界では一九三〇年代の大恐慌期を乗り切るため社会主義的なニューディール政策を推進する勢力が「リベラル」を名乗って、長くその優位が続いていた。自由を求めた独立革命が原点であるような国で、リバタリアニズムが保守の主流となるのは自然かもしれない。実際保守主義の精神とは別の視点からアメリカ思想史を描き出したルイス・ハーツの名著『アメリカ自由主義の伝統』（一九五五年）は、結局、アメリカではリベラリズム以外の思想は生き残ることができないと論じた。日本では便宜上「自由主義」と訳されることの多いリベラリズムは、ニューディール、ネオリベラリズム、アイデンティティ政治……といったかたちを取って、今日まで展開してきている。その核には財産権、個人主義、法治といった考え方がある。確かに、アメリカ国家の成り立ちから考えるとハーツの言い分はもっともだ。

だが、独立革命以前にアメリカの歴史は空白だったわけではない。さまざまな理由で主として英国から渡ってきた人々が生きていた。ハーツが主張したように啓蒙思想家ジョン・ロックの影響が圧倒的に強いのかもしれないが、それとは異なる、あるいはそれに異議を唱えるような欧州起源の思想系譜も、脈々と生き続けてきた。そのことを系統立てて説明したのが『保守主義の精神』であった。英国側では保守思想家バーク、詩人サミュエル・テイラー・コールリッジ、政治家ベンジャミン・ディズレーリ、神学者ジョン・ヘンリー・ニューマンら、アメリカでは政治家ジョン・アダムズ、小説家ナサニエル・ホーソーン、哲学者アーヴィング・バビットらが取り上げられ、多くのアメリカ人は初めて「保守主義」が深い思索を経てきた思想系譜であることを教えられた。それまでのリバタリアニズムを核とした系譜は、時に軽蔑の目を持って見られ、「保守」という言葉は日常では侮辱の言葉に近かった。それが大きく変わっていった。

『保守主義の精神』出版が大きな支えとなり、カークを軸に「伝統主義者」と呼ばれる保守思想潮流が始まり、四半世紀後にレーガン保守政権を誕生させる思想的基盤の一角を成したといわれている。ただ、カークのような思想家は、保守思想を学んだり考えたりする者たちの尊敬を集め、長期の文化的影響力を考えると重要だが、短期的な政策論議となると別の話だ。一九八一年のレーガン政権誕生以降、現実政治と思想の関わりを見ると、経済政策ではリバタリアンたち（別の用語ではネオリベラル）、外交・安全保障政策ではネオコンサーヴァティヴ（ネオコン）たちが大きな影響力を持ち、それは民主・共和両党を通じ最近まで続いた。民主党もネオリベ化し、ネオコン外交に影響されたのだ。

八〇年代末にレーガン政権が終わるころ、カークは盛んにリバタリアンのネオリベラル政策から生み出されるグローバル経済や、ネオコンの民主化拡大路線を批判していた。批判の基調にあったのは、リバタリアンやネオコンが目指すのは文化的多様性を否定する画一化された世界だという点だった。二〇一六年の歴史的なポピュリズム現象（トランプ大統領選出と民主社会主義者サンダース上院議員の政治的躍進）は、今日に至っても余波がおさまらない。そのきっかけは、主として冷戦終結以降のネオリベラル経済政策とネオコンの外交・安保政策(特に九・一一以降の長期戦争)の大失敗に対する大衆の怒りの爆発だと考えられる。そこにカーク思想と共鳴する要素を見ることもできる。ただ、カークはポピュリズムも敵視していたのは間違いない。ウイットに富んだ人だったから、トランプを観察して、どんな諧謔(ユーモア)をつぶやいたか。

保守思想とは何か

カークの保守思想とはいかなるものだったのか。『保守主義の精神』をはじめ著書の各所でカーク自身が六つの要点を挙げて説明している。長い論述なので肝心だと思う点をまとめておく。

まず第一は、超越的秩序・自然法への信頼である。すなわち信仰の重要性だ。第二は、人間存在の多様性および神秘への愛。第三に、文明は身分秩序(階級)を必要とすると理解すること。第四に、自由と財産は不可分であるとの理解。第五は、古くから伝わる定めを信頼し、抽象的な「設計主義」を否定すること。第六は、社会を保持するには深慮に基づく変革が必要だと理解すること。近代の合理的思想に慣れたわれわれには、すぐには受け入れられない点もある。

たとえば、階級の必要性だが、これは長く書かれた説明を読むと、日本語でいう「分限」や「分際」のようにも読める。それがない社会には専制が生じるという。信仰や神秘、古くからのしきたりを重視する点は、保守の要諦として比較的理解しやすい点だ。こうした保守主義を説明するために、大西洋を挟んで英米の優に三〇人は超える思想家たちをたどっていくのが『保守主義の精神』という本の構造だ。そうした思想史叙述の過程で、カークは近代が生み出したイデオロギー(イズム)のほとんどすべてを批判している。
リベラリズム、社会主義、集産主義、個人主義だけでない。一般の保守政治家が擁護している資本主義、産業主義も批判の対象である。さらに『保守主義の精神』を読み込めば、アメリカニズムさえ否定していることが分かる。

カーク自身の生活を見ても、アメリカ人の特徴である「移動」を否定し、生地から近い母方の父祖の地メコスタ村に三〇代半ばで引っ込んだまま、そこで生涯を終えた。アメリカの象徴のような自動車も「機械式ジャコバン」と呼んで嫌った。カークはアメリカを英国に戻そうとしているのではないか。晩年の短い交流でそう感じた。田舎の郷紳のような生活、英国なまりの話し方や身振り。思想的な「宿敵」であったネオコンの始祖アービング・クリストル（一九二〇～二〇〇九）はカークを「王党派」と呼んで批判していたのには、もっともなところがある。

保守主義者であるカークは戦争と革命を忌避していたことは、もっと知られるべきだ。

二〇世紀の戦争の背景となったナショナリズムについては保守主義とは無縁の、あるいは敵対する近代思想とみなしていた。イデオロギーを嫌ったから、旧ソ連のようなイデオロギー国家はカークにとって当然、馬鹿げた実験にしか見えなかった（ただ、マルクスについては独特の評価をしている）。

第二次世界大戦中に徴兵され、化学兵器実験場に配属されたカークは市民を焼き殺すための焼夷弾実験を見て「これが民主主義を守るための戦争の実態だ」と怒りを燃やした。日系人収容も厳しく非難している。一九四四年の大統領選挙では「反戦」を訴えていた社会党のノーマン・トーマス候補に票を投じ、翌年の広島・長崎への原爆投下にも怒りと絶望を示している。

現在の社会状況を考察

カークが生き永らえていたら、今日のアメリカ社会の分断と混乱の時代にどのような去就をとり、どんな影響を及ぼしたかは、興味深い「頭の体操」だ。トランプの人間性は徹底的に批判しただろうが、「アメリカ・ファースト」にはくみした可能性がある。ことによると民主社会主義者のサンダースの応援に回ったかもしれない。カークは一九六八年の大統領選挙の民主党候補選びにベトナム反戦候補として出馬したユージーン・マッカーシー上院議員を長く支持し、応援した。マッカーシーは若者らの熱狂的支持を得てジョンソン大統領に再選を断念させることになった。

カークの自伝には、マッカーシーとの交友や、カークがその知性を高く評価した様子が書かれている。このエピソードと戦時中の社会党トーマス候補支持を考慮すると、カークがサンダースを支持した可能性はかなりある。候補の知性は、カークにとって重要な判断材料だ。

「アメリカ・ファースト」支持の可能性には背景がある。その死去（一九九四年）の四年ほど前、中東のクウェートに突然侵攻したイラクを追い出す「湾岸戦争」に向かうアメリカで、カークは「これは石油利権のための戦争か」と反戦の声を上げていた。

カークに同調していたのは保守派論客のパトリック・ブキャナン（一九三八〜）やサミュエル・フランシス（一九四七〜二〇〇五）らだった。特にブキャナンは「一にも、二にも、三にもアメリカ」という論考を外交論壇誌に発表、冷戦後に初めて「アメリカ・ファースト」の雄たけびを上げた。第一次、第二次世界大戦、さらに長かった冷戦も終わって、やっとアメリカが故郷に帰る時が来た。もはや北大西洋条約機構（NATO）や日米安保条約のような軍事同盟も要らない。アメリカは疲弊した自国の立て直しに取りかかるべきだ、という主張は反響を呼んだ。

やがてブキャナンは九二年の大統領選挙の共和党予備選に出馬する。現職で湾岸戦争を勝利に導き、一時高い支持率を誇ったブッシュ（父）大統領の再選戦略を大きく揺るがした。ここにトランプ現象の原点がある。二〇一六年大統領選挙でのトランプの主張は二五年前のブキャナンの主張を丸々コピーしたものだった。

トランプ現象はカーク、ブキャナンに始まり四半世紀の雌伏を経て、ついに前面に大きく躍り出たということもできる。冷戦直後はネオコンが「アメリカ・ファースト」勢力に立ち向かって、「世界一極支配論」（ネオコン論客C・クラウトハマー）を展開、圧倒的優位に立って、九・一一後の戦争を主導していった。だが、最終的には失敗する。

経済でもネオリベラル主導のグローバリゼーションがリーマン危機で挫折し、市民の怒りを買って退場した。そこに登場したのが新たな「アメリカ・ファースト」運動としてのトランプ現象である。その底流にはカークの保守思想の影がのぞいているともいえる。

宗教と政治の関係

二一世紀に入ってネオコン、ネオリベラルの政策思想が戦争と経済で失敗し、中間層を崩壊させて限界を露呈、市民の怒りがトランプ・サンダース現象となって表出した。この事態は、米政治・経済・社会を建国以来支えてきたリベラリズムそのものの失敗（ノートルダム大教授P・デニーン）ととらえられるようになってきている。そうした一種の思想的廃墟の中から、リベラリズム後を探る「ポスト・リベラリズム」という思想運動が兆している。アメリカ建国以来のリベラリズムを支えたのはプロテスタンティズムの精神であるためか、ポスト・リベラルを名乗るデニーンら論客たちにはカトリックが多い。彼らはもう一度、宗教と政治の関係も見直していこうとしている。

リベラリズムも含めあらゆる近代のイデオロギーを批判したカークは、こうしたポスト・リベラリズムの先駆者という見方もできそうだ。カーク思想は、こんにちのアメリカ政治社会の混迷を想定済みだったようにも思える。『保守主義の精神』を著してから一〇年ほど経って、カークはカトリックに改宗している。カーク思想を考える時、この改宗も含め、カークの精神生活の軌跡をたどっていくことが重要だ。

カークの著作活動のもう一つの大切な部分は、生涯を暮らしたミシガン州を主な舞台にして創作された、亡霊を巡る数々の物語だ。それらもカーク保守思想の一部をなしていると考えられる。カークは母方の曾祖父の地所に住み続け、祖先の霊とともにいると固く信じていた節がある。日本には来たことはなかったが、ラフカディオ・ハーン（小泉八雲）の著作に強い愛着を感じていた。

バーク思想の根幹でもあると思うが、人は現世の共同体に生きているだけでなく、死者と未来の世代をつないだ時間軸の共同体の中でも生きているという感覚は、保守思想の最も大切なところだ。怪異譚も含め、カークという保守思想家の全体像を探求していくのが、これからの課題だと思っている。

（初出　『月刊公明』二〇二四年三月号）

第17章 保守思想家ラッセル・カークと「死者たち」

「『雨月物語』という怪異な説話集をお送りいただいたご親切に、お礼を申し上げます。これから数日デトロイトに出かけるので、旅のあいだに読むつもりでいます」

晩年のラッセル・カーク（一九一八〜九四）と交わした数少ない書簡のうちの一通の書き出しである。拙訳（二〇一八年）でその主著『保守主義の精神』（上下巻、中公選書、原著一九五三年）を紹介したカークは、アメリカの代表的保守思想家だ。同書は戦後アメリカの保守思想形成の原点の一つとなった重要著作であり、いまも読まれ続けている古典である。

筆者とカークとの交流については拙著『増補改訂版　追跡・アメリカの思想家たち』（中公文庫）でも触れた（序章と第一章）。ミシガン州の森深く、祖先の地メコスタ村に暮らすカークを家族で数日間にわたり訪ねることになったのは一九九一年の夏。ワシントンからの帰任途次であった。冒頭の書簡は一九九二年一二月二八日付、新年に日本で受け取った。それから一年四カ月後にカークは、七五歳で逝った。

逝去後も、コロナ禍前の二〇一九年一〇月を含めメコスタの故カーク邸（パイエティヒル＝敬虔の丘）

は何度も訪れて、遺族との交わりを続けている。だが、カーク本人とじっくり話したのは九一年夏の数日間だけである。思えば濃密な数日であった。あの夏、滞在を終えて車で去るわが一家に、いつまでも手を振り続けるカーク（当時七二歳）の足下がやや不確かなのに気付いて、妻がふと「もう会えないかもしれないね」とつぶやいたのが、いまも耳の奥に残っている。そのとおりとなった。

冒頭引用の書簡はカークの書簡集『想像力ある保守主義』（*Imaginative Conservatism*：未邦訳）に収められている。同書は二〇一八年にケンタッキー大学出版から刊行された。カークと深い交友のあった詩人T・S・エリオットらへの書簡と並べて、筆者への書簡の一通が収められたのは、カークの特徴を示すと編者が判断したからであろう。確かに、いくつか大切なことが書かれており、順を追ってたどってみたい。

この書簡を執筆した時点でカークは英訳『雨月物語』を読み終えていないが、ページを繰ってみて興味津々だった様子がうかがえる。断っておくが、彼は日本を訪れたことはない。ただ、いくつかの理由があって日本に対し独特の洞察を持っていた。

冒頭引用の書簡は、こう続く。

「アメリカ人編者による前書きには往生しました。言わずもがなの多弁なうえ、注釈が多すぎる（略）しかし、本編の説話自体は、編者の学者風のこだわりを読む辛苦を埋め合わせ、十分に報いてくれそうです」

すでにページを繰って、上田秋成に惹かれていた気配がうかがえた。デトロイト行きのあとに、読み終えた感想を尋ねる機会を逸したのが悔やまれる。カークと怪異な物語との関わりが持つ意味について、こちらの理解がまだ浅かったせいである。カークの保守主義と怪異の世界は、深くつながっている。一九九一年夏の訪問時には皮相的にしか見ず、その意味が分かりかけてきたのはずいぶんと経ってからである。保守主義を支えているのは神秘（ミステリー）ではないか。神秘は時に怪異のかたちもとりうる。本稿では、アメリカ中西部に生まれ、そこで生涯を終えた、カークの精神のかたち、アメリカにおけるその意味を考えてみたい。

カークとの炉辺での談笑

あの夏、カーク邸に滞在していたのは筆者の家族だけではなかった。母屋の主寝室は、われわれ夫婦に与えられたが、離れ（小さな隣家に住む人がいなくなり、買い取った）にはニューヨークから来た大学教授夫妻、徒歩で三、四分のところにあるカーク個人図書館（廃業した小さな木製人形工場を買い取った）には、南部から学びに来た学生二人が泊まり込んでいた。わが家の小中学生の娘たちも含め、近在のカーク家の娘夫婦も時に加わり、毎夕一〇人くらいで、二〇人以上は座れる長いダイニングテーブルで食事を取る。調理や準備には、わが妻も加わり、合宿のような楽しさであった。

夕食後は、居間に移って談話となるが、炉辺（夏なので火はない）でカークの話に耳を傾けることが多かった。そうした会話の中で、おそらく初めて迎える日本人の家族と一緒だったからかもしれないが、カークがラフカディオ・ハーン（小泉八雲）に触れたのは驚きだった。ハーンは、アメリカではほとんど忘れられた作家だろうと思っていたが、少なくとも、この中西部の奥深い村里に住む思想家の中で、かなりの意味を持っていたようだ。

　約三〇年前のいく夜かにわたった炉辺での談笑の細かな記憶はないが、いくつかの文脈でハーンが登場したことを覚えている。日本の保守主義についてのやりとり、カーク邸をめぐる亡霊の話、英語圏最高ともいえる漱石学者エドウィン・マクレラン（一九二五〜二〇〇九）とカークの長きにわたった交友である。イェール大学教授マクレランについては、一〇年以上経てやっと二人の交友の意味が見えてきた。そのことは前掲拙著のエピローグに詳しく記した。

　カークは主としてエドマンド・バーク（一七二九〜九七）以降の英米保守思想史の研究者であり、その著作の中に見いだせる日本に触れた叙述はわずかだ（その意味で筆者あての書簡が主要書簡集に収められる価値を持っていたのかもしれない）。一九八〇年にまとめた英米保守思想の文献集『携帯保守主義読本』（未邦訳）の長い序文「保守主義とは何か」がその一つだ。英米保守思想史を概観した後、世界の趨勢に触れている。カークはそこで、アジアにおいては「西洋のイデオロギーと西洋の産業技術が、新たに興った凶暴なナショナリズムと一緒になって、古くからの秩序を破壊してしまったため、保守的な政治を論じることはほとんど不可能」なありさまだが、数少ないその例外は日本だと論じた。日本の保守主義が「戦争と占領がもたらした屈辱から立ち直りつつあるのは、興味深い展開であり、それは敬虔、義務、誇りについて日本人が古くから抱く観念に起因している」と観察している。

　保守主義は近代ナショナリズムと敵対するという肝心なことに触れているが、そのあとやや唐突にハーンが登場する。「ラフカディオ・ハーンが書き残したように、日本はいくつもの西洋の仮面を次々と、おそらく真剣に、かぶってきた。だが、それらは次々とうち捨てられ、仮面の裏には古くからの日本の気質が生き続けている。西洋物質主義と技術官僚主義という、いまの仮面も永遠には続かない」。これがハーンの著述のどこからの引用か、邦訳書でいえば『心』からの要約のようでもあるが、生前問い掛け忘れたことの一つである。ハーンを愛読しているという流れでカークの炉辺談義にマクレランが登場したと記憶するが、未熟な筆者は当時マクレランの業績も理解していなかった。やがてマクレラン本人と交流を持ってそれを知るようになった。自決した文芸評論家の江藤淳が大いに敬意を抱き、生涯の親交を結んだ漱石学者である。

　ある晩、ハーンから連想するようにカークが語り出したのは自身の屋敷にまつわる亡霊の話であった。カーク邸にはいまも祖先の亡霊がときおり現れるという。典型的な炉辺怪奇譚だ（ヘンリー・ジェームズの『ねじの回転』を思い起こさせた）。当時は客人をもてなす座興と聞き流していたが、カークの書き残したものを読み進めるうちに、そうした理解の浅はかさに気付いていくことになった。

　カークは『保守主義の精神』で戦後アメリカ思想界に衝撃を与え、三四歳で論客としてデビューした。同書はスコットランドの名門セント・アンドルーズ大学で文学博士号を得た論文を基にした。だが、留学も含めて苦学続きで、生活費を得るためもあって、『保守主義の精神』出版以前の一九五〇年には怪奇譚をロンドン・ミステリー・マガジンに寄稿。以後生涯に、長短編併せて六冊を出版し、死後にも代表作を集めた三冊の短編集が編まれた。ラッセル・カークという保守思想家のもう一つの顔である。ハーン流に言えば、こうして「おそらく真剣に」保守思想家と怪奇作家としての二つの「仮面」を交互につけているが、その裏にある、変わることのないカークの気質に分け入らなければ、この思想家の本質には届かない。

　カークにとって怪奇譚は手すさびではない。はじめは得意の文筆で身過ぎをするならそれしかないと思ったこともあったが、『保守主義の精神』で得た思わぬ名声で、独立した文筆業が可能になり、意に染まない大学教員の職を辞した。大学の大衆化に堪えられなかった、という（高等教育の劣化は生涯のテーマとなっていく）。祖先の地に戻り、そこを拠点に一九六〇年代から勃興する戦後保守主義政治運動（レーガン大統領の登場が総決算となる）にオピニオン誌や新聞での言論を通じ深く関わっていった。

ただ、そうした政治的言論がカークの本質だとは思えない。ミシガンの奥深い父祖の地に戻って、保守思想家として多彩な言論を展開する一方で、怪異な物語も綴り続けた。そうした物語の舞台となった、さびれゆく村メコスタで送った生活のあり様を振り返ると、実は時局と切り結ぶ政治的言論にはなじめなかったのではないか、とさえ思えてくる。

土地にまつわる亡霊たち

なぜカークはメコスタに戻ったのか。残された著述から判断すると、突飛なようだが「亡霊たち」がそこに関わる。一九九四年四月に世を去る前に、没後の上梓を前提にカークは自伝を書き綴っている。翌九五年にミシガン州の老舗出版アードマンズから『想像力の剣』（*The Sword of Imagination*：未邦訳）と題して刊行された。第一章は「われらに力を与うるは死者らのみ」と題され、一族の来歴を記している。興味を抱くのは、カークの愛着は母系にあることだ。第二次世界大戦中にアメリカ国内で兵役に就いていたさなか、その死を看取ることもできずに母親を失ったことはカークにとって大きな哀しみだった。病弱の幼少期から書物の世界とカークを結んだのは母であり、母方の一族こそがメコスタの森林を切り拓いた開拓者だった。カーク邸「敬虔の丘」は、母方の曾祖父が建て、伯父らが住んでいた家を引き継いだものだ（のちに焼失）。デトロイト郊外で生まれ育ったカークは、幼いころから母に連れられ、いまは廃線となった鉄道を乗り継いでメコスタにしばしば帰省している。今日では人口四〇〇人ほどの寒村だが、一九世紀後半のメコスタは林業で繁栄し、人口も二〇〇〇人と大きく膨れあがっていたという。

　南北戦争の生々しい記憶もまだ消えていない、一九二〇年代のカークの幼少期、母の実家にはこの苛烈な内戦で戦死した親族についての言い伝えも残っていた。それだけでなく、曾祖母は「霊媒」のような存在で、夜ごと自室に籠もっては死者らと言葉を交わしていたと、幼いカークは聞かされている。

　カークが「敬虔の丘」で最初に「亡霊」と出会ったのは、八歳か九歳の時だったというから、一九二七年ごろだろう。大邸宅に多くの親族が泊まり込んで、寝静まった雪のクリスマスの晩だった。カークには、玄関を入ってすぐの前室のソファがねぐらにあてがわれた。夜中ふと目覚めると、大きな出窓の外に二人の男が立って、こちらをのぞいているのに気付いた。一方は背が高く、他方は低い。恐ろしくて、毛布で顔を覆った。翌朝、積雪の中に足跡を探したが、何もない。このことについてはずっと黙っていた。長じて「敬虔の丘」に住む伯母が次のように話すのを聞いた。伯母が幼いころに前室の出窓の外で、二人の男と遊んだが、その姿は彼女にしか見えない男たちだった。背の高い方はケイディ、低い方はパティという名だったという。

　のちに「敬虔の丘」を引き継ぎ、結婚したカークに長女が生まれた。二歳になったころ、長女は時々、窓の外の芝生の誰かに向かって「パティ、パティ」と手を振って呼び掛けるが、誰もいない。

長女に問うと、「背の低い男の人がいる」と言う。「敬虔の丘」には三代にわたって住み着いた亡霊がいた、とカークは自伝に記している。

三〇年前に滞在した日々、炉辺の歓談でカークから聞かされたのは、こうした「敬虔の丘」や、周辺の土地にまつわる亡霊たちの話であった。『ねじの回転』に似た世界でもあり、南部のようなゴシック文化の伝統が中西部にも息づいていることも教える。「(アイルランド詩人)イェーツなら大いに興味をもっただろう」ともカークは自伝に記す。確かにケルト世界の伝承のようなところもある。カークの父方はスコットランド系である。子どものころから、こうした話を日常の一部にして育ったカークは、亡霊を恐れるよりも、「死者たちが伝えてくれることは、生きている者の言葉に優る」と感じるようになったという。

自伝『想像力の剣』の第一章では、子どものころに、「敬虔の丘」の邸内の壁に掛けられている父祖らの肖像画や、彼らの成功と失敗を象徴するような遺品の小さな品々を見ながら、「死者たちと、生きている者たちと、生まれ来る者たち」のつながりを幼心に感じ、死者たちから力を得たと記している。「われらに力を与うるは死者らのみ」という章のタイトルの由来であり、エドマンド・バークをふまえた一節だ。そこでハーンが引かれている。ハーンは、カークにとってバークに匹敵するほどの存在だったのかと思わせる。

「人は数多くの霊魂の複合物だとラフカディオ・ハーンは述べている。『私たちの一切の感情と思想と希望は、いかに人生の移り行く季節を通して変化し成長するにしても、ただ他の人々、大部分は死滅した人々……の感覚と観念と欲望の集合と再集合の繰り返しに過ぎない』。聖アウグスティヌスの言うように、人は死者とはならない……」

明記はされていないが、ハーンのエッセー「塵(Dust)」(一八九六年)からの引用だ。カークの筆致には、輪廻と汎神論と中世キリスト教世界の不思議な混在を感じる。ピューリタンの家系に生まれたカークは、英国国教会への傾斜を経て、四五歳でカトリックに帰依していった。しかし、それよりさかのぼってキリスト教以前の、ハーンも日本でのぞき見たような、伝承の世界に戻ろうとしていたようにも見える。ハーンも父方の血統はケルト世界にある。これも存命中のカーク自身と意見を交わすことのできなかったテーマだ。

三〇年前に『雨月物語』を送った当時は、まだカークと怪異の世界のつながりへの理解は浅く、秋成が語る物語から何を思ったか、生前に問う機会を逸したのは返す返すも惜しまれる。

失われていくものへの愛惜

カーク邸となった「敬虔の丘」は、元来ストローブ松の白い木造家屋で、建て増しして広げてきたが、一九七五年に火事で焼失。一族伝来の多くの物を失った。その後、耐火赤煉瓦で屋根にキューポラのついた現在の邸宅に建て替えられた。筆者が一九九一年以来、何度も訪れているのは、煉瓦の建物で、カーク亡き後は、「ラッセル・カーク文化再生センター」として、いくつかの財団の支援を受けて遺族らを中心に運営されている。二〇一九年にはミシガン州史跡として碑も建てられた。

カークの生前からそうであったが、近在のカーク図書館(前述のように廃工場)や、過疎化する村を去る人から買い取った家屋に学生や研究者が長期滞在し、学位論文の執筆に当たったりしている。

カークの生活と著作には、もとより古い建物への愛着がのぞくが、曾祖父時代からの邸宅を焼失したことで、そうした愛着が一層強くなった。これも彼の思想の現れ方の一面かと思う。煉瓦建て邸宅のあちこちに据えられた石像などは、デトロイトやシカゴといった大都市で古いビルが壊されると聞きつけては、わざわざ出かけて、もらい受けてきたものだ。

建物だけでない。それと一緒に破壊されるコミュニティ（共同体）も、カークが愛惜を込めて、時には怪奇譚の中でも描く題材になっている。主著『保守主義の精神』の第一章「保守という考え方」では、（原著も拙訳とも）二ページ目からダブリンのリフィー川沿いのうらぶれた街角が、哀愁を伴う筆致で描写される。

「アラン埠頭一二番地。以前は、三階建ての煉瓦造りで、当初はある郷紳階級の人の住まいだったが、やがて商店舗に落ちぶれ、しまいには取るに足りないような役所の建物として使われ、結局一九五〇年に取り壊された」。一七二九年に近代保守主義の父祖であるエドマンド・バークが生まれた家だ。保存の声が上がらなかっただけでなく、近隣の古い家屋もみな取り壊され、昔日の面影もない。

「歴史的建造物は失せていく一方だ」

近代化によるこうした都市や農村の変容と、失われていくものへの愛惜は、保守思想の著作の傍らで書き継がれた怪異譚に繰り返し現れるテーマでもある。ごく初期の作品『切り株の向こうで』（一九五〇年）はメコスタ村とおぼしき、架空のポタワトミー郡バレンズという村を舞台に住民調査員と村人の確執を描いた怪異譚だ。かつて林業で栄えたが、いまはすっかり忘れられ、役人さえめったに訪れなくなった。調査員がやっとたどり着いた、さびれた村の廃屋のような家の中には、寝室に眠る老婆が……。

他方でセントルイスという、かつてミシシッピ河川交易の中心として大繁栄した都市の衰退とともにスラム化した地区を舞台とした物語もある。多くの作品のどこかに近代化・産業化の負の側面として、都市や農村の衰退と荒廃の跡が描かれる。時にそれらは政治権力で破壊されている。そうした破壊や衰退に人生や生活をつぶされた人々の怨念のようなものがのぞくのも、カークの怪異譚の一つの特徴だ。

現実の生活では壊されていく建物を惜しんで、それを買い取ったり、一部をもらい受けていただけではない。カークは「敬虔の丘」の敷地に、自らの手で植林を続けていた。かつてカークのもと「敬虔の丘」に滞在して学んだ学生が記したところでは、それは「執念のようだった」という。「一帯を開拓した祖先たちが木々を切り倒したのを埋め合わせるかのような、たった一人での森林再生活動であった」。学生はそう回想している。

原爆の衝撃からネオコンとの対峙へ

冒頭引用の書簡に戻る。『雨月物語』への謝礼の後にカークが触れたのは、原爆投下のことであった。カークは『保守主義の精神』をはじめ、主要著作の何カ所かで、ヒロシマとナガサキへの原爆投下に言及し、厳しく批判している。このことはアメリカではあまり論じられていないが、彼の思想の根源に触れる問題だと思っている。これまで描いたカークの精神のかたちと、深く関わることだ。

書簡が言及していたのは、京都が原爆投下対象の一つであったことをカーク自身は一九四八年に知ったという回想だ。この事実はいまでは、アメリカ政府の文書公開などで広く知られているが、終戦から三年目の一九四八年には、原爆投下についての情報はまだアメリカの報道でさえ限定的だった（ジョン・ハーシーの被爆実態を伝える一九四六年のルポが大反響を巻き起こした背景だ）。

カークの書簡は「英国空軍の情報将校だった、ごく親しい友人が教えてくれた。彼の母親は日本人で、英米と占領下日本の秘密文書にアクセスがあった」と打ち明け、「そんなことを考えた米政府を（自著で）非難した」と記している。書簡には書かれていないが、この元情報将校はのちに漱石学者となるマクレランである。四八年にはカークはセント・アンドルーズ大学に研究留学中で、軍務を終えて同じ大学に入っていたマクレランと出会った。戦時中マクレランはその高い日本語能力を買われて、情報将校としてワシントン駐在となっていた。そうした経緯は、カークの死後一〇年近くたって、マクレラン氏本人（当時は米イェール大教授）から聞かされることになった。

カークの書簡は、原爆と、投下候補都市としての京都について触れ、そのあとにスティムソン陸軍長官が本当に京都原爆投下を阻止したなら（当時はまだそうした事実は公表されていなかったようだが、報道は出ていたらしい）、長官の評価を少しは変えてみてもいい、という趣旨のことを述べている。書簡集の編者は、そうした記述が収録するに値すると判断したのだろう。

カークは大戦中に兵役についたが、戦地には送られず、ユタ州にあったダグウェイ化学・生物兵器実験場に配属された。そこで行われたドイツや日本に対し使われることになる焼夷弾の実験などを見て、「民主主義や人道主義を守るための戦争」の実態に触れ、進歩や効率といった啓蒙以降の価値観がたどり着いた文明の荒涼に批判の目を向けるようになる。兵役以前の南部の名門デューク大学での修士課程で保守思想への傾倒が始まっていたが、一九四四年の大統領選挙では反戦を唱えていたという一点で社会党候補のノーマン・トーマスに投票している。

そうしたカークにとって、彼の保守主義の核心ともいえる近代批判へ向かう頂門の一針となったのは、明らかにヒロシマ・ナガサキへの原爆投下であった。それから数年後に書き上げた『保守主義の精神』では哲学者サンタヤナを論ずる中で、ヒロシマ・ナガサキを犠牲にして、戦争に勝ってみたところで、われわれの良心はどうなるのだ、リベラルな人道主義など恥ずかしくて掲げていられない、という趣旨のことを述べている。さかのぼって、原爆投下当時の友人らへの書簡では、もっと直接的に怒りと絶望をあらわにしていた。

「もはや野蛮状態に堕していくだけだ。帝国を持った蛮族になった」と一友人への手紙では憤り、「文明の弔鐘が鳴らされてしまった」と別の友人には絶望を訴えた。核兵器競争の時代を見通し、「人類すべてとまではいわないが、近代文明はこの兵器によって終わるかもしれない」とも述べている。「進歩」の果ては「絶滅」ではないか、中世が一〇〇〇年かけて行った殺戮と破壊を、現代は一〇年で行っているとも嘆いた。

原爆投下から受けた衝撃と絶望感が戦後アメリカ保守思想の原点にあったことになる。こうした精神のかたちは、産業化によって破壊され、衰退していく都市や農村を愛惜し「亡霊たち」とともに生きていこうと思いを決める姿勢につながっているのは明らかだろう。そのように始まったカークの保守主義は、消費文化と軍事力の拡大にただ邁進するようなアメリカの戦後政治風土の中で、苦難の道を歩むことを運命づけられていたともいえる。

筆者が一九九一年夏にカークをミシガンの森の奥深くに訪ねていったきっかけは、その年二月にアメリカ主導で勝利のうちに終わった湾岸戦争だ。この保守思想の泰斗が開戦前から終始反対していたことを知ったこともきっかけだった。戦後アメリカ保守思想史の原点にいて、「伝統主義」と呼ばれる潮流をつくり、ニクソンやレーガンといった共和党大統領から時にアドバイスも求められてきた老思想家の論理を知りたかった。教えられたのは、保守思想界における激しい「内戦」であった。それはトランプ大統領登場の背景にもなり今日まで続く（拙著『破綻するアメリカ』岩波書店など参照）。

近代化の先頭に立って驀進する国家アメリカで、冷戦という国際環境を受けて形成された戦後保守思想の運動は複雑な連合体であった。そもそも、自由や民主主義を絶対的な価値とするような国家で、少なくともカークが『保守主義の精神』でアメリカ人に説いたような保守思想は成立が難しかった。カークの大著がアメリカ思想界に歓迎されたのは、まさに冷戦初期特有の国際環境が背景だったのである。

冷戦が始まったころのアメリカで、保守主義とされた潮流の中核は、リバタリアニズム（自由至上主義）という思想であった。その経済的側面がのちにネオリベラリズムとも呼ばれる。ジョン・ロックの啓蒙思想の大きな影響を受け、財産権を基礎とした個人主義に依拠する自由主義を掲げて独立し、それ以前の伝統を断ち切ろうとした国家の保守主義には限界があった。カークは、『保守主義の精神』（サンタヤナを論じる章）で、ロシアの共産主義もアメリカの自由主義（リベラリズム）も、「無限に抑圧的な」近代の画一性を持つという意味では、何の違いもないと批判した。共産主義も自由主義も「近代性」において同類で、ともに「進歩」の果てに核兵器による絶滅に至るとみていたのだろう。自由主義アメリカの否定にまで達するような近代批判が、これからソ連共産主義と戦うアメリカには必要だとする考えが知識社会の一部に生まれ、そこにカークが的確な表現を与えた。

伝統主義は、キリスト教信仰を共通項にリバタリアニズムとはかろうじて妥協を図っていったが、次に来た保守思想界の新潮流は、はるかに手強い相手だった。アービング・クリストル（一九二〇～二〇〇九）らが率いたネオコンサーヴァティズムである。いわゆるネオコンと伝統主義の戦いは壮絶なほどに激しかった。マルクス主義・トロツキズムを経てきた初期ネオコン知識人らの近代性との向き合い方に、リバタリアンのような単純さはなかった。たとえばネオコン第二世代（クリストルの息子で論客のウィリアム・クリストルら）に大きな影響を与えることになったフランシス・フクヤマ（一九五二～）の著書『歴史の終わり』（一九九二年）一つをとってみても、自由と民主主義を達成した後に訪れる「歴史の終わり」の世界をニーチェの「最後の人間」という概念を通して描くなど、決して単純なものではない。その息子クリストルとフクヤマは、イラク戦争開戦をめぐりプラトン解釈で対立して、袂を分かっていく。

一九六〇年代半ばから始まったネオコンの保守思想界での興隆が、知的活力に満ちたものであったことはカークも認めている。社会学者のピーター・バーガーやネイサン・グレーザーらに敬意を表しながらも、クリストル（父）ら政界でうごめいたネオコンが、冷戦を終結に導いていくレーガン政権に強い影響を及ぼしたことには警戒感を抱いた。登場した当初は、バーガーやグレーザーのような知性を軸に都市貧困層の問題やモラルの崩壊などアメリカ社会の難問に取り組んでいくと期待したが、政界に入り込んだネオコンは単純な経済成長戦略と世界的な民主化拡大路線を掲げて、レーガン政権時代に政治的影響力を拡大していくようにカークには見えた。

レーガン政権からブッシュ(父)政権移行期の一九八八年一〇月に保守系ヘリテージ財団で行った講演は、カークのそうしたネオコン批判を典型的に示して興味深い。「ネオコンサーヴァティヴたちは世界に多様性をもたらす方向をリードしていってくれるだろうと期待したが違った。彼らは画一化され、退屈なまでに標準化された世界をもたらそうとしている。アメリカナイズされ、産業化され、民主化され、狭い範囲に押し込められた、あきあきするような世界だ。彼らの多くは、文化帝国主義者であり経済帝国主義者だ」

カークの湾岸戦争に対する反対は、ネオコン思想の優位に対する批判であり、同時に文化帝国主義、すなわち文化の多様性否定への反発だった。ブッシュ(父)大統領がバグダッド爆撃を許したことは、大量殺戮であり文明の歴史遺産の破壊だとして厳しく批判した。原爆投下はもとより、京都を投下目標候補の一つに選んだことにも怒りを抑えられなかったカークがそこにもいた。『保守主義の精神』第一章で、保守思想について六つの規範をカークは挙げている。その第二はこう述べている。「人間の多様性を失わせる画一化、平等主義、多くの急進的制度が持つ功利的な志向と対置されるべき、人間存在の豊かな多様性と神秘への愛情」

ネオコンとネオリベラリズムの隆盛が続く冷戦後世界で、カークは冷戦終結から間もない一九九四年に逝った。一九五三年に『保守主義の精神』が驚きをもって知識社会に迎えられた時から、自身の思想はアメリカ人に理解できるのか、カークの脳裏にはずっと疑問と違和感があったかもしれない。セント・アンドルーズ大学での博士号論文を基に同書を出版するとき、彼が付けていたタイトルは『保守主義の敗北』であった。通読すれば分かるとおり、描かれる思想史は一八世紀以来、ひたすら邁進する近代化の歴史を通して政治的には敗退を重ねてきた保守思想家たちの列伝でもある。カークは自身もその列伝に加わったことを自覚しながら、一巻の自伝を書き終えて、去って行ったように見える。

カークとオコナー、精神の交差

カークの保守主義が重視する「多様性と神秘（ミステリー）」の意味を考えるとき、このごろ大切に思えてきたのは、傑出した短編小説で知られる南部作家フラナリー・オコナー（一九二五〜六四）とカークの一見はかなかった交流だ。二人が出会ったのは一度だけだが、互いの文学と思想にかなりの意味を持った様子が、書き残されたものからうかがえる。彼らを精神的につないだものは何なのか。容易に答えは出せそうもないが、考えている。

南部ジョージア州生まれのオコナーが、衝撃的な短編「善人はなかなかいない」などを次々と発表したのは一九五三年から五五年にかけてだ。五五年には同じ題名の短編集を出版する。

まさに『保守主義の精神』が出版され、カークが保守思想家・論客として名声を得ながら、父祖らの霊に導かれるようにミシガン奥深くに戻っていった時期と重なる。

オコナーは、一九五一年に難病の狼瘡を発病し、都市生活を捨てて、故郷ジョージア州に母が持つ農園で牛と孔雀に囲まれた生活に入った。年は七歳離れた二人だが、どこか似た軌跡をたどっている。

オコナーは南部ジョージア州生まれで地元の州立女子大を出た後、中西部アイオワ大学の著名な創作科大学院に進学し、才覚を示しだした。カークはやはり生地のミシガン州立大を出た後、南部の名門デューク大学修士課程で、建国期の保守政治家についての修士論文を書いている。この論文も後に出版される。二人ともアメリカ文化を牽引するニューヨークの文壇サークルや思想論壇と関係を持つことになるが、それぞれにわけがあって生地の中西部と南部に根を張り執筆を続けた。

一九五五年一〇月。保守論壇の寵児となっていたカークがテネシー州ナッシュヴィルのヴァンダービルト大学に講演に来ると知ったオコナーは、ジョージア州の田舎からナッシュヴィルまで五〇〇キロ以上の道のりを出向いた。当時オコナーは狼瘡による全身性障害でアルミ製の松葉杖を使い始めていたが、どうしてもカークの講演を聴きたいと思ったようである。

彼女の当時の知人宛書簡（『存在することの習慣』収録）には次のような記載がある。「松葉杖やあれこれ着けて、この週末ナッシュヴィルまで行き、ヴァンダービルトでラッセル・カークの講演を聴いてきます。彼は『保守主義の精神』という本を書いていて、素晴らしいの。『学問の自由』というのはまだ読んでいないけれど」

オコナーが『保守主義の精神』を高く評価していたことがはっきりと分かる。オコナーの書簡やカークの回想などからたどると、オコナーは講演の日程を取り違えていて、聴けなかった。だが、驚いたことに、オコナーがその週末に訪ねることになっていた知人宅にカークも呼ばれていた。知人の配慮で、オコナーとカークは同じ部屋で二人だけで話す機会を得た。ただ、二人とも人見知りが強く会話がぎこちなかった。その様子が一部始終、オコナーによって書き留められている。

出会いののちオコナーはカークが翌年出版したエッセー集『強欲の夢を乗り越えて』（一九五六年、

Beyond the Dreams of Avarice：未邦訳）について書評を書き、カークを「神の真実」と「人の真実」を等しく受け入れて、人間社会を考えることのできる知識人だと高く評価している。

二晩にわたった共通の知人宅での夕べ、カークはオコナーが「善人はなかなかいない」を朗読するのを聞いて、初めてオコナーの作品に触れ、「喜劇であり、恐ろしくもあり、リアルだ」と感じた。ドライブ旅行に出かけた一家が人里離れたところで事故を起こし、通りかかった車に助けを求めたが、その車に乗っていた脱獄囚らに、不気味にもただ皆殺しにされて終わる。オコナーの短編代表作である。カークはその時の衝撃を振り返って「彼女の想像を喚起する力量に初めて触れた」と書いている。

この出会いののち、オコナーとカークは雑誌掲載を含め互いの著述を追い続けていった様子が、書簡などからうかがえる。カークがオコナーの作品を高く評価していたことは、深い交流を持った詩人のT・S・エリオットへの書簡で熱心に勧めたことからも分かる。ただ、エリオットは短編集『善人はなかなかいない』が示すオコナーの特異な能力を認めながらも、その南部ゴシック特有とも考えられる、ある意味で異様な小説群に「私の神経は堪えられない」と距離を置いた。

オコナーは一九六四年、三九歳の若さで亡くなる。だが彼女はその死後もカークにとっては、時が経つほど大きな存在になっていった。晩年になって、カークは「彼女は私よりずっと先を行っていた……フラナリーが三〇歳で分かっていたことを、私は六〇歳になってようやく分かり始めた」と書き記している。

二人の共感のルーツはなにか。一つはカトリック信仰であろう。オコナーの家系はアイルランド系で、信仰はカトリックだった。カークはピューリタン系の生まれだが、早くからカトリックへの傾斜をうかがわせ、オコナーが死去した年の一九六四年に四五歳でカトリックの洗礼を受けている。

　オコナーの小説群には、エリオットが避けた南部ゴシックの伝統とされるグロテスクさがあり、ただちには理解しがたい。そうしたゴシック伝統を通して表現されたものは、彼女自身が指摘していたとされるように「すべては神について」であった。おそらく、カークの一群の怪奇譚同様に、宗教的な「神秘（ミステリー）」が重要な意味を持っている。その神秘は、アメリカ中西部と南部という、二人を育てた独特の風土と密接なつながりを持つのであろう。

　夭折した南部作家オコナーとカークという二つの精神の交差は、アメリカにおける保守主義を考えるとき、難解だが大切なことを語りかけている気がする。アメリカ近代の大きな分岐点である南北戦争の「敗者」としての南部に生き、早くに逝ったオコナーは、彼女が去ったのち、近代における「敗北」の自覚の中で三〇年を生き延びた保守思想家カークにとって大切な「死者たち」の一人となったのである。


（初出『ひらく』第八号、二〇二三年一月）

第18章

近代に見失われた共時性が貫く共同体

現在、社会で分断が大きなテーマとなっている。ロシア・ウクライナ戦争や米中対立はもとより、いわゆる先進諸国の国内に目を向けても社会の分断が深刻な課題として認識されている。私たちはこの問題に対して、どのように向き合うべきか。そう考えたとき、大前提として人間存在そのものの在り方を抜きには考えることはできないだろう。

本稿でまず紹介したいのが、アメリカの思想家であるラッセル・カーク（一九一八～九四）の著作についてである。カークといえば、アメリカの戦後保守思想の原点にいる人物だが、じつのところ、彼の仕事の奥深くには多くのアメリカ人には受け入れにくい部分があった。なぜならばカークは、アメリカ近代主義と真っ向から対峙する思想を主張したからである。

カークの仕事の三分の一は、じつはアメリカ各地や研究留学先だったスコットランドに残る亡霊たちの物語を収集して、それをもとに著した数多くの長短編小説であった。自身の体験談も含まれる。いまも読み継がれるベストセラーもあるが、その読者にはカークが政治思想家とは知らない人も少なくない。カークにしてみれば保守思想の研究と亡霊の物語の執筆は深いところでつながっていた。すなわち、彼は保守思想研究でも小説の執筆でも、「近代以前」から継承したもの、近代合理性に対置される「神秘」に意味を見いだしていた。その点でいえば、日本であれば柳田國男に通じるように思われる。

明治時代、日本は「欧米に追い付け、追い越せ」とばかりに近代国家を目指したが、柳田はそうした風潮に強い懸念を示した。欧米の思想を「借り物」として取り入れる前に、私たちはまずは古来の日本人の魂がどのようなかたちをしているかを知るべきではないか。その作業なくしては、とってつけたような近代国家になる。それが柳田の憂慮だったと私は解釈している。だからこそ彼は近代主義を担う農政官僚である一方で、『遠野物語』を著したのだろう。さきの戦争での日本の敗北を目前に『先祖の話』を著したのも、同じ思いからだろう。

カークに話を戻そう。カークは各地で出会ったさまざまな亡霊の物語を描き出したが、彼自身にとって最も大切だったのは、生まれ育ったアメリカ中西部ミシガンの寂れた村で邂逅した祖先の霊の物語であった。主著となる*The Conservative Mind*（邦訳『保守主義の精神』）で、思いもよらぬ名声を得ることになったカークは、教鞭をとっていた大学の大衆化に不満をもっていたため、大学を去り母親の出身地に引っ込んでしまう。母の祖先が切り拓いたミシガン奥地の村だった。

カーク自身はデトロイト郊外に生まれたが。幼いころに頻繁に母方の実家を訪れていたという。かつては林業で栄えた町も、カークが戻ったころには人口二、三〇〇人まで衰えていた。残された村人や縁者から、南北戦争で命を落とした祖先の霊にまつわる話などを聞いた。自身も小さいころ母方の曽祖父の家で、夢か現か、亡霊をみたことがあり、その話を伯母に打ち明けたら同じ亡霊をみたことがあるといわれ驚いたという。

カークの作品の中には、大人になって故郷に戻った男が、子ども時代の自分と出会うというような話がいくつかある。それはつまり、時空が共時的であることを意味していて、その考え方は信仰に関連する。キリスト教において、神の目には過去も未来もなく、すべては同時に存在している。最後の時に、すべての死者はよみがえる。カークはそのような信仰の時間を生きていたと思う。彼の神学的な素養は、*The Conservative Mind*でジョン・ヘンリー・ニューマンへの強い共感を示していることからもうかがえる。

ニューマンは一九世紀のイギリスで起きた復古的な教会政革運動の中心だった神学者だ。近代性の起源となったプロテスタントの世界からカトリックに戻ろうという運動である。カークはニューマンの影響を色濃く受けており、四五歳でカトリックの洗礼を受けている。カーク本人やその遺族と接した経験から、ニューマンはカークが最も傾倒した思想家に思える。遺族の中でも、そう考えられている。カークの中の神学は重要なテーマだ。保守主義とは神学と強く結びつく思想である。

神はいま生きている者も死者も、すべて共時的にみる存在である。人間が神と同じような視点を得るのは難しいが、過去から未来へとひとつながりでこの世界が実存しているという感覚は大切だ。すでにこの世を去った人々は、はたしてどのような世の中を求めていたのか。未来に生まれてくる人々は、どのような社会の中で暮らすことを期待しているのか。あえて近代システムの中に照らし合わせれば、私たちは死者やこれから生まれてくる人々にも選挙への投票権を与えるつもりで行動するべきではないか。少なくとも筆者には、過去の世界を生きた亡霊たちと向き合うカークの作品は、そのことを訴えていると感じられる。

昨今、共同体復権の重要性が叫ばれている。その共同体について、現在の世の中の視点だけで考えるべきではないだろう。私たちにいま求められているのは、過去や未来の人々まで含めて、共時的にみる目で共同体を築こうとする態度ではないだろうか。その意味では、過去・現在・未来がつながり一体としてあるという時間軸への意識が求められる。共同体主義を語るときに、現存社会の人々のつながりを念頭におきがちだが、時間軸を通してつながることも大切だ。翻って私たちは、のちほど触れるＳＮＳ空間などの登場もあって、より即時的な意識の生き物へと変容してしまっていることを大いに懸念する。

限界に直面しているリベラリズム

カークは「近代以前」に目を向けたが、そもそも近代とはどう定義できるのか。さまざまな解釈があるだろうが、近代的国家観の基礎に「個人」を想定している点が重要であろう。西洋では宗教改革を経て、一人ひとりが等しく神とつながる「神の下の平等」という観念が生まれた。その結果、王が存在することを論理づけるために生まれたのが「社会契約論」である。王の存在が「契約」ならば、契約相手を変えることも是とされる。その文脈で自由主義や民主主義が生まれたのが近代だという解釈が、現在の世界では広く受け入れられている。

そんな西洋中心の近代の物語を、近代主義者でありながら新たに書き改めようとしたのが、フランシス・フクヤマ（一九五二〜）である。筆者が翻訳を手掛けた *The Origins of Political Order*（邦訳『政治の起源』）では、近代性のそうした解釈を捨て、現代の科学的知見を取り込み、あらためて人間存在とは何かを整理しようと試みている。フクヤマは、まさに西洋中心の啓蒙主義の物語そのものに挑戦したのだ。世界は遥かに複雑な過程を経て「近代」をつくってきたというのが彼の考え方であり、たとえば中国では秦の始皇帝の時代、すでに近代国家の核を成す能力主義の官僚制度を整えていた。さらにインドやイスラム社会も含めて、さまざまな試みが織りなすようにして、自由の基礎である「法の支配」や、普通選挙制につながっていく「民主的説明責任」といった近代的政治概念が生まれていく。それは西洋だけでなくグローバルな過程だったというストーリーが提示される。その始点に、人間存在とは何か、という大きな問題が据えられる。

フクヤマはホッブズやルソーなど啓蒙初期の思想家の誤りとして、インディビジュアル（個人）というまったくの虚構を想定したことを指摘している。人類学の知見に従えば、始まりから個であった人間存在はない。私たちは生まれたときから家族という、もっとも核となる共同体の中に生まれ、それを敷衍したかたちで同じ祖先をもつ氏族や部族、そこから発展して国家の形成と広がっていく。人間存在とは基本的に共同体的なのであり、それゆえに個人主義に基づくリベラリズムの思想では限界が生じる。現実問題として、行き過ぎた個人主義が社会の分断から、さらにはその延長として大国間の体制の対立まで招いている。そうした視点がいま、意味をもつのではないか。

私たちが直面している問題は、じつに複雑だ。近年では民主主義やリベラリズムに疑問が呈されているが民主主義に関しては古代ギリシャの時代からその欠陥は語られてきた。フクヤマが『歴史の終わり』で論じたように、人類の統治制度としてリベラルな民主主義を超える形態は政治思想的に考えて難しいだろう。そうした統治制度が近代性の核となりうるのは、リベラリズムが民主主義の欠陥を補ったからにほかならない。

だが、現在ではそのリベラリズムの方の欠陥にも目が向けられている。極端な自由の名のもとに個人主義が跋扈し、宗教的な価値観が破壊され、家族も崩壊した。秩序を取り戻さなければ混乱を抜ける道がないという認識が生まれ、アメリカではトランプ前大統領の登場による自由と民主主義の混乱を機会ととらえ「リベラル後（ポスト・リベラル）」を探る思想家らが登場した。東欧のハンガリーでは新家族政策を標榜するオルバン首相が政府を率いている。

アメリカ政治ではトランプ、さらに社会主義を標榜するサンダースの登場は、リベラリズムの行き過ぎと失敗を象徴する出来事であろう。実際、フクヤマも『政治の起源』に引き続き著した*Political Order and Political Decay*（邦訳『政治の衰退』）で自由な民主主義が利権構造で行き詰まっていく構造を描きだし、その過程で近代政治が排除するべき「家産制」が復活していると警鐘を鳴らしていた。いってみれば、封建制に逆戻りしていくようなことである。

さらに、この流れを利用して、西欧リベラリズムに攻撃を仕掛けているのがロシアのプーチン大統領だ。中国も自由と民主主義の混乱に乗じようとしている。世界はいま非常に危うい錯綜した状況にある。

足下の「近代以前」の歴史に目を向ける意味

以上で論じてきたように事態は単純ではない。私たちはより根源的な問い、すなわち人間存在のあるべきかたちは何かを探るにあたって、本来の、すなわち近代以前の私たちの魂のかたちを真剣に考えなければいけない。

そのときに、カークが模索したように、前近代に目を向けることには少なからぬ意味があるはずだ。日本であれば、たとえば封建時代は厳しい階層社会だったかもしれないが、緊密なコミュニティの中で、心身に障害を抱える人びとも包摂する仕組みをつくった事例もみえる。近代的な個人主義、能力主義に基づく人間の一面的見方が覆う以前に、障害者をもむしろ私たちの世界の重要な一部として包摂するような社会思想もあった。カークが亡霊たちに向き合う話ともつながるが、近代システムが忘れたものを見つめ直すべきではないか。それこそが、柳田が目指したように、本当に強靭な近代国家をつくることにつながるはずだ。

日本の代表的啓蒙思想家、福澤諭吉もやはり、とってつけたような西洋的な近代化で良しとしていたわけではない。だからこそ西郷隆盛を高く評価した。評論家の與那覇潤の説にも通じるが、一見儒教を否定したようにみえる福澤は、むしろ江戸儒教から近代性を引き出したともいわれる。徳川幕府による地方分権の封建制から廃藩置県で中央集権化する明治維新の過程は「中国化」であり儒教の復権だったかもしれない。日本思想史研究を牽引している渡辺浩教授も、日本の近代のそうした構造に注目している。他方、日本が中国と違って「法の支配」の概念を理解できたのは、中国と異なる儒学の発展があったからだという説もある。どのような社会を構築するかを考えるとき、西洋近代を無批判に取り入れるのではなく、フクヤマのように広く、私たち自身が引き継いできたものを紐解くべきだ。

小さな社交界がバブルのように生まれる時代

国家体制間の対立については、自由主義とそれを否定する権威主義の戦いが現在の世界構図として語られる。しかし、当たり前の話ではあるが——冷戦期のアメリカや日本の国内でも自由主義と共産主義の戦いが起きていたように、いま各国内で小型版の「自由主義VS.権威主義」の戦いが起きている。自由主義を標榜している以上、本来的に相手がどんな思想だろうが対抗勢力を安易に排除することはできないし、すべきでない。また権威主義者たちの言い分が完全なる間違いかといえば、そんな単純な話でもない。いまやリベラリズム自体を見直したり解釈し直したりする動きが生まれているのだ。

すでに民主主義についてはさまざまな議論が生まれている政治に、無知でも参加できる普通選挙制でいいのか。選挙を車の運転のように免許制にして、勉強して資格をとる仕組みを提唱する識者もいる。同じように、リベラリズムを見直す多様な議論も必要なのだが、いまは人々がさまざまな討議をしたり知の交換をしたりすることがきわめて難しい時代だ。すなわち、現在の世の中では左右の立場などに関係なく、気に入らない意見が登場するとすぐにSNSなどで強烈なバッシングが始まる。

人類はこれまで情報や知を開くことで発展してきた。活字媒体やラジオ、あるいはテレビにせよ新しいメディアが誕生した際には、知の開放による混乱が一時起きてきたが、ジャーナリズムなどで知の秩序の立て直しが働いてきた。しかしいま、私たちは健全な議論を交わせているだろうか。いろいろな情報に触れるべきとはメディアリテラシーを語る際の常套句だが、「ステレオタイプ」などの考え方で知られるウォルター・リップマンは「社交界」という言葉を用いてすでに二〇世紀初頭に起きていた情報空間の機能不全を指摘した。情報とは本などを買うだけでなく、旅行で現地を体感することでも得られる。その意味ではどれだけの量を得られるかは財力と比例する。豊かな情報環境に身を置けばその分だけ自身の歪んだ情報環境を矯正できるはずなのだが、現実は違う。この世界には社交界、すなわち同じような価値観や財力をもつ仲間同士の空間が存在し、多くの人はその世界の論理でしか目の前の事象をみていないというのがリップマンの指摘だった。

現在の「社交界」は無数にネット上で生まれている。オンラインサロンはまだましかもしれない。「いいね！」で結びつくフィルターバブルの内部がどれだけ歪んだ情報空間か、その中にいる当事者には分からない。つまりフィルターバブルは一世紀前に指摘されていた人間社会の特性ともいえるが、ＳＮＳと結びついたことで過度になっている。

問題の一つは匿名性だ。ＳＮＳを覗けば匿名ゆえの無責任で無茶苦茶な言い合いが多い。ルールも秩序もないアナーキーな世界だ。そこで形成されるフィルターバブルは、一世紀前の社交界とは違う。由々しきことに、私たちはその混乱をコントロールする術をまだみつけていない。もちろん、まったくの無策というわけではなく、アメリカは言論の自由を重視するが、ＥＵはさまざまな規制を進めている。ナチズムなどの経験があるからこそ、無制限な自由を警戒し、規制に前向きだ。もちろん、ＥＵのやり方が正解かは分からないが、少なくとも責任ある言論を求めるための根本的なルールは考えて然るべきだ。中国のようにグレート・ファイアウォールで外から言論を排除し、何百万人ものネット監視員が常に国内言論を取り締まるような監視社会はとんでもないが、英国でさえ一定のファイアウォールで外からの有害言論をチェックしようという動きがある。

さらにいえば、これまで論じたように人間が社会的存在で、その社会性は情報のやりとりに基づくなら、ＳＮＳの問題は人間存在そのものを破壊しかねない。思い起こされるのは、二〇一六年の米大統領選におけるロシアの介入やケンブリッジ・アナリティカ事件である。現在では認知操作という言葉が用いられるが、あの事件が明るみに出たときには、筆者も恐ろしい時代が到来したと痛感したものだ。友人のある政治学者は、もはや政治学の蓄積も意味を成さないと嘆いていた。すなわち、政治学とは政治と人々の意識の変化を研究する学問だがいまでは心理学やさまざまな手法を用いて、巨大なレベルで人々の意識を操作することが可能なのだ。

この点については、日本でもより議論を深めていかなければならない。中国やロシア、北朝鮮から多かれ少なかれ認知操作は行われていると想定でき、わが国の安全保障に鑑みても対策は急務である。

筆者が思うのは、こうした問題は政府がいま以上に情報をオープンにして、世界ではこのような事件が起きており、日本ももはや他人事ではないと、具体的事例を示して呼び掛けるほかない。欧米や台湾ではそれを実行している。日本の選挙に異様なＳＮＳがはびこっているのは海外の調査で指摘された。「あなたの日常で起きている出来事だ」と人々に伝え、市民は自分たちはどのような情報環境の中で生きているか、もっと自覚する必要がある。

情報環境の変容をどのように自覚するか

いま大事なのはリップマンが「疑似環境」や「社交界」という言葉を用いて示したように、私たちを取り巻く情報環境がどのような構造なのか、しっかりと理解することであろう。フェイクニュースへの対策も必要だが、私たちの心理を誘導する情報はさらに次の大きなレベルに向かっている。もはやフェイクニュースの問題は世界的に認識されているから、情報空間での本格的戦いはナラティブに移ったという見方がある。歴史解釈を含めた大きな物語のせめぎ合いだ。それがサイバー空間を通じて、ミクロな個人を標的にじわじわと進むような構図ではないか。そのような局面に入っていれば、俗に言う「思想戦」になったといえる。冷戦時代に行われたことが繰り返されるのかもしれない。当時は知識人やメディアを取り込めばよかった。新しい情報空間では、それがもっと複雑になってくるだろう。ウクライナ戦争を取り囲む大きなナラティブの戦いは、いつか詳細に分析されることになると思う。

さらにいえば、情報環境の操作が厄介なのは、リベラリズムのシステムを利用して動いたうえで、そのリベラリズムの崩壊を助長するという構図にある。リベラルという言葉はじつに複雑で、フリーダム（自由）とは異なる概念として、寛容という意味も大きく含む。一方ではある種の社会主義的政策を指して用いられることもあり、概念が揺れ動いている中で、近年では非常に偏狭な個人主義も台頭してきている。私たちはもう一度、リベラリズムの意味を立て直さないといけないはずだ。実際、フクヤマは『政治の衰退』で自由民主主義が内部から崩れていく問題を指摘した後に *Liberalism and Its Discontents*（邦訳『リベラリズムへの不満』）を著し、行き過ぎたリベラリズム（特にネオリベラリズム）がもたらした弊害の洗い出しをして、そこから再びリベラリズムを立て直すことを訴えた。

しかし、ラッセル・カークのような立場をとれば、今日のようにリベラリズムが行き詰まるのは当然だということになろう。おそらく、これからの時代のキーワードは共同体になる。左右のいずれもこの概念に注目しており、その先にはやはり、大きな共同体としての国家のあるべき姿という命題が浮上するわけで、そこで重要になるのがカークを引用して指摘した時間軸＝共時性で捉える共同体の話であり、またＳＮＳなどに代表される現在の情報構造への向き合い方になるはずだ。そのうえで、リベラリズムをどのように捉え直すか。それこそが、人間存在から国家まで考え直すうえでは避けて通れない作業ではないだろうか。

（初出『Voice』二〇二二年一二月号）

第19章 E・マクレランと江藤淳の『こころ』

突然、マクレランから連絡と訪問を受けた日本の親族、横堀家の人たちは彼の言葉に驚いた。

「母の写真をお持ちでないか」

エドウィン・マクレラン（一九二五〜二〇〇九）。夏目漱石『こころ』の卓越した英訳で知られる。シカゴ大学の日本研究講座を創設、一九七二年にイェール大学に移り、多くの優れた日本研究者を育て、同大学で最も栄誉ある「スターリング教授」という称号を得た。文芸評論家、江藤淳（一九三二〜九九）は米プリンストン大学に研究滞在中（一九六二〜六四年）、講演に来たマクレランと初めて出会い、以後、生涯交友を続けた。その交友について晩年の江藤は「信頼は一度として裏切られることはなかった」と回顧している。友人とけんか別れを繰り返した江藤にとって、数少ない生涯の友の一人であった。

マクレランはスコットランド人の父アンドルーと日本人の母テル（旧姓横堀、テルコの名も使った）の間に神戸で生まれた。父は英大手石鹸会社リーバ・ブラザーズ（現・ユニリーバ）の日本営業所総支配人だった。二歳のときに、母と兄を失った。以後、日英が開戦（一九四一年）するまで、父と神戸に暮らし、カナディアン・アカデミーで教育を受けた。学校では英語、家に戻れば日本語を家庭教師について学び、近所の子どもと日本語で遊ぶ。バイリンガルだった。開戦翌年に日英交換船「竜田丸」に乗り、アフリカ経由で生まれて初めて父の祖国の土を踏んだ。

戦時の要請のため一六歳でロンドン大学東洋アフリカ語学部で日本語教授の助手を務め、一八歳で英空軍に志願し、情報将校として一九四七年までワシントンに駐在。その後、数奇なめぐり合わせで『こころ』や『暗夜行路』の翻訳者として英語圏の代表的な近代日本文学研究者になる。そのいきさつについては、かつて拙稿「漱石・ハイエク・江藤淳『こころ』の絆」（『文藝春秋』二〇〇八年一〇月号）で紹介した（中公文庫『増補改訂版　追跡・アメリカの思想家たち』に収録）。

本稿では、その物語を補い、近代日本人の精神形成に大きな意味を持った漱石の『こころ』が欧米思想史の一角に刻み込んだものの意味について、さらにさぐってみたい。

母の面影を追って

冒頭の母親の写真をめぐるエピソードは、『文藝春秋』の拙稿エッセーを読んで、筆者に連絡してきたマクレランの従兄弟である横堀洋一氏（一九三三～）から聞かされた。マクレランが戦後日本を研究者として訪れるようになった最初のころだという。一九六〇年代後半～七〇年代であろう。横堀氏は偶然だが、筆者が当時奉職していた共同通信社でシンガポールやシドニー支局長を務め、退職後は大学で教壇に立ったりした先輩であった。

開戦で英国に帰り、その後音信もなかったマクレランが母テルの親族を探し出し、訪ねてきたわけだ。テルが亡くなったのは昭和の初年である。初めて会った、その英国籍の従兄弟がいきなり「母の写真が見たい」と訴えた。

聞けば、母の顔をまったく知らないという。父アンドルー・マクレランは、妻テルと、幼くして亡くなった長男の二人の思い出に関わるものは、一切焼き捨ててしまった。写真一枚も残さなかったというのだ。横堀家は祖父の代には横浜で洋書の輸入業者を営んでいた。おそらく、その仕事が結んだ縁で当時（大正期）横堀氏の伯母にあたるテルは英国のグローバル企業に勤めるアンドルー・マクレランに嫁いだのだろうが、そのあたりは戦争を挟んだ歴史の霧の奥で、詳らかでないという。

いずれにせよ、横堀氏を驚かせたのは、瞼の母どころか、二歳のころのおぼろげとさえもいえない母の面影を必死に追い求めるマクレランの姿であり、写真を探し出して彼に見せると感無量の様子だったという。二〇〇八年暮れにこの話を横堀氏から聞き、深い意味を持つエピソードではないかと感じた。いずれ、イェール大学にほど近いところに住むマクレランを再訪し、さらに彼の話を聞きたいと思っているうちに、翌二〇〇九年一月に、長く病床にあったレイチェル夫人が逝き、マクレラン自身も四月に肺がんで亡くなってしまった。母をめぐるエピソードが意味を持つと思ったのは、生涯の友であった江藤淳との関係からである。

筆者の手許には、一九七三年（昭和四八年）に上梓された江藤の『一族再会　第一部』の著者署名入り革装限定版がある。限定四八八部のうちの第一三一番と奥付に手書きで数字が書き込まれている。江藤自身からいただいたのでも、発行当時に買い求めたりしたのでもない（ちなみに、箱には一万三千八百円と価格が記されている。当時の大卒初任給は六万円ほどだから、いまの価値では五万円ぐらいか）。評伝『江藤淳は甦える』（二〇一九年、小林秀雄賞）の著者である畏友、平山周吉氏から評伝の製本にちょっとした仕掛けがあることを教えられ、その署名入り限定版『一族再会』を古本屋サイトで探して手に入れた。

新潮社から出された平山氏の評伝のカバーの袖に隠れた裏側（見返し）には、和服姿の若く美しい女性の写真がある。カバーをつけたまま読んでいたら、開けてみるようなところではない。それが、著者平山氏の意図を込めた装丁の「仕掛け」だ。写真は江藤の母、江頭（江藤の本名）廣子である。江藤が四歳半のとき、二七歳の若さで亡くなっている。その写真は、限定版『一族再会』の巻頭に口絵として据えられた一族の五人の写真のうちの一枚である。その画像を平山氏がカバーの袖に隠れるところに置いた。文学者江藤の生涯を動かした「隠れた存在」は、幼くして失った母・廣子であったというメッセージだ。

麻布張り化粧函入りで革装の署名入り四八八部だけの限定版までつくった『一族再会』は、まさに江藤自身にとって最も大切な著作ということになるが、第一章のタイトルは「母」であり、「私が母を亡くしたのは、四歳半のときである。つまりそれが、私が世界を喪失しはじめた最初のきっかけである」と書き出す。その後は亡き母の姿を求めて、その母校や同窓生を訪ね歩く、痛々しいまでにセンチメンタルな「母恋い」の文章が続く。自身が生まれ、亡き母と幼い日々を過ごした東京・大久保の家は一九四五年五月の空襲で丸焼けとなり、母の記憶の手掛かりとなるものは一冊のアルバムを残し、みな失った。それは父が荷物の疎開をためらったせいであり、江藤は「母の痕跡が自分の周囲から喪われてしまったことについて……父を恨んでいた。それはいわば存在の核につながる記憶を抹殺されることだからである」と『一族再会』に記す。

この母の痕跡の喪失と父への恨みは、マクレランのものでもあったのだ。江藤とマクレランが、三

○年以上に及んだ長い交友の中で、そうした思いを互いに語り合ったことがあったのか。いまとなっては二人の口から直接聞くことはできないが、二人の文学的魂が共鳴しあった大きな背景であったことは、間違いないだろう。

その声に圧倒された思い出

江藤とマクレランのはじめての出会いについては、おのおのが短いエッセーに書き残している。それぞれが互いへの信頼を語るものだが、一〇年から三〇年たった後であり、出会いの思い出は少しく違う。江藤は、プリンストンでの出会い以前に、ワシントンで開かれた一九六四年のアジア学会年次総会の分科会でマクレランが発表を行ったときの感動を書き残している。演壇のマクレランを見上げて、その雄弁と美しい英語に「呑み込まれてしまった」という思い出だ。当時、三一歳の江藤はプリンストンで日本文学を教えていたが、マクレラン訳の『こころ』を教材に用い、その優れた訳業に驚いた。翻訳者当人を目の前にその声を聞き、聴衆を呑み込むような不思議な力に圧倒された思い出を、約三〇年後に書き記した。マクレランは当時、シカゴ大学の助教授で、翌年に新しく発足した同大学東洋語・東洋文明学部長になる。

他方、マクレランの方は一九六四年に初めてプリンストン大学を訪問し、そこで出会った江藤のオープンな性格に印象づけられ、長い交友が始まったと回想している。出会いの一〇年後に綴ったエッセー「プリンストン以来」の記述だ（講談社『江藤淳著作集』続2の月報）。

江藤とマクレランがともに懐かしく触れていたのは、互いの夫人を交えて交友を深めたことである。江藤のエッセーでは、腰椎の激痛で入院し医師から骨がんの疑いを告げられたとき、これで「エドとレイチェル（マクレラン夫妻のこと）に私たち夫婦がそろって二度と会えないと思うと残念でたまらなかった」（原文英語）と記している。マクレランも死去の四年ほど前（江藤自死の六年後）に筆者との会話で、江藤夫妻との交友が「まるで子ども同士のように楽しかった」と思い出を語っていた。

江藤と夫人の慶子（旧姓・三浦）は慶應義塾大学の同級生同士で、卒業後すぐに結婚した。マクレラン夫妻も、英スコットランド最古にして名門であるセント・アンドルーズ大学の同級生同士で、卒業後マクレランがアメリカに渡ってから、シカゴ大学で博士号取得中に結ばれた。年齢はマクレランが江藤より七つ上だが、二人の人生は不思議に似通っている。

一九九八年五月、慶子が運転事故を起こして急に入院することになった日、江藤夫妻は来日していたマクレラン夫妻と会食予定だった。会食には江藤だけが出向く。事故は、のちに慶子の命を奪うことになる脳腫瘍が原因だった。妻の死去に至るまでの回想『妻と私』（一九九九年）はその事故の日から書き起こされ、前年の秋にマクレラン夫妻が鎌倉の江藤宅に会食に来た際にはレイチェル夫人が心臓発作で倒れ、慶子の機転ですぐ入院し一命を取り留めたエピソードに触れている。

その後、慶子夫人は入退院を繰り返し九八年一一月に亡くなった。江藤自身も翌九九年七月、妻を喪って生きる気力を失い、自宅浴室で「自ら処決」した。マクレラン夫妻はそれからちょうど一〇年を生き延びるが、前述のように心臓病と認知障害でほとんど床に伏してしまったレイチェル夫人が二〇〇九年一月に逝き、肺がんで入院中だったマクレランも妻の死で気力を失ったかのように、四月に亡くなった。

ラッセル・カークとの隠れたドラマ

本題に入ろう。

江藤とマクレランという、「母恋い」や配偶者との出会いなども含めて相似た魂をつないだのは、夏目漱石と代表作『こころ』であり、就中マクレランによるその英訳であった。現在も英語圏で読まれている『こころ』はマクレラン訳が決定版であり、その英語の美しさはだれもが認める。翻訳作品として超えることはできないとされる。

もともと英アンドルーズ大学でスコットランド宗教改革や啓蒙思想を学んでいたマクレランが、なぜアメリカに渡って一九五七年に『こころ』の英訳を出版するに至ったかについては、本章冒頭で述べたように二〇〇八年に『文藝春秋』に掲載された拙稿で記した。そこにはノーベル経済学賞を得ることになった経済学者にして法哲学者フリードリヒ・ハイエク（一八九九〜一九九二）、戦後アメリカ保守思想史での最重要思想家の一人ラッセル・カーク（一九一八〜九四）らが絡む隠れたドラマがあった。

このドラマは筆者自身の晩年のカークとの交流、マクレランへのインタビューなどを通じて、そのあらましを描きだすことができ、発表後まもなく東京財団の手により英訳され、欧米世界にも広まった（現在も閲覧可能）。その後も欧米での漱石研究に一定の影響を及ぼしているようで、近年も学術論文などに引用されているのはうれしい。

そのエッセーで記したことだが、マクレランは戦後ワシントンから英国に戻り、セント・アンドルーズ大学でスコットランド宗教改革などについて学んでいたときに、エドマンド・バーク（一七二九

〜九七）を中心とする思想史研究で博士号を得ようと同大学に来ていたカークと知り合い、友情をはぐくんだ。卒業後カークに誘われてアメリカに渡り、その紹介でハイエクの下で研究を続けることになる。当時ロンドンからシカゴ大学に移って間もないハイエクが属していたのは、シカゴ大学が実験的に始めた学際研究の大学院「社会思想委員会」だ。そこには、亡命哲学者レオ・シュトラウス（一八九九〜一九七三）、シュトラウスの弟子で後に政治思想家フランシス・フクヤマの恩師となる哲学者アラン・ブルーム、ノーベル文学賞を得ることになる作家ソール・ベローらがいた。

ところが、博士論文の執筆段階になってマクレランはテーマを、「自分にとってもっとも大切な思想家」夏目漱石に突如切り替えた。当時漱石は欧米知識人社会ではほとんど無名の存在で、論文指導に当たるハイエクとギリシャ古典文学者デイヴィッド・グリーン（一九一三〜二〇〇二）は何も知らない。彼らに漱石について説明するため急いで翻訳し提示したのが英訳『こころ』であった。この英訳はカークも読み、カークの博士論文で主著である『保守主義の精神』（一九五三年、邦訳版は拙訳で二〇一八年中央公論新社刊）の発行元となった小出版社からただちに出版され、今日まで版を重ねて読まれ続けている。

大急ぎで仕上げられた『こころ』の英訳を読んだハイエクとグリーンは深い感動を受けた様子だった。生前のマクレランは彼の自宅での筆者の取材にそう回想している。今回あらためて、マクレランが書き残したもので当時のことを知る文献がないか、探してみた。アメリカの代表的古代ギリシャ悲劇翻訳家であったグリーンの業績を称えて、その教えを受けたソール・ベローら二一人が論考をまとめて一九九九年にシカゴ大学出版から上梓された『文学的想像力　古代と近代』（未邦訳）という本があり、そこにマクレランが一文を寄せていた。マクレランは恩師に捧げたいと、漱石の随筆『硝子戸の中』から写真師の話を選び翻訳している、講壇の人で著作も翻訳も極めて少ないマクレランの最後の方になる書き物だろう。翻訳の前置きでグリーンの思い出を綴っている。確かに、ハイエクとグリーンは『こころ』に深い感銘を受けていた。マクレランが思い出を綴った一文を全訳しておく。

私がはじめて漱石の小説『こころ』（一九一四年）の翻訳をシカゴ大学社会思想委員会での指導教官であったデイヴィッド・グリーンとF・A・ハイエクに見せたのは、一九五六年だったと思う。その時は恐る恐るであった。というのも、私はそれまで本格的な翻訳をしたことがなかったし、漱石はこの国では知られていない日本人作家であったからだ。デイヴィッドやフリードリヒ・ハイエクのような人が、日本の近代小説（それが何を意味するにせよ）の初期の一例についてどう思うか、まったく見当がつかなかった。

若い旧制高校生と年配の「先生」の友情について簡潔な文体で綴る物語である。「先生」は旧制高校時代に親友を裏切った。それを償うために自殺し、一つの時代が過ぎ去り（明治時代はその長さと、君主を失った後に人々が取り残されたと感じた点で、ヴィクトリア朝とよく似ていた）、「先生」が若い友人に読んでほしいと残した告白についての物語だった。その告白はある意味で、救いを求めようとした相手に自分を理解してもらおうとするものであった。

私が二人の恩師に翻訳を見せた当時は、ちょうど日本の現代小説が（欧米で）はやり始めたころだったが、それらはすべて同時代や、ごく最近を舞台にした才気走った作品で、漱石のような暗鬱なヴィクトリア調のものはなかった。アイルランド生まれの古典学者（訳注・グリーンのこと）とオーストリア人の経済学者（同・ハイエク）の二人が率直に、この小説にどれほど感動したかを語ったときに彼らが示した感性の大きさを、私は忘れたことはない。これからも忘れないだろう。

その翻訳はその後すぐにヘンリー・レグナリー社から出版され、以来ずっと版を重ねている。デイヴィッド・グリーンは、私の中で、私が愛してやまないあの小説と切っても切れない関係にある。そして、デイヴィッドに捧げるのに、ごく小品ではあるが、漱石の別の作品の翻訳ほどふさわしいものはないだろう。

漱石の『こころ』が現代アメリカ思想史の中枢にいたともいえる思想家たちの精神に刻印されたことを、翻訳者本人が明確に語っている。この一文と、漱石『硝子戸の中』に収められた写真師とのやりとりを綴る奇妙な味の随筆が、ノーベル文学賞受賞作家ソール・ベローらグリーンの教えを受けた英語圏知識人らに読まれたことは間違いない。ベローがマクレラン訳『こころ』も読んだかどうか、そこまでは分からないが、シカゴ大学社会思想委員会で一〇年ほど教えてハイエクが再び英国に戻った後、その後釜となったのはベローである。しかも、グリーンの教えを受けたことを考えると、この二人から、あるいはマクレラン自身からベローが『こころ』翻訳の経緯を聞いていたのは想像に難くない。

さらにマクレラン自身の著述ではないが、あるシンポジウムで語った彼の発言を記録して収めた本があり、そこにも重要なことが記されていた。レイチェル夫人が病床に臥すマクレランの自宅（彼が強く夫人に会ってほしいと誘ったのでお邪魔した）での二〇〇五年のインタビューで、英訳『こころ』に「深く感動した」というハイエクやグリーンが、どんな言葉遣いでそれを表現したか思い出せないかと何度も尋ねた。だが、その時の印象は強く刻み込まれているが、「言葉遣いは記憶にない」というのがマクレランの答えだった。

マクレランの博士論文

今回さらに調べを続けてみると、一九九八年五月に東京の国際文化会館で日本文学の翻訳をめぐるシンポジウムが開かれ、マクレランと川端康成『雪国』の翻訳で知られるエドワード・サイデンステッカー（一九二一～二〇〇七）らあわせて四人が講演した記録が残っていた。司会役の映画評論家ドナルド・リチーの編纂で、シンポジウムの記録は二〇〇〇年に『言葉、思想、そして曖昧さ』（未邦訳）というタイトルで出版されている。マクレランの講演と参加者との質疑応答の記録に、次のようなマクレランの発言があった。これも重要なので訳しておきたい。

……ハイエクとグリーンのもとで何を勉強していたかというと、トクヴィルを読んでいたのです。

でも最終的に漱石を（論文のテーマに）選んで、『こころ』を翻訳したのは、いわば、私が大いに尊敬していたが、日本文学については何も知らない二人を説得し、漱石について書くという次のステップを受け入れてもらうよう説得するためでした。イエスと言ってもらうには、彼らの琴線に触れるような漱石の作品を一つ読んでもらわねばと思った。

信じられないことに、経済学者であるハイエクと、古典ギリシャ文学研究者のグリーンはともに、ものすごく感動したという。そこにうかがえたのは、いわば、彼らの理解する能力です。何をか、といえば、一つ例示すれば、「先生」が時代が終わったと感じたのは、どういうことなのか、理解できたのだと思います。

明治という時代において、「先生」が幸福を感じていたかどうかではない。それは関係ない。彼は明治日本をあまり好きではなかったかもしれない。しかし、明治天皇が亡くなって、「先生」の一部分も天皇とともに去って行った。

ハイエクはそれを理解できたのだと思う。多くの日本人や日本研究専門家は、ハイエクが理解したように、あるいはグリーンが理解したように理解できていないような気がする。

『こころ』の翻訳をめぐって長い叙述となったが、当時のマクレランの目的は翻訳自体ではなかった。ただ、グリーンとハイエクを大いに感動させたほどの名翻訳であったから、シカゴのヘンリー・レグナリー社から出版された。同社は当時、アメリカの戦後保守思想史をたどれば極めて重要な著作であるウィリアム・バックリー（一九二五〜二〇〇八）の『イェールにおける神と人』（一九五一年、未邦訳）とラッセル・カークの『保守主義の精神』（一九五三年）を相次いで出版し、思想界や論壇で注目を集めていた。英訳『こころ』は、マクレランの友人兼後見人のような立場のカークを通じてレグナリーに持ち込まれたのは間違いない。このあたりのことも拙著『増補改訂版　追跡・アメリカの思想家たち』のエピローグとして収められた「漱石・ハイエク・江藤淳『こころ』の絆」を参照願えれば幸いだ。

マクレランがその英訳『こころ』をハイエクらに示した後、「この作家の思想について書きたい」と告げて、執筆した博士論文について考えてみる。それが本章の本題である。論文をめぐるマクレランと江藤の精神の交差が興味深いからだ。

論文のタイトルは「漱石序説　ある日本の小説家」(*An Introduction to Soseki, a Japanese Novelist*)、一九五七年一二月にシカゴ大学社会思想委員会の社会科学部門に博士号申請のため提出されており、タイプ打ちで全文八九ページだ。今日の博士号論文は優に本一冊になるから、それに比べれば極めて短い。『こころ』翻訳も含めてようやく、昨今の博士論文ぐらいだろうか。なお、博士論文の大部分は一九六九年にシカゴ大学出版から発刊されたマクレランの著書『二人の小説家　漱石と藤村』(未邦訳)の「漱石」の部に収められている。

二〇年近く前に、ワシントンの米連邦議会図書館でマイクロフィルム化して保存されているマクレランの論文に目を通したとき、冒頭から驚かされた。論文は漱石の人物像を二五ページほどでたどった後、作品分析に入る。冒頭一ページの「序」では、論文の目的について、漱石という作家を理解するために代表的な作品を選び出して論じることにあり、『こころ』はすでに翻訳を提出したので、それを前提に論を進めると述べた後、漱石の思想表明として有名な「則天去私《そくてんきょし》」に触れている。その部分も大切なので、訳しておこう。

私は以下の論述で「則天去私」という、しばしば引用される言葉に言及することは熟慮のうえ、あえて避けた。漱石が自身の人生哲学とでも言われるようなものを表現するためにつくり出した言葉だという。きわめて個人的な表明であり、漱石が人生の紆余曲折を冷静に超然として観たいという希望を表明しているのかもしれないということ以外に、意味あることを述べることはできない。それ自体では、あまりに陳腐な表明としかいいようがなく、背後によこたわる個人的な実体験を知らなければ、意味がない。

この部分が、一ページだけのごく短い序の半分近くを占めている。どうしても言っておかねばならないという強い意志を感じる。だが、『こころ』一冊を読んだだけで、漱石については何も知らないハイエクやグリーンは、このマクレランの表明に首を傾げたくなっただろう。この部分は、明らかに日本の漱石研究者、特に当時の漱石研究の第一人者、小宮豊隆（一八八四〜一九六六）を強く意識していたに違いない。いずれこの論考が日本の文壇関係者に読まれると予想していたのかもしれない。ちなみに、このマクレランの漱石論の参考文献は「漱石全集刊行会」によって一九二八〜二九年にかけ刊行された『漱石全集』全二〇巻のほかは、小宮豊隆著『夏目漱石』全三巻など小宮の五つの著作、夏目鏡子著『漱石の思ひ出』だけだ。マクレランは「序」で、小宮を中心とする当時の日本の漱石解釈に対し、真っ向から異議を唱えたことになる。

二つの精神の不思議な共振

江藤淳の文芸評論家としての出発点を知る者なら、ここでまたマクレランと江藤の精神が不思議な共振を起こしているのに気付くはずだ。江藤の実質的な文壇デビュー作は『三田文学』に連載した漱石論をまとめて、一九五六年末に東京ライフ社という小さな出版社から出版して、文壇に大きな衝撃を与えた『夏目漱石』だ。江藤は「第一章　漱石神話と『則天去私』」で以下のように論じた。

漱石に関する神話は多いが、その最も代表的なるのは「則天去私」神話である。……こうなると、「則天去私」という言葉で漱石が何をいおうとしていたかは、かなりあいまいになって来る。それで彼の全作品を秩序立てようとするのは、いささか人の好すぎる話だといわざるを得ない……巷間に行われている「則天去私」解釈なるものは、相当あやしげなものだということを意味する。漱石のソフィスティケイションに弟子達が見事にひっかかっているふしがある……最も熱心な「則天去私」の祖述者の一人である小宮豊隆氏の「夏目漱石」も、同様の結果を招いた書物だといわざるを得ない。……

マクレランと江藤がともに、当時、漱石解釈のカギのように考えられていた「則天去私」をバッサリと切り捨てているのは、興味深い。評論家の小堀桂一郎（一九三三〜）は、大学の文学好きの仲間が当時江藤の漱石論を読んで、「これまでの漱石像が根底からひっくり返された……『則天去私』なんて神話にすぎないと言っている。小宮さんの権威も地に墜ちたようなものだ」と評したのを覚えている、と書いている（江藤淳『決定版　夏目漱石』新潮文庫、一九七九年＝解説）。

　このころのマクレランと江藤の文芸活動を時系列で考えておこう。マクレランが博士論文で漱石を取り上げようと決意し、論文指導に当たるハイエクらに漱石を知ってもらおうと『こころ』の英訳に全力を傾注していたのは一九五六年だ。マクレランが三〇〜三一歳の時である。のちの回顧によると、一九六〇年代以降に翻訳に取り組んだ漱石『道草』や志賀直哉『暗夜行路』に比べれば翻訳は容易だったが、それでも一年を要したという。同年末までには、英訳『こころ』をハイエクらに提出している。一方、江藤は五五年夏から『三田文学』に掲載する夏目漱石論を書き出し、翌五六年夏まで約一年かけて完成させた。一一月末に東京ライフ社という小さな出版社から『夏目漱石』として刊行、これが文壇を揺るがすことになる。『夏目漱石』出版時、江藤は二三歳だ。

　一九五七年、マクレランは『こころ』翻訳作業があったため江藤に一年遅れて、夏目漱石論を書き始める。まだ何の連絡もないこの二人が、ほぼ同時といっていいくらい、戦後のこの時期に漱石と取り組み始めた。太平洋の向こう側で起きていることを知らないマクレランが、江藤のごく小規模な『夏目漱石』出版（二〇〇〇部だったという）に遅れることちょうど一年、年末に「日本の小説家、夏目漱石序説」を書き上げて、ハイエクとグリーンに提出する。

　二人の漱石論はともに、それまでの日本の文壇における漱石像を覆そうとするものであった。江藤が海を渡ってプリンストン大学へ行くことで、それから七年後の一九六四年に始まった二人の長い交友は、漱石をめぐってどう展開していったのか。二人とも多くを語っていない。書き残したものなどを手がかりに探ってみたい。

英スコットランドのセント・アンドルーズ大学でスコットランド宗教改革について学んだマクレランはシカゴ大学社会思想委員会に移ってハイエクの下でトクヴィルやアクトン卿、ミルといった自由主義思想家について学ぶとともに、グリーンとはシェイクスピアやジョイスを読んでいた。

そうした研究の中にあって、なぜハイエクやグリーンが未知の作家、漱石の『こころ』に「とてつもなく感動」(マクレラン談)して、この作家についての論文執筆を認め、促したのか。ハイエク、グリーンが漱石について述べたり、記したりした文献があるかどうかは、管見では不明だ。現在参照できる重要な資料はマクレランの博士論文である。そこでどのように『こころ』の読解が示されているのだろうか。マクレランと、とくにハイエクの心がこの漱石の作品を通じて共振した理由を、のぞき見ることができるかもしれない。

手動タイプ打ちで序文一ページ、本文八八ページ、書誌一ページの博士論文は、第一部二五ページで漱石の生涯をたどり、続いて『吾輩は猫である』に始まって第二部の作品紹介に入る。序文で「漱石の全体像を理解するのに筆者が重要と考えた作品のみを論じる」と断っており、論じられているのは『猫』『坊っちゃん』『草枕』『野分』『三四郎』『それから』『門』『行人』『こころ』である。序文では、『こころ』は他の作品とは「同じ論じ方はしていない」と断っている。この論文を読む者は『こころ』の翻訳を読んでいるはずだからだ、と理由を述べている。違う論じ方というのは、まず分量である。『こころ』には二二一ページ、つまり論文全体の四分の一が当てられている。第一部全体の長さに相当する。

この「博士論文」は『こころ』の翻訳と一体になったもので、論文は他の作品（特に『三四郎』以下の「前期三部作」と『行人』）の評価を序論として『こころ』を論じていると言ってもよいだろう。マクレランはこの博士論文の翌年と翌々年に、ハーバード大学のアジア学のジャーナルに「漱石序論」、日本の上智大学の英文ジャーナル『モニュメンタ・ニポニカ』に「漱石『こころ』の含意」と題された論考をそれぞれ発表しているが、前者は博士論文の第一部（漱石の生涯）と第二部の作品紹介から『こころ』論をのぞいた部分の改訂版であり、後者は博士論文の『門』『行人』を導入部にして『こころ』論を改訂したものだ。当時のマクレランにとって、いかに『こころ』論が独立した重要性を持っていたかを示している。

そのマクレランの若き日の『こころ』論で注目されるのは、この小説の第二部の位置づけであろう。先生の告白と自殺で終わる『こころ』は三部構成となっている。「上　先生と私」「中　両親と私」「下　先生と遺書」である。学校の教科書などで取り上げられるのは、もっぱら「下」の「先生」の手紙（遺書）の告白からの抜粋であった。小説全体の半分は先生の遺書であり、そこで「先生」の不幸な半生、下宿先のお嬢さんとの恋愛と友人Kに対する裏切り、Kの自殺と自身の自殺への決意が告白される。漱石が描こうとした核心は第三部の「下」にあるとすれば、「先生」と学生である「私」との出会いを描く「上」や、「私」が学業を終えて帰った故郷で父親が危篤となる「中」は導入部としてはいかにも長すぎる。そうした批判が出るのももっともだ。

ただ、マクレランは「『こころ』を先生の絶望の物語としてだけでなく、その若い友人の孤独感が深まっていく物語だとみなせば、第一部と二部はこの小説全体を理解するために重要である」と考えた。そのように読むと、もっぱら「私」とその家族の話であり、もっとも短い（文庫本では五〇ページほどの）第二部「中」が「この小説の重要な部分」になってくる、とマクレランは論じる。

> ここで（注・「中　両親と私」）、漱石が強調していると思われるのは、この若者（注・「私」）が徐々に父母や兄と疎遠になっていくことだ。ついには父が危篤なのに突如東京に向かってしまう。漱石は第二部を第三部（注・「下　先生と遺書」）と同じくらいに注意深く、情感を込めて書いているという印象を持つ。確かにとても感動的で、「先生」自身の物語（注・「下」）の場合にほぼ匹敵するクライマックスに達する。（注は引用者）

さらに次のような分析を続ける。漱石はこの短い第二部で、伝統的な生き方をする「私」の両親の満ち足りた姿と、「先生」の苦悩を対比させたかったのだと解釈するのは可能であり、もっともらしい。そのような対比によって、謙虚に伝統を受け入れる人は、「先生」のようにそれに疑問を持つ人に比べて幸せだと漱石が言おうとしている。そう考えてしまうかもしれない（実際、筆者もそう考えた）。だが、漱石という作家の性格からして、それはありえない。漱石が描く「私」の父の死に向かう姿は、自身の身の始末もできなくなり、「先生」やその親友Kの死が決然として英雄的に見えるのに比べれば、みじめかもしれない。だからといって、父は軽侮の対象になっているかと言えば、それも違う。伝統に黙々と従うだけだが、死に際まで普通の人生を生きてきた者としてのある種の威厳がある。漱石の絶妙な老人の描き方が、読者に深い感銘を与える。典型的なのは、死の床で父が母を呼び求めるシーンだ。

> ……ことに室の中を見廻して母の影が見えないと、父は必ず「御光は」と聞いた。聞かないでも、眼がそれを物語っていた。
>
> ……「何か御用ですか」と、母が仕掛けた用をそのままにして置いて病室に来ると、父はただ母の顔を見つめるだけで何も云わない事があった。そうかと思うと、まるで懸け離れた話をした。突然「御光御前にも色々世話になったね」などと優しい言葉を出す時もあった。母はそう云う言葉の前にきっと涙ぐんだ。そうした後では又きっと丈夫であった昔の父をその対照として想い出すらしかった。
>
> 「あんな憐れっぽい事を御言いだがね、あれでもとは随分酷かったんだよ」

この引用の後にマクレランが述べることが、彼の『こころ』解釈の核心となる。「老人（注・「私」の父）は死に向かうがゆえに淋しさを感じている。ところが先生とKは淋しいがゆえに自ら死に向かった。それが老人と二人の違いである」。その違いがあっても、死は他者からまったく切り離された状態での経験であるという点は同じだ。死の床で家族に囲まれていても、「死に向かうときはまったく孤独なのである」。『こころ』に限らず、漱石の主要作品では「孤独(isolation)というテーマが最も重要」になっている。そのことを認識すれば、作品の意味が理解できる。『門』『それから』『こころ』の主要登場人物たちを結びつけているのは、罪を犯したという思いよりも、「淋しさの感覚」だと、マクレランは説く。

待ち受けるのは自死

実際、『こころ』の中でも「先生」はKの死因を考え続けた結果、果たして「御嬢さん」との失恋なのだろうかと疑いだし、「仕舞にKが私のようにたった一人で淋しくって仕方がなくなった結果、急に所決したのではなかろうかと疑いだしました。そうして又慄《ぞっ》としたのです。私もKの歩いた路を、Kと同じように辿っている」という感覚に折々襲われるようになった。この「死」へと人を向かわせる淋しさは、「私」の父が死に向かう中で感じる淋しさとは違う。前者の淋しさは日本が急激な近代化を推し進める中で感じている幻滅感と不安、その苦しみから逃れようと主体性を求めていく自我の確立の帰結だと漱石は見ていた。漱石は「先生」に次のように言わせている。

「……自由と独立と己れとに充ちた現代に生れた我々は、その犠牲としてみんなこの淋しみを味わわなくてはならないでしょう」

マクレランが『こころ』の短い第二部「両親と私」に重要性を見たのは、このエピソードの中で学生の「私」も孤立感を深めて、先生あるいはK同様にその「淋しさ」の世界へ向かっていく姿を描いていたからだ。つまり、明治から大正へと時代は変わりつつある中でも、近代化の中で日本(人)が負った存在論的な宿痾は変わらず続くことが暗喩されている。

学生の「私」は故郷へ帰っても落ち着かない。父は死の床にある。兄は「ある職」を帯びて九州にいるが(高級官僚を匂わせる叙述だ)、父の危篤で戻った。妹は遠くに嫁いだ。兄との間に父の死後の実家（財産のある旧家と想像される）の財産分けの話も出始める。一世代前に父母を相次いで失い親族と財産処分問題でもつれを引き起こし、財産の持ち分をすっかり処分して故郷と縁を切ってしまった「先生」と同じ道を歩み出したことが示唆される。実はKもまた、跡継ぎ問題をめぐって養家とごたごたを引き起こし、縁を切ってしまった故郷喪失者であった。

第二部の終わりで、「私」も伝統的家族の絆を振り切るように危篤の父を見捨て、先生の手紙（遺書）を持って東京行きの列車に飛び乗ってしまう。「淋しさ」のあまり自決したK。気付いたらKと同じ道をたどっていると遺書で告白した「先生」。二人の後を追うようにやはり故郷喪失者の道を歩み出した「私」にも、待ち受けるのは自死しかないだろうと暗示されている。自死でなければ、『門』や『それから』の主人公に訪れた苦い諦観である。

以上はマクレランによる『こころ』の読解だが、その『こころ』の英訳を最初に読んだ読者であるハイエクとグリーン、とくにハイエクはなぜ「とてつもなく感動」したのか。マクレランの博士論文の『こころ』解釈には指導教官の思想のなにがしかが映し出されている可能性はあるが、それを裏付ける文献は管見では見当たらない。

本稿は二〇〇八年に発表した「漱石・ハイエク・江藤淳『こころ』の絆」（『文藝春秋』同年一〇月号、中公文庫『増補改訂版　追跡アメリカの思想家たち』に収録）の続編であるが、そのエッセーを執筆した時はハイエクがマクレランと出会うまでの半生に、理由の一端があるのではないかと考えた。ハイエクは全体主義が欧州大陸を覆いだした一九三〇年代はじめにはウィーンからロンドンに移って世界的な名声を得た。だが、戦後に離婚しウィーンで再会した幼なじみと再婚したことで、英国で元の妻に同情する同僚たちとの関係が壊れたこともあって、アメリカへ移った。そうした経験と「先生」の故郷喪失、恋愛、裏切りの物語の間に相似を見たためかと推察した。だが、そうした読み方は皮相的過ぎるようにも思えた。マクレランが指摘するような漱石の「近代化」との葛藤が、ハイエクの思想（そしてグリーンの文学観）が持つ近代合理主義への懐疑と共鳴したのかもしれない。とりあえずの仮説としてそのように提示してみた。

この問題を考えるとき、『こころ』の登場人物たちを取り囲む時代や彼らの生活の描かれ方に眼を向けてみるのは意味があろう。現代の多くの読者は、「先生」は無職のようだが、どうしてゆとりある生活をしているようにみえるのか、と首を傾げたはずだ。学生時代の「先生」でさえ、Kの下宿代まで賄ったりしている。父母を亡くして叔父に財産をごまかされたというが、その後始末で残った財産処分後の資金と「公債」とで、利子生活者になっているという設定だ。漱石の他の主要作にも利子生活者とおぼしき主要人物が幾人も出てくる。

漱石が描く時代は、二〇世紀前半に社会主義国家ソ連の成立とアメリカの大恐慌に端を発する世界的混乱を受けて、福祉国家あるいはファシズム全体主義国家が形成される以前の資本主義の時代であった。資本主義を統制する制度は進んでおらず、都市化が激しく進み出し、貧富の差も大きかった。トマ・ピケティが『21世紀の資本』（二〇一四年）でさまざまな統計を駆使して示したとおり、日米欧の先進国で所得や資産の平等化が大きく進んだのは第一次世界大戦後から第二次世界大戦を経て戦後六〇年代までで、それ以前とその後は似たような格差社会である。つまり二〇世紀中葉の二つの大戦期・冷戦期は例外的な平等化時代で、それ以前、すなわち漱石が生き、そしてその後にわれわれが現在生きているような格差社会時代が（残念ながら）近代資本主義の常態といえる。戦争とその原動力であるナショナリズムが平等化を求め、また推進した理由は少し考えれば分かることだ。

淋しい、一人ぼっちの個人主義

『こころ』の「先生」や「私」はそうした競争的な、格差の激しい資本主義の近代に生きて、他方で古い家族制度の残滓の中で相続財産や家督をめぐって、近代化（都市化）した自己と「家」の葛藤に苦しんでいる。「個人主義」の精神はそうした一九世紀末から二〇世紀初頭にかけ、当時の近代資本主義を生きていくに当たって必然であり、必要ともされた精神であった。だが、その「個人主義」に生きる人間は淋しいのである。漱石の作品はそのことを繰り返し訴えていたといえる。

……私のここに述べる個人主義というものは、決して俗人の考えているように国家に危険を及ぼすものでも何でもないので、他の存在を尊敬すると同時に自分の存在を尊敬するというのが私の解釈なのですから、立派な主義だろうと私は考えているのです。

もっと解り易くいえば、党派心がなくって理非がある主義なのです。朋党を結び団隊を作って、権力や金力のために盲動しないという事なのです。それだからその裏面には人に知られない淋しさも潜んでいるのです。（中略）ある時ある場合には人間がばらばらにならなければなりません。其所が淋しいのです。……

漱石の有名な講演『私の個人主義』の結論部分からの引用だが、この後も「淋しい」「一人ぼっち」が何度も繰り返される。近代化の道を驀進せざるを得ない日本人は、その驀進に伴う不安や幻滅に耐えるために「個人主義」を内面化しなければならない。それには「孤独」と「淋しさ」が伴わざるを得ないと、漱石は若者たちに訴えた。

　漱石が『こころ』を新聞に連載したのは大正三年（一九一四年）四月から八月、学習院での『私の個人主義』の講演は同年一一月だ。『こころ』で「先生」が学生の「私」に語った「……自由と独立と己れとに充ちた現代に生まれた我々は、その犠牲としてこの淋しみを味わわなくてはならないでしょう」が、講演のテーマとなっているのは明らかだ。さらに言えば、『こころ』で終わる前期・後期各三部作の小説群を通してのテーマである。

　それは日本も大急ぎで後から参加していった先進国群の一九世紀的資本主義・自由主義を支える、あるいはそれと表裏一体となったエトスであった。漱石はそのエトスの日本における姿に表現を与えた。のちに哲学者、戸坂潤が論じたように、漱石は単に小説家であったのではない。「イギリス風の実証家」であり「本質においては評論家であり批評家……又時とするとジャーナリスト」で、日本文学にはまれな資質を持った作家であった。そして「漱石文化」を形成し、その文化的影響は死後も長きにわたって続くことになった（戸坂潤「現代における『漱石文化』」）。

　『こころ』の新聞連載が終わった時、欧州では第一次世界大戦の戦端が開かれた。西欧に始まった経済グローバル化を含めた近代化プロセスが大きな挫折に直面し、この大戦と大戦中のロシア革命を経て、世界資本主義は大きく変貌していく。共産主義、ファシズムが先進世界を覆い、そして最大の資本主義国となっていたアメリカでも大恐慌を経て社会主義的なニューディール経済体制の時代に入った。「先生」や「私」、そして漱石自身が生きた一九世紀的資本主義は、大きくかたちを変えていった。漱石はまさに「長い一九世紀」（歴史家ホブズボーム）の最後に現れた「時代批評家」としての鋭敏な嗅覚を持った作家であった。「長い一九世紀」は第一次世界大戦の開戦で終わるが、漱石も開戦から二年後に死去し、共産主義・ファシズム・ニューディール型資本主義が三つ巴で死闘を繰り広げた「短い二〇世紀」（ホブズボーム）を見ることはなかった。

ハイエクと漱石の出会い

他方、漱石より一世代遅く一八九九年にウィーンに生まれたハイエクは、漱石が死去（一九一六年）した翌年に一〇代で兵役に就いている。一九世紀の自由主義と資本主義が崩壊して、巨大な国家権力がむき出しになって血みどろの闘争を繰り広げた二〇世紀前半に、ハイエクは自由主義の経済学者として歩み出していくことになる。欧州大陸における自由主義経済学の拠点ウィーンから一九三〇年代には、ロンドン・スクール・オブ・エコノミクス（LSE）に移る。さらに前述のような経緯を経て、ハイエクは第二次世界大戦後はロンドンからシカゴに移り、マクレランとも出会って、漱石『こころ』の決定版翻訳の西洋社会での最初の読者になる。この間に起きたハイエクの私生活上の出来事と同時に、知的活動自体の中に『こころ』が衝撃を与えた理由が見えてこないか。

第二次世界大戦を挟んで、ハイエクの経済学者・法哲学者としての活動は、共産主義・ファシズム・ニューディール型資本主義における国家権力の拡大＝「集産主義」に対抗し、法の支配による自由主義を再興することに重点が置かれた。大戦開戦前夜の一九三八年にパリで開かれた「ウォルター・リップマン・コロキウム」への参加から戦後一九四七年のモンペルラン・ソサエティの設立、大戦末期の『隷従への道』出版（一九四四年）と戦後のベストセラー化……これらは自由主義の再興を目指しての活動だった。こうした自由主義の再興は、ある意味でロシア革命から戦間期を通して起きた世界的な国家権力拡大が始まる以前の状態、すなわち一九世紀的資本主義・自由主義への復古の一面がある。それは、「新自由主義（ネオリベラリズム）」というあいまいな言葉で呼ばれるようにもなった。

　ハイエクの思想が大きく見直されるのは冷戦末期、自由主義とファシズム、ナチズムとの戦いの後に共産主義とニューディール型資本主義という、ともに国家権力主導型のシステムが競争の末に両者ともに行き詰まった一九七〇年代末ごろからだ。いわゆるサッチャリズム、レーガニズムの登場で「ネオリベラリズム」隆盛の時代が始まる。それは戦間期から続いた国家権力介入の時代を抜け出して、再び資本主義が一九世紀的な躍動を取り戻すと同時に、格差が拡大していく時代であったことは、ピケティの著書や各種統計グラフが示すとおりだ。

　ハイエクが、長い国家介入優位の時代に公共知識人として（一九世紀的）自由主義の擁護と再興への狼煙を上げたのが『隷従への道』である。それがその後の『自由の条件』（一九六〇年）や『法と立法と自由』（一九七三〜七九年）など法哲学・社会哲学の仕事につながっていく。ハイエクはその過程の初期である『隷従への道』から『自由の条件』に至る時代に漱石『こころ』に出会って感銘を受けたことになる。その当時はファシズム・ナチズムに米英が勝利して、いったん自由主義再興への勢いが見えたときである（ただし、その後のニューディール資本主義と共産主義との戦いである冷戦は長期に及んだ）。

注目したいのはその自由主義再興の節目で、ハイエクが「個人主義」に焦点を当てて、講演や著述を活発に行っていることだ。一九世紀的（ネオリベラルな）資本主義・自由主義がいったん挫折して第一次世界大戦が始まるときに、漱石は『こころ』を著し、「私の個人主義」の講演を行った。それと二つの大戦期を挟んで対照をなすように、ハイエクは第二次世界大戦が終わった一九四五年に、ダブリンで「真の個人主義と偽の個人主義」と題して講演を行った（のち『個人主義と経済秩序』一九四八年収録）。

ここで繰り広げられるハイエクの個人主義論は、自由主義の根幹としての個人主義の問題である。真の個人主義は自生的秩序に依拠するものであり、合理主義による個人主義は偽であるという、ハイエク思想の核心ともいえる合理主義批判が展開される。デカルトからルソーにいたる合理主義は個人がばらばらにアトム化（砂粒化）されて社会主義に至るものとして否定され、自由な人々の自然発生的な協力を重んじ、家族や小さな共同体を重んじるスミスやバーク、トクヴィルの思想を肯定する。

漱石の「私の個人主義」の文学的な基調とは一読して位相が異なる。だが、ハイエクがその「個人主義」論を展開したころに読んだのが『こころ』である。『こころ』と漱石の講演「私の個人主義」には密接なつながりがある。ハイエクは『こころ』の「先生」やK、そして「私」に、合理主義的近代化と個人主義の道を大急ぎで歩む社会において人間が破綻していく姿が痛切なまでに鮮やかに描かれているのに感銘を受けたのではないだろうか。当時、ハイエクは著作活動のみならずモンペルラン・ソサエティなどの運動を興して（一九四七年）、自由主義（個人主義）の再興を図っていたが、歩むべき険路を踏みはずした場合、偽の自由主義（個人主義）の中で苦しむかもしれない人間の姿をみて、おののいたのかもしれない。

一九七〇年代末から先進国世界は自由主義再興（ネオリベラリズム）の時代に入って約半世紀。先進諸国は大きな壁にぶつかっている。短い二〇世紀の半ばで起きた、ハイエクと漱石の『こころ』を通じての出会いという小さなエピソードに、いま意外な重みが見えてきた気がする。

（初出　『ひらく』第九号・第一〇号、二〇二三年六月・二〇二四年一月）

あとがき

この「あとがき」を書いている時点で、大統領選挙投票日まで五カ月ほどだが、トランプ現象は一向に終わりそうもない。不倫口止め料支払い事件で法廷に立たされたりして、あれだけ主流派メディアに叩かれながらも支持率は一向に落ちない。普通なら政治家として一発退場の事態だ。だが逆に支持が強まる気配さえうかがえる。「それでもなぜ、トランプは支持されるのか?」。世界中が首を傾げている。報道を追っても、支持の論理がまったく読めない。挙げ句の果てに、トランプ支持者は陰謀論に欺されている、と訳知り顔に説明する「専門家」がいて、それを聞いて納得した気になる。

国民の半分が欺される? そんなことが起きるのだろうか。そうではなく、多分、一種の言葉の意味の転倒が起きているのだ。それによって、これまでの常識が通じなくなっている。そのような事態を普通、「革命」と呼ぶ。

「それは反乱か」

「いいえ陛下、革命です」

一七八九年七月一四日バスティーユ監獄陥落の報を国王ルイ一六世に伝えた公爵は、そう答えた。

フランス革命の始まりである。おそらく二〇一六年大統領選挙でトランプが選出された時から革命的事態が始まり、いまに至っても続いている。そう考えれば筋道を追うことができるかもしれない。

革命は理由なく始まるものではない。ルイ王朝は腐敗して行き詰まり、人びとは辛酸をなめ、怒りの限界に達した。だから暴力的に旧制度の破壊が始まり、それまでの常識や言葉の意味がすべて転倒していったのだ。

では、アメリカがそんな革命的事態に至った背景は何なのか。そこを考え抜かなければ、「それでもなぜ……」の答えは見つからないだろう。

本書の「序論」で引用したが、中立的で信頼性の高いブルッキングス研究所によるこんな調査結果を見たときは、愕然とした。二〇一六年大統領選挙でヒラリー・クリントンが勝利した全米の四七二郡がアメリカの国内総生産（ＧＤＰ）に占めた割合は六四％、それに対しトランプが勝った二五八四（桁が違う！）に及んだ郡は三六％を占めただけだ。この傾向は二〇二〇年大統領選挙になるとさらに強まり、バイデン勝利の五二〇郡はＧＤＰの七一％を占め、トランプが勝った二五六四郡は二九％だった。

バイデンに多くの票が入る地域がいかに繁栄して豊かな人びとが住み、トランプ支持者が多い地域がいかにさびれて停滞しているのかを如実に示している。アメリカ経済の繁栄から疎外され、ないがしろにされている人びとの怒り、豊かな人びととへの敵意がトランプという「媒体」を通じて、反乱どころか革命的に表出しているのは明らかである。

本書は、書名と同じタイトルで書き下ろした「序論」を除いては、『破綻するアメリカ』（岩波現代全書、二〇一七年）以降に学術誌や論壇誌などで発表してきた現代アメリカ思想潮流についての約二〇編の論考をまとめたものである（初出は各論考末尾に掲載）。ただし、必要に応じて前書きを付したり、最小限の加筆や修正を加えたものもある。特に第Ⅰ部、第Ⅱ部は学術誌への寄稿が中心だが、いずれも多くの読者の目に触れることを望んで執筆した。こうして書籍に採録されて、それが実現するのはうれしいことである。

いま目の前で進んでいる歴史の後景にあって、歴史を突き動かしている思想潮流を同時代的に分析し、解き明かしていくのは、きわめて困難な作業であることは弁《わきま》えているつもりである。ましてや、それが外国のこととなると無謀な挑戦だといえる。ただ、岡目八目というたとえもある。外国人であるということの優位性もある。アメリカに関して言えば、アレクシ・ド・トクヴィルの『アメリカのデモクラシー』の例もあるし、と不遜にも大家を引いて自らを励ましている。

長い期間、特に現代アメリカの思想動向を追ってきた目で見ると、いまほど巨大な変化が現実政治を巻き込んで起きたことは近年にはない。一九八〇年代のレーガン保守革命は一九五〇年代からの知識社会における周到な準備を踏まえて起きたことであり、それが大衆の不満や不安、怒りを掬《すく》い上げることになった。だが、今回は大衆の不満や怒りが先行している。現象としてはポピュリズムと呼ぶほかないが、実質は「革命」に等しい人びとの蜂起がトランプ（あるいは左のサンダース）を媒体にして起きた。政治はそれに右往左往し、知識社会も大慌てだが、先鋭的な一部は新時代にふさわしい思想基盤を整えようとしている。

その中で、前著以降に著者自身が関心を強めてきた点がいくつかある。ひとつは、第Ⅰ部で詳述した戦前アメリカにおけるトロツキズム運動の中核のひとりジェームズ・バーナム（一九〇五～八七）

の「復権」である。トランプ現象を通じて、戦前アメリカが一時、世界のトロツキスト運動の中心になっていたことを、想起させられた。第二次世界大戦直前の欧州大陸はスターリニズム、ナチズム、ファシズムに覆われてしまい、亡命者トロツキー自身も欧州大陸を離れメキシコに逃れざるを得なかったのだから、それは必然的な面もあった。その歴史が一世紀近く後のいま、どんな意味を持つに至ったのか、周到に考察してみるべきではないか。これからの仕事として準備中である。

もうひとつは次のようなことだ。保守側ないし共和党はトランプに乗っ取られてしまったため、この半世紀の保守政治が最終的に失敗をもたらしたことについて、強い自覚が生まれて思想的再編が起きている。だが、民主党はサンダース上院議員を媒体にして起きた主流派への異議申立てを正面から受け止め損なっており、中途半端なままだ。今日の混乱は両党の長期にわたった失政が生みだしたものである。ただ、本書でも引用したが、左派ジャーナリストの長老格であるジョン・ジュディスと民主党系の選挙戦略専門家でやはり長老格のルイ・テシェイラが昨秋公刊した『民主党はどこへいった』（未邦訳）が、オバマ政権の金融業界との癒着に起因する失政による中間層崩壊などを暴き出した。この問題はトランプ現象が起きた重要な背景をなすことから、民主党重鎮による内部告発などが五年ほど前から始まっている。レーガン、ブッシュ親子二代の共和党政権と同様に、あるいはそれ以上に、今日のアメリカ政治・社会の混乱を生みだす元凶となったクリントン、オバマ両政権のネオリベラルな経済政策の検証が必要だ。日本には本国を上回ってあまりにナイーブすぎるオバマ礼賛が知識社会の怠慢で続いており、アメリカ理解を歪めている面がある。

各論考の執筆機会を与え、本書への転載に快く応じてくれた学術誌、オンライン版を含む論壇誌の編集者にお礼を申し上げる。特に、論壇誌『ひらく』に掲載された拙稿の転載は分量的にも最大となった。五年にわたり、同誌第一期計一〇号を個人監修された佐伯啓思氏には、特記して感謝したい。また、アメリカ保守思想史の解釈について、常に議論の相手となり、アドバイスをくれた、二十数年来の師にして友人でもある、思想史家ジョージ・ナッシュ博士の名も、謝意とともにここに記しておく。最後になったが、本書の企画に快く応じ、編集の労をとってくれた東洋経済新報社の渡辺智顕氏にお礼を申し上げたい。

二〇二四年五月三一日

会田弘継

【著者紹介】
会田弘継（あいだ　ひろつぐ）
ジャーナリスト・思想史家。1951年生まれ。東京外国語大学英米語科卒業。共同通信社ジュネーブ支局長、ワシントン支局長、論説委員長などを歴任。その後、青山学院大学教授、関西大学客員教授を務め現在に至る。著書に『破綻するアメリカ』（岩波現代全書）、『トランプ現象とアメリカ保守思想』（左右社）、『増補改訂版 追跡・アメリカの思想家たち』（中公文庫）など。訳書にフランシス・フクヤマ『政治の起源』『政治の衰退』（いずれも講談社）、同『リベラリズムへの不満』（新潮社）、ラッセル・カーク『保守主義の精神』（中公選書）など。『週刊東洋経済』の「Inside USA」連載中。

それでもなぜ、トランプは支持されるのか
アメリカ地殻変動の思想史

2024年 7 月23日　第1刷発行
2024年12月 9 日　第3刷発行

著　者――会田弘継
発行者――田北浩章
発行所――東洋経済新報社
〒103-8345　東京都中央区日本橋本石町 1-2-1
電話＝東洋経済コールセンター 03(6386)1040
https://toyokeizai.net/

装　丁…………秦　浩司
D T P…………米谷　豪
印刷・製本……丸井工文社
編集協力………パプリカ商店
編集担当………渡辺智顕

Printed in Japan　ISBN 978-4-492-44482-5